STIMMEN DES UNENDLICHEN

ARMIN GOTTMANN

STIMMEN DES UNENDLICHEN

Indischer spiritueller Roman

Bibliografische Information der Deutschen Nationalbibliothek:
Die Deutsche Nationalbibliothek verzeichnet diese Publikation in der
Deutschen Nationalbibliografie; detaillierte bibliografische Daten sind im
Internet über dnb.dnb.de abrufbar.

© 2019 Armin Gottmann
Grafik: Arlo Magicman/ Real Illusion/ Shutterstock.com
Satz, Umschlaggestaltung, Herstellung und Verlag:
BoD – Books on Demand, Norderstedt
ISBN 978-3-7494-6173-8

INHALT

EKAM SAT VIPRÂ BAHUDÂ VADANTI

Auf vielfältige Art bezeichnen die Weisen
die Eine Höchste Wirklichkeit

EINFÜHRUNG

Dem in westlicher Kultur eingebundenen Menschen erschließt sich die Welt des religiösen und weltanschaulichen indo-asiatischen Denkens oft nur mühsam. Zugleich aber ist auf dem Hintergrund eines sich zwischen Geschäftigkeit und Konsum bewegenden Lebens das Interesse an Spiritualität und der Frage nach dem Sinn unseres Daseins erwacht und sucht nach Anregungen und Antworten auch jenseits unseres Kulturkreises. Namentlich Yoga und Buddhismus sind in das Zentrum des Interesses gerückt.

Die Gefahr besteht nun, dass einzelne Praktiken aus dem Bereich des Yoga und des Buddhismus aus ihren Zusammenhängen gerissen werden und im Sinne eines Machbarkeits- und Zweckdenkens für begrenzte Ziele geübt werden. So haben zum Beispiel einige westliche Psychotherapeuten den Wert einer »bewertungsfreien Achtsamkeit« aus dem Buddhismus für psychotherapeutische Zwecke entdeckt und manche Yogaschulen bieten körperbezogenen Yoga an, verbunden mit ein wenig Meditation, als Möglichkeit zur Steigerung körperlicher Fitness und Entspannung für stressgeplagte Menschen. Selbst einige westliche buddhistische Gruppen preisen für potentielle Interessenten den Buddhismus als einen »Weg zum Glück« an.

Durch eine solche Einengung gehen jedoch die eigentlichen tiefergehenden Fragen nach dem Sinn unseres Daseins und die Beziehung des Einzelnen zum Kosmos, zum Universellen, zum Leben überhaupt oder dem, was wir Gott nennen könnten, oftmals verloren.

Mit diesen tieferliegenden Fragen beschäftigt sich das philosophische und religiöse Denken und Empfinden Indiens und Asiens. Dabei sind sich die Philosophen, Yogis und Heilige dieser Kulturkreise stets bewusst geblieben, dass über »letztere Dinge« keine Aussagen gemacht werden können, da sie weit über die Möglichkeiten der Sprache, über Raum und Zeit, über Ursache und Wirkung hinausgingen. Ihre optimistische Aussage aber ist, dass Worte auf etwas hinweisen können, so wie der Finger, der auf den Mond deutet. Und so wie der Mond sich dem in die richtige Richtung Schauenden zeigt, so gäbe es auch unmittelbar erfahrbare Antworten auf die Frage unseres Daseins. Pfade zu solcher Erfahrung seien die verschiedenen Yogawege. Yoga kann somit verstanden werden als die Gesamtheit aller indischen Methoden, die spirituelle Erfahrungen ermöglichen wollen. Und so war und ist Yoga der einen oder anderen Form Bestandteil aller indischen Religionen, sei es nun der Hinduismus, der Buddhismus, der Jainismus, der Sikhismus oder die indische Variante des Sufismus.

Indo-asiatische Konzepte bezüglich der »letzten Dinge« weichen im Detail oft stark voneinander ab, doch es besteht Toleranz, da man um die begrenzte Wirklichkeit der eigenen Aussage weiß. Über Jahrhunderte wurde zwischen den einzelnen Religionen lebhaft diskutiert, Konzepte des jeweils anderen zum Teil übernommen und entsprechend eigener Anschauungen adaptiert, ohne dem Hochmut zu verfallen, im Besitz einer allein selig machenden Wahrheit zu sein. Wie viel könnte unsere heutige Welt mit ihren fundamentalistischen Strömungen von dieser alten indo-asiatischen Tradition lernen!

Das vorliegende Buch möchte dieser Tradition folgen. Anhand von imaginären Lebensläufen und Gesprächen zwischen einem buddhistischen und einem hinduistischen Mönch – etwa in der Zeit des ausgehenden vierten Jahrhunderts unserer Zeitrechnung – will ich versuchen, grundlegende Gemeinsamkeiten und Unterschiede zwischen Buddhismus und Hinduismus aufzuzeigen. Ich habe das 4. Jahrhundert gewählt, weil um diese Zeit die Grundgedanken sowohl der hinduistischen Traditionen als auch die der buddhistischen Hauptrichtungen ausformuliert wurden, jedoch noch nicht die verwirrende Vielzahl von Details späterer Zeiten die Sicht auf das Wesentlichste verbaute.[1]

Den beiden Mönchen wäre es wahrscheinlich ziemlich egal gewesen, zu welcher Zeit sie lebten, und wie man die Zeit genannt hätte, 3 Jahrhunderte nach Jesus, 8 Jahrhunderte nach Buddha oder 1000 Jahre nach dem berühmten Rishi Yajnavalkya und seiner tiefgründigen Frau Maitreyî. Denn nach indischer Auffassung wiederholen sich Dinge im steten Wechsel und ewigen Gesetzen, Welten und Wesen entstehen und vergehen, Zeiten des Aufstiegs folgen Zeiten des Niedergangs und umgekehrt. Welche Bedeutung hat da Geschichtliches im Angesicht der Ewigkeit?

Das heißt aber nicht, dass das alte Indien nicht mit Maß und Zahl umzugehen wusste. Unsere gesamte westliche Wissenschaft und Technik, auf die wir so stolz sind, fußt auf dem genialen indischen metrischen Zahlensystem, nach dem der Wert der vorausgehenden Zahl durch eine nachfolgende »0« – also einem »Nichts« – verzehnfacht wird! Dies erscheint uns banaler Alltag, ist aber bereits hintergründig indische Philosophie – alle Dinge und alles Geschehen haben durchaus einen gewissen eigenen Wert. Einen viel größeren und tieferen Wert erhalten sie aber, wenn sie in Verbindung mit dem »Nichts«, dem »Nicht-Sagbaren« gesehen werden können. Dann wird sogar der scheinbar banalste Alltag zu einem Tor, durch das das Unendliche in das Begrenzte einfließen kann.

Den hinduistischen Mönch (Sâdhu) nenne ich »Anantânanda« (wörtlich »Wonne der Unendlichkeit«), den buddhistischen Mönch (Bhikshu) »Maitrenanda« (wörtlich »Wonne der universellen Liebe«). Sie begegnen sich im heutigen indischen Bundesstaat Maharashtra – dort, wo auch damals ein lebhafter Austausch zwischen hinduistischen und buddhistischen Traditionen stattfand.

Doch warum waren sie eigentlich Mönche – Sâdhu und Bhikshu – auf dem Hintergrund ihrer Lebensgeschichte geworden? Und wie könnten sich spirituelle Wege in diesen beiden Weltreligionen gestalten? Sind in ihnen wahrhaft spirituelle Wege nur Nonnen und Mönchen vorbehalten?

Wenn jemand im alten Indien Mönch oder Nonne wurde, ließ er alle Bindungen an die Familie und Gesellschaft zurück und war dann ein »Neugeborener« eines Ordens, bemühte sich um Erkenntnis und Erfahrung einer transzendenten Wahrheit, ging keinem weltlichen Beruf nach. Insofern spielte das weltliche Vorleben keine Rolle mehr. Er oder sie stand außerhalb – oder über – der Gesellschaft. Dennoch gaben aber gerade die Erfahrungen des Weltlebens oft den Anstoß für den Entschluss, das Wanderleben eines »Hauslosen«, von Almosen abhängigen Menschen auf sich zu nehmen. So war es auch – Jahrhunderte vor der Zeit unserer Erzählung – dem Buddha ergangen. Er wuchs zunächst im Luxus eines Königshofs auf, wurde aber gerade dadurch umso tiefer erschüttert bei der Begegnung mit Alter, Krankheit, Tod und Vergänglichkeit, sodass er sich auf den Weg der »Hauslosigkeit« machte, um das Todlose zu suchen.

Daher werde ich in unserer Geschichte auch das »weltliche Vorleben« sowie das spätere mönchische Leben unserer beiden Protagonisten beleuchten. Hierdurch werden Sie, verehrter Leser/-in, die Motive für die Wahl des jeweiligen spirituellen Weges verstehen. Zugleich werden Sie auch einen Eindruck vom Wesen des Hinduismus und des Buddhismus sowie der ihnen zugrunde liegenden indischen Kultur erhalten.

Zur weiteren Vertiefung werden dann im dritten Teil des Buches in den »Gesprächen unter dem Banyan-Baum« wesentliche Ideen des Hinduismus und des Buddhismus angesprochen.[1]

(Vorbemerkung: Die Begriffe »Hinduismus« und »Buddhismus« gab es zur Zeit dieses Romans noch nicht. Deshalb werden im Text der Erzählung die indischen Begriffe »Sanâthana Dharma« – »ewige Religion« – für den Hinduismus und »Bauddha Dharma« »buddhistische Religion« für den Buddhismus verwand.)

Teil I: Das Leben des Bhikshu Maitrenanda

PERSONEN (Teil I)

Abhâya (wörtlich »der Furchtlose«), ein Soldat; später erhält er den Namen Maitrenanda (»Der, dessen Wonne unendliche Liebe ist«), ein buddhistischer Mönch (Bhikshu).

Krodhadhâra (»Der am Zorn festhält«), ein Räuber, später wird er Karunâbhâvana (»Der Mitleid Entwickelnde«), ein Bhikshu.

Ushâ (»Die Morgenröte«), die Ehefrau Abhâyas.

Dharmarakshita (»Schützer der Buddhalehre«), Bhikshu und Lehrer Maitrenandas.

Bhâvanî (»Die Hervorbringende«), buddhistische Nonne und Meditationsmeisterin.

Jivaka (»Der Lebensspendende«), ein Arzt.

Vâsu (»Reichtum«), ein Bhikshu, der ehemals ein reicher Bauer war.

Purâna (»Der Alte«), alter buddhistischer Mönch.

Satya Deva (»Der Gott der Wahrhaftigkeit«), hinduistischer Mönch (Sâdhu).

Chitraprâbha (»Der Strahlende«), Mönch (Muni) der jainistischen Tradition.

Punya (»Der Verdienstvolle«), ein älterer Bhikshu

Carvakin (»Anhänger der Carvakas«), König und Anhänger der philosophischen Schule der »Materialisten«.

Sundarî (»Die Schöne«), Bäuerin und alleinerziehende Mutter.

KINDHEIT UND JUGEND

Der spätere Bhikshu Maitrenanda wuchs im Norden Indiens in einer vor den Bergen des Himalajas gelegenen Garnisonsstadt auf. Es mag unweit jenes Gebietes gewesen sein, in der der Buddha seinerzeit geboren worden war. Die Gegend gehörte zu den Nordprovinzen des Gupta-Großreichs. Nördlich davon gab es noch Außenprovinzen, die die ersten Bergketten des Himalajas samt der dazugehörigen Täler umfassten. Der Vater des Jungen war Offizier der Infanterie, gehörte der Kriegerkaste an und war an mehreren Schlachten beteiligt gewesen. Zwei Schwestern hatte seine Mutter schon zur Welt gebracht und so war die Freude groß, als nun auch noch ein Junge geboren wurde. Liebevoll wurde er von der Mutter und den beiden Schwestern umsorgt.

Strenger jedoch war der Vater, von dem eine gewisse Härte ausging. Er nannte den Jungen Abhâya, »der Furchtlose«. Denn furchtlos, mutig und tapfer sollte er werden und eines Tages eine gute militärische Karriere machen, die über die seines Vaters hinauszugehen hatte.

Auch wenn damals das Kastenwesen noch nicht so festgefügt war wie in späteren Zeiten, so war es doch selbstverständlich, dass die Söhne von Angehörigen der Brahmanenkaste oft Priester wurden, während die anderen, entsprechend ihrer Kaste, jeweils Berufe als Soldaten, Kaufleute, Bauern oder Diener ergriffen. Daher war es keine Frage, dass Abhâya eine militärische Ausbildung durchlaufen musste.

Der kleine Junge wirkte oft verträumter als andere seines Alters, intensiv in die Betrachtung der Natur versunken. Lange saß er dann an einer Stelle, schaute in die Ferne, nahm alles in sich intensiv auf, mit einem »absorbierenden Geist«.

Dies gefiel dem Vater nicht und er befahl, dass Abhâya etwas früher als andere Kinder mit der militärischen Ausbildung beginnen sollte. Pflichtgemäß erfüllte der Junge die ihm gestellten Aufgaben, war auch im Wettkampf durchaus erfolgreich und geschickt und fiel durch Intelligenz sowie rasche Auffassungsgabe auf, während er allmählich seine Verträumtheit verlor. Doch wirkliche Freude hatte er daran nicht. Aber etwas anderes begeisterte ihn – sein Vater ermöglichte ihm das Erlernen verschiedener Schriftarten.[1]

Das Erlernen von Lesen und Schreiben war damals in Kriegerkreisen keineswegs alltäglich. Doch der Vater war weitsichtig genug, seinem Sohn auch hierin eine umfassende Ausbildung zu geben. Auf seinen Dienstreisen war der Vater mehrfach vor steinernen Säulen des berühmten Kaisers Ashoka gestanden, auf denen dieser 500 Jahre zuvor seine Edikte an sein Volk verkündete. Dieser Kaiser hatte ein Großreich errichtet, das fast ganz das heutige Indien umfasste und es weitgehend mit friedlichen Mitteln beherrscht.

Abhâyas Vater verstand durchaus die Bedeutung der in Stein gemeißelten königlichen Edikte, um ein Reich einheitlich zu regieren. Nur wenige konnten noch die alte Karoshti-Schrift lesen. Doch es hieß, der Kaiser habe auf seinen Säulen zu Friedfertigkeit und Toleranz aber auch zu Mitgefühl, sogar für Tiere, aufgerufen. Mit einer solchen Botschaft wusste Abhâyas Vater als Soldat wenig anzufangen und meinte, durch diese Friedenspolitik sei wohl das Großreich seinerzeit schließlich zerbrochen. Er bedachte allerdings nicht, dass auch die mit weniger friedlichen Mitteln entstandenen Staatsgebilde nach Ashoka keinen dauerhaften Bestand hatten.

In der Zeit unserer Geschichte hatte man damit begonnen, schriftliche Aufzeichnungen auf Palmblättern vorzunehmen, wodurch Transport und Verbreitung von Texten leicht möglich wurde. Abhâyas Vater hatte die strategische und wirtschaftliche Bedeutung dieser Erfindung für ein Staatswesen begriffen. Es konnten damit Berichte aus allen Provinzen dem Königshof unkompliziert zugeführt werden und von dort Befehle und Gesetze ebenso leicht zum Versand kommen. Und daher sollte Abhâya Lesen und Schreiben lernen.

Die Ausbildung Abhâyas machte gute Fortschritte und war im 19. Lebensjahr beendet. Der Vater war stolz auf ihn. Und auch seine Mutter musste nach außen hin Stolz bekunden, während sie innerlich dachte: ›Wir Frauen der Kriegerkaste haben ein schweres Los. Stets sind wir in Gefahr, sowohl unsere Männer wie auch unsere Söhne auf dem Schlachtfeld zu verlieren‹. Der Tod ihres Gatten sollte ihr erspart bleiben, aber ihren Sohn würde sie verlieren, wenn glücklicherweise auch auf andere Art, als sie befürchtet hatte.

Als erste Bewährungsprobe nach seiner Ausbildung, die über die weitere Karriere mit entscheiden würde, erhielt Abhâya den Auftrag, für Ruhe und Ordnung in der Umgebung seiner Heimatstadt zu sorgen. Ein kleiner Trupp von Soldaten wurde ihm hierzu zur Verfügung gestellt. Der Auftrag stellte eine Art Polizeidienst dar und wurde von ihm in hervorragender Weise bewältigt. Mit Anwendung von wenig Gewalt und der Kooperation der Einwohner gelang es ihm, Diebe zu fassen, Gewalttaten aufzuklären und sogar zu verhindern, Frauen und Kinder zu schützen und die Bevölkerung zur Einhaltung der Gesetze des Großkönigs anzuhalten.

Die nächste Aufgabe, die ihm nach einem Jahr von den Offizieren zugeteilt wurde, sollte sich als weitaus schwieriger erweisen. Er erhielt den Auftrag, einen berüchtigten Verbrecher namens Krodhadhâra (»der am Zorn festhält«) und seine Räuberbande zu vernichten. Dieser Räuber trieb seit Jahren sein Unwesen in den Außenprovinzen. Dort raubte er Handelskarawanen aus, die auf dem Weg von und nach China waren.

Die Kaufleute ließ er in der Regel frei, mit den Begleitsoldaten hatte er aber kein Pardon. Wer von ihnen nicht im Kampf gefallen war, wurde zu Tode gefoltert, die geschändeten Leichen auf die Gebirgsstraßen geworfen. Ferner hieß es, dass Krodhadhâra einen großen Teil der jeweiligen Beute an bedürftige Familien und insbesondere Witwen verteilte. Letzteres war allerdings nur gerüchteweise bekannt; niemand würde gegenüber den Soldaten oder den Beamten des Königs zugeben, etwas aus Krodhadhâras Hand bekommen zu haben oder sogar mit ihm zu kooperieren! Mehrmals hatte man versucht, des Verbrechers habhaft zu werden, er entkam jedoch immer wieder mit seiner Mörderbande, den Soldaten jeweils herbe Verluste zufügend.

Abhâya fühlte sich durch den Auftrag geehrt, Abhâyas Vater aber wusste es besser, denn er kannte seine Offizierskollegen. Diese hatten Söhne, die weniger begabt und vielleicht auch nicht so mutig waren, wie sein eigener Sohn. Die Aufgabe Krodhadhâra zu vernichten, glich einem Himmelfahrtskommando. Die Offizierskollegen hofften offenbar, dass der gerissene Krodhadhâra den relativ unerfahrenen Abhâya besiegen und töten würde, sodass ihre eigenen Söhne eine bessere Chance bekämen. Ihnen ging es weniger um die Wiederherstellung von Recht und Ordnung, als vielmehr um ihre eigenen Interessen.

Immerhin gelang es Abhâyas Vater, ihm eine Anzahl von erfahrenen Soldaten mit auf den Weg zu geben. Und die besorgte Mutter, die durch eine reichliche Mitgift vermögend war, stattete ihn mit einer großen Geldsumme aus. Dann verfließ der Trupp die Garnisonsstadt und schien, wie vom Erdboden verschwunden.

Nach einiger Zeit gelangte eine Handelskarawane in das Gebiet, in dem Krodhadhâra vermutet wurde. Es hieß, die Karawane sei aus Pataliputra kommend auf dem Weg nach China. Nur zwei ältere Soldaten waren als Begleitschutz dabei. In der Nacht lagerte die Karawane auf einer Lichtung im Dschungel, ein schwaches Lagerfeuer brannte und um es herum lagen die offensichtlich betrunkenen oder schlafenden Kaufleute und Soldaten.

Und Krodhadhâra fiel zum ersten Mal seit Jahren auf eine List herein! Als sich die Räuber dem Lagerfeuer näherten, mussten sie zu ihrer Bestürzung feststellen, dass dort nur Puppen lagen. Schnell war die Mördergruppe umzingelt und in einen heftigen Kampf mit den Soldaten verstrickt. Fast alle Räuber wurden getötet, nur einer konnte entkommen. Aber auch Abhâyas Trupp hatte schwere Verluste hinnehmen müssen, Abhâya selbst war erheblich verletzt worden. Ob aber Krodhadhâra unter den Getöteten war, konnte nicht festgestellt werden, niemand kannte sein Gesicht. Und die Dorfbewohner waren merkwürdig verstockt und gaben keine zweckdienliche Auskunft.

Immerhin, ein bedeutender Sieg war errungen und Abhâya und seine Männer wurden gebührend gefeiert. Nun war es Zeit, dass Abhâya heiraten sollte, eine glänzende Karriere schien ihm bevorzustehen. In dieser Situation war es Abhâyas Vater möglich, seinen Vorgesetzten – den Obergeneral – zu bitten, einer Heirat seines Sohnes mit dessen Tochter zuzustimmen.[2]

Der Obergeneral war von der Bitte von Abhâyas Vater nicht entzückt. War er doch bereits in Vorgespräche mit dem Obergeneral der Kavallerie (der immerhin einige Kriegselefanten unter seiner Regie hatte) eingetreten. Dieser hatte auch einen Sohn im heiratsfähigen Alter. Dieser Sohn war zwar nicht besonders begabt, aber eine Heirat seiner geliebten Tochter Ushâ mit dem Sohn des Obergenerals der Kavallerie hätte auch für ihn selbst einen Zuwachs an sozialem Prestige gebracht. Sollte er da seine Tochter dem Sohn eines Emporkömmlings anvertrauen?

Es kam jedoch anders. Die selbstbewusste und schöne Ushâ hörte durch ihrer Mutter von diesen Sondierungen. Sie stellte sich ihrem Vater gegenüber und sagte: »Vater, ich möchte den Sohn des Obergenerals der Kavallerie nicht. Er ist ein dicker Nichtsnutz und eitel wie ein Pfau wegen der Stellung seines Vaters. Hingegen würde mir Abhâya durchaus gefallen. Er ist klug, stark und auch hübsch, hat Frauen und Kinder beschützt und ich kenne ihn aus der Zeit, als wir Kinder waren und noch miteinander spielen durften.«

Nachdem nun auch die Frau des Obergenerals der gleichen Meinung wie ihre Tochter war, stimmte er zu, wohl wissend, dass er nun den Obergeneral der Kavallerie zum Gegner haben würde. Aber mit seiner Frau wollte er weiter in Frieden leben; indische Ehefrauen haben eine machtvolle Stellung innerhalb ihrer Familien. Auch lag dem Obergeneral das Wohlergehen seiner einzigen Tochter durchaus am Herzen.

Und auch Abhâya war von dem Vorschlag begeistert, vor allem nachdem er Ushâ mehrmals getroffen hatte. Sie hatte sich sehr verändert seit der Kindheit, war bildhübsch geworden und hatte sogar gegen den Widerstand ihres Vaters etwas lesen gelernt.

Und so wurden die Hochzeitsverhandlungen geführt und der Astrologe – ein alter weiser Brahmane – konsultiert. Er stellte eine außerordentliche Harmonie der Horoskope fest, fügte aber mit leiser Stimme hinzu, dass der Ehe von außen gewisse Gefahren drohen konnten.

Aber niemand wollte diese Warnung hören. Und so wurde die Hochzeit mit hunderten von Gästen über Tage gefeiert. Hochzeitsfeste hatten und haben in Indien neben dem eigentlichen Anlass eine wichtige soziale Funktion. Sie festigen die Bande zwischen der stets zahlreichen und weitläufigen Verwandtschaft und dienen zudem der Anknüpfung von Geschäftsbeziehungen. So war es auch hier. Abhâyas Familie erzielte einen deutlichen sozialen Prestigegewinn.

Das junge Paar war glücklich und die Partner liebten sich von Anfang an, was ja in arrangierten Ehen nicht immer der Fall ist. Und das Glück wurde noch vollkommener, als bereits nach einem Jahr ein Sohn geboren wurde, dem die Herzen aller zuflogen.

Allerdings gab es auch Schatten auf diesem Glück, verursacht durch wochenlange Trennungen. Abhâya wurde nämlich häufig mit Soldaten in die östlichen Außenprovinzen geschickt, um dort den Steuereintreibern zur Seite zu stehen, wenn renitente Bauern sich weigerten, ihre Abgaben abzuliefern. Dies war auch das Los anderer Jungoffiziere. Doch Abhâya versah seinen Dienst auf andere Weise als seine Kollegen. Die anderen – auf ihre Karriere bedacht – gingen mit äußerster Härte vor, schreckten auch nicht vor Waffengewalt und sogar Mord zurück, um die Abgaben zu erpressen. Abhâya aber hatte ein mitfühlendes Herz für die notleidende Bevölkerung, die oft nicht genug zu essen hatte und erließ ihnen einen Teil der Steuerschulden in zähen Verhandlungen, wenn immer es ihm angemessen erschien.

Diese Eigenmächtigkeit erregte den Unmut des Obersteuereintreibers in der Stadt. Zwar erfolgten die Staatseinnahmen aus Abhâyas Gebiet in ähnlicher Höhe wie die anderer Steuertrupps, weil er keine »Sondersteuer« für die Beamten zuließ. Doch die Steuerbeamten hatten sich beschwert, weil sie nicht – wie gewohnt – einen Teil der Einnahmen für sich zur Seite schaffen konnten. Und so hätte Abhâyas Laufbahn ein Ende nehmen können, wenn nicht der Chef des Geheimdienstes auf ihn aufmerksam geworden wäre. Schon lange war dieser über die Unruhen in den Außenprovinzen besorgt und hatte ein gewisses Verständnis für Abhâyas Vorgehen. Der Geheimdienstchef der Nordostprovinzen war ein mächtiger Mann; er unterstand direkt dem Minister für innere Angelegenheiten am Hof des Großkönigs.

Abhâya erwarb sich bei diesen Dienstreisen Respekt und Achtung in den von ihm aufgesuchten Dörfern und in »seinem« Gebiet gab es keine Aufstände mehr. Er hatte erkannt, dass es neben der ihm auferlegten Pflicht als Soldat noch eine andere Pflicht gibt – die, der Stimme des Mitleids und des Gewissens zu folgen.

Aber auch gute und gerechte Menschen ereilen oft Auswirkungen früherer Taten, selbst wenn diese in Erfüllung der ihnen befohlenen Pflichten begangen wurden. Während einer neuerlichen Dienstreise in die Außenprovinzen wurden zum Entsetzen aller Ushâ und sein kleiner Sohn ermordet. Keiner hatte den Mörder gesehen. Doch es gab einen untrüglichen Hinweis – den Opfern war zweimal die Kehle durchgeschnitten worden, nur Krodhadhâra und kein anderer Verbrecher hatte dies immer getan!

Abhâya versank über viele Monate in Depression, Schmerz, Trauer und Wut. Er hatte keinerlei Antrieb, konnte sich zu nichts mehr aufraffen. Sein Vater drängte auf eine neuerliche Hochzeit, hatte wenig Verständnis für seinen trauernden Sohn, der diesen Vorschlag entrüstet ablehnte. Keine Frau wolle er mehr nach Ushâ berühren. Der Vater warf ihm daraufhin Schwäche vor, unwürdig eines Soldaten. Und auch die anderen Offiziere zogen sich von ihm zurück, einschließlich der Jungoffiziere. Diese witterten nun bessere Chancen, nachdem Abhâya außer Gefecht gesetzt zu sein schien. Seine militärische Karriere schien zu Ende zu sein. Dabei hatte sie so vielversprechend begonnen.

Der Geheimdienstchef – ein guter Psychologe – erkannte das Potenzial dieser Situation für den Geheimdienst. Er suchte den Trauernden auf und sagte: »Du brauchst wieder eine Aufgabe. Du bist vertraut mit der Situation in den östlichen Außenprovinzen. Gehe dorthin und erkunde die Stimmung unter der Bevölkerung. Du wirst dort nicht erkannt werden. Meine Leute verkleiden dich als einen Pilger, der im Gebirge die heiligen Quellen unserer Flüsse aufsuchen will. Bist du mit der Mission erfolgreich, werde ich für deinen Aufstieg im Geheimdienst sorgen. Als Soldat wird man dir aufgrund deiner jetzigen vermeintlichen Schwäche keinen Aufstieg mehr ermöglichen. Ich werde daher deine Entlassung aus dem Armeedienst und die Übernahme in mein Ressort veranlassen.«

Es war beiden Männern klar, dass der eigentliche Auftrag darin bestand, Krodhadhâra zu finden und zu töten, auch wenn dies nicht offen ausgesprochen wurde. Krodhadhâra aufzuspüren wäre vornehmlich Sache des Militärs gewesen. Dem Geheimdienstchef war es eigentlich egal, ob ein Mann wie Krodhadhâra weiterlebte, aber er konnte es nicht zulassen, dass dieser offensichtlich intelligente Mann mit organisatorischen Fähigkeiten vielleicht zum Anführer einer Rebellion werden würde. Der Geheimdienstchef machte sich Abhâyas Wut zunutze, riss ihn damit aus der Antriebslosigkeit und erhoffte sich dadurch einen Erfolg für den Geheimdienst.

Und so befand sich nach einiger Zeit ein junger Kaufmannssohn auf einer Pilgerreise zu den heiligen Quellen in den Außenprovinzen. Er sei aus Kâshî (Benares) und wolle den Göttern für gelungene Geschäfte danken, ließ er verlauten. In seiner offenen, auf die Menschen zugehenden Art gewann er rasch das Vertrauen der Menschen in den Dörfern und Herbergen.

Viel sah und erfuhr der junge »Kaufmannssohn« über die Not der Dorfbewohner – die Felder waren klein, mühsam dem schwierigen Gelände abgerungen und oft in Terrassen mit Steinwällen angelegt. Zwar waren die Felder ertragreich in guten Jahren, doch waren sie viel kleiner als die in der Ebene. Es erschien Abhâya daher immer ungerechter, diese Menschen mit den gleichen Steuern zu belegen, wie die Bewohner der Tiefebene. Zudem musste er hören, dass die korrupten Beamten Zusatzsteuern für die eigene Tasche erhoben hätten. Beschwerden bei den begleitenden Soldaten hätten nicht geholfen, da diese von den

Steuereinehmern »Provisionen« bekämen. Proteste seien mit unbarmherziger Härte unterdrückt worden, vor Jahren sei sogar ein ganzes Dorf niedergebrannt worden. Es habe nur wenige gerechte Beamte gegeben. Auch ein Soldat sei hervorzuheben, ein gewisser Abhâya. Aber dieser sei schon lange nicht mehr in den Dörfern gewesen, sei wohl abgesetzt worden.

Aber immer wenn er versuchte, das Thema in Richtung eines Räubers namens Krodhadhâra zu lenken, der wohl hier mal gelebt habe, wurden die Gesprächspartner einsilbig: »Krodhadhâra? – Vielleicht war er nicht so böse, wie man gemeint hat. Ob er wohl noch lebt?«

LEBENSWENDE

Eines Abends gelangte Abhâya zu einer einsamen Pilgerherberge, in der sich niemand aufzuhalten schien und als es Nacht wurde, legte er sich hin, ohne Schlaf zu finden. Wut und Hass erfüllten ihn, quälten ihn. Wo war der verruchte Krodhadhâra, der Mörder seiner Frau und seines Sohnes? Wann würde er Rache nehmen können? Der Vollmond war wolkenverhangen, aber dennoch wurde der Raum etwas durch das Licht erhellt, das durch die offene Tür fiel. Ein großer, hagerer Mann trat ein und setzte sich Abhâya auf der anderen Seite des Raumes wortlos gegenüber. E trug das Gewand eines Bhikshu, eines Mönchs der Bauddha-Tradition.

In der Gegenwart von Bhikshus und Sâdhus fühlte sich Abhâya meistens besser, sein Hass und seine Wut schwächten sich oft ab. Erst vor einigen Tagen war er einem Sâdhu begegnet, der ihn ruhig angeblickt hatte und Abhâya hatte das Gefühl, dieser blicke mitten in sein Herz, in seinen Kummer, seine Verzweiflung. Der Sâdhu hatte ihn mit wortloser Geste bedeutet sich zu setzen, und zum ersten Mal seit Monaten schwand seine Unruhe, konnte er die Schönheit der Berge sehen, konnte befreiter atmen. Dann hatte der Sâdhu seine Brust berührt und gesagt: »Unendliches hier«, deutete dann mit langsam ausholender Geste auf die Berge und sprach weiter: »Unendliches dort ... Nimmst du Unendliches von Unendlichem, bleibt das Unendliche dennoch unendlich.« Und Abhâya hatte für einen Moment begriffen – unendliche Weite ist im eigenen Herzen zu finden und es steht in Beziehung zur unendlichen Weite dessen, was er mit seinen Augen sah und was noch darüber hinausgehen mochte. »Frieden ... Frieden ... Frieden.« (Shânti, Shânti, Shântih) hatte der Sâdhu nach einer Weile zum Abschied intoniert und der Frieden der Unendlichkeit, der Weite des Gemüts klang noch einige Zeit in ihm nach, bis ihn wieder Hass, Wut, Unruhe und Verzweiflung packten und ihn unerbittlich in ihrem Griff hielten.

Auch jetzt, im fahlen Licht der einsamen Herberge, erfasste ihn Unruhe, wenn er zu dem gegenüber wie in Meditation versunkenen Bhikshu blickte. Und dann geschah es, die Wolken zogen sich zurück und das Vollmondlicht fiel auf die gegenüber sitzende Gestalt. Die Gesichtszüge waren klar erkennbar und nach einem Augenblick war es

Abhâya klar, da saß der Mann, der seinerzeit bei seinem Kampf gegen die Räuberbande entkommen war. Ja, es war Krodhadhâra und dieser schaute ihn an!

Heftigste Gefühle des Zorns, aber auch der Angst ergriffen ihn nun. ›Was für eine infame, schändliche List dieses Verbrechers, sich in das heilige Gewand des Ordens des Buddhas zu hüllen‹, dachte er. ›Sicher hat er sein Messer im Gewand, während meins dort hinten im Reisegepäck verstaut ist.‹ Angst vor dem Tod ergriff ihn, wo er doch monatelang sich nichts Besseres vorstellen konnte als den Tod. Aber er musste sich seiner Frau und seines Kindes willen und auch wegen der Kriegerehre in den aussichtslosen Kampf stürzen. Oder sollte er versuchen zu fliehen, um ein anderes Mal mit besseren Waffen gerüstet den Kampf aufzunehmen?

Bevor er aber zu einem Entschluss kommen konnte, sprach der andere mit ruhiger Stimme: »Ja, ich bin – nein, ich war – Krodhadhâra. Doch mit dem Ablegen des Räubergewandes, mit dem Aufnehmen des Ordensgewandes, habe ich auch das Töten und den Hass abgelegt und Mitleid gegenüber allen Wesen angelegt. Mein Lehrer, der ehrwürdige Dharmarakshita (»der Bewahrer der Buddha-Lehre«) gab mir den Namen Karunâbhâvana (»der Mitleid entwickelt«).

Ungläubig hörte der aufgewühlte Abhâya diese Worte. Und doch – er nahm wahr, dass der Mann der dort saß, ein anderer war, als jener, mit dem er gekämpft hatte. Die Wildheit der Gesichtszüge war verschwunden, sie erschienen ihm sanft, das Gesicht war um Jahre verjüngt. Und seine Augen blickten ihn nun so an, wie er dies vor einigen Tagen bei dem Sâdhu erlebt hatte. Frieden schien in diesen Augen zu liegen, wie er zugeben musste.

»Zu dir, Abhâya, ist heute eine Stunde der Entscheidung gekommen«, fuhr der andere fort. »Solche Stunden bemerken wir häufig nicht, weil wir meistens einfach so weiter handeln und denken, wie wir es gewohnt sind, ohne andere Möglichkeiten in Betracht zu ziehen. Vor dir liegen nun zwei Wege, zwei Arten von Kampf. Zum einen, du kannst mich töten, ich werde mich nicht zur Wehr setzen. Ein ruhmreicher Empfang in der Garnisonsstadt wird dir gewiss sein, du wirst den Anfang einer glänzenden Soldatenkarriere erleben. Dein Vater wird auf dich stolz sein. Ich habe jetzt weniger Angst vor dem Tod, als noch in der Zeit als Räuberhauptmann. Denn ich habe bereits jetzt meinem kommenden Leben einen tieferen Sinn gegeben. Ich will wiedergeboren werden zum

Heil aller Wesen, die mir dann begegnen werden. Solltest du mich heute nicht töten, so ist es nur eine Frage der Zeit, bis mich irgendjemand erschlägt, aus Wut über das, was ich ihm oder einem seiner Freunde angetan habe. Es wird so sein wie bei meinem großen Vorbild, dem Räuber Angulimâla, der durch den Buddha selbst zum Orden kam, ein heiliger Arahat wurde, von vielen verehrt, und dennoch den körperlichen Tod durch eine aufgebrachte Dorfbevölkerung gefunden hat. Der zweite Weg wäre aber viel schwerer. Es wäre der Kampf mit dir selbst, mit deiner Wut, deiner Verzweiflung, deiner Einsamkeit, deiner Unsicherheit, deiner Angst, deinem Gefühl der Sinnlosigkeit. Welchen Weg du nun einschlagen wirst, liegt in deinem Belieben. Es wäre aber vielleicht nützlich, mir eine Weile zuzuhören. Ich würde dir über meinen Lebensweg und die darin getroffenen Entscheidungen berichten.«

DER BERICHT KARUNÂBHÂVANAS
UND ABHÂYAS ENTSCHLUSS

Neugierig geworden, aber immer noch hinund hergerissen zwischen Hass und Angst stimmte Abhâya zu. Karunâbhâvana aber sagte: »Angst ist ein schlechter Zuhörer. Du bedarfst noch der äußeren Waffen eines Kriegers, um dich etwas sicherer zu fühlen. Hole bitte dein Messer aus deinem Reisegepäck, es wird dir ein besseres Zuhören ermöglichen.«

Vorsichtig und aus Angst, doch noch von einem listenreichen Krodhadhâra gepackt zu werden, holte Abhâya sein Messer, legte es neben sich und Karunâbhâvana begann:

»Ich wurde in einem kleinen Dorf geboren unweit von hier. Unsere Felder waren bescheiden, doch hatten wir ein ausreichendes Auskommen und ich war glücklich mit meiner Frau und meiner kleinen Tochter. Meine Eltern waren früh verstorben und meine Schwestern hatten Männer in anderen Dörfern geheiratet. Schon mit 20 Jahren gehörte ich dem Dorfrat an, meine Meinung war gefragt und bei Streitigkeiten innerhalb des Dorfes konnten wir diese einvernehmlich lösen, ohne die Gerichtsbarkeit des Reichs anrufen zu müssen.

Vor nunmehr 6 Jahren hatten wir zwei Missernten hintereinander, nachdem der Monsunregen wiederholt schwach ausgefallen war. Wir hatten kaum etwas zu Essen, denn wir mussten das wenige restliche Getreide für die kommende Aussaat aufheben. Und dann kamen die Steuereintreiber, die uns auch noch das wenige verbliebene Getreide wegnehmen wollten. Wir waren verzweifelt und unter meiner Führung vertrieben wir die Steuereintreiber, die wir mit Schlägen aus dem Dorf jagten.

Grausam war die Rache der Steuereintreiber. Sie kamen mit Soldaten, die unser Dorf niederbrannten, die meisten Männer töteten, Kinder und Frauen verschleppten. Ich selbst entkam mit nur wenigen Getreuen und musste aus der Ferne hilflos mit ansehen, wie meine Frau und meine Tochter erschlagen wurden, als Strafe dafür, dass ich Anführer des Aufstandes gewesen war und man meiner nicht habhaft werden konnte. Hass und Verzweiflung ergriffen mich. Unerbittliche Rache schworen wir Überlebenden. Auf ewig wollten wir gegen die Soldaten des Reichs kämpfen, ihnen heimzahlen, was sie unserem Dorf und unseren Familien angetan hatten.

Es gelang uns, Waffen zu erbeuten und wir eigneten uns die Kampftechnik der Soldaten an. Dank der genauen Kenntnis des Geländes in unserer Heimat waren wir bald den Soldaten überlegen und es gelang uns immer wieder, etliche von ihnen zu töten, ohne dass wir schwerwiegende Verluste erlitten. Eine besondere Genugtuung erfuhr ich, als es uns eines Tages gelang, den Anführer jenes Trupps gefangen zu nehmen, der unser Dorf vernichtet hatte. Ihn folterte ich über sieben Tage, bis er zu meinem Bedauern verstarb; gern hätte ich ihn noch länger gequält. Mein Hass wuchs jedoch, je mehr Soldaten ich töten konnte. Ich nannte mich Krodhadhâra.

Um uns zu finanzieren, griffen wir Handelskarawanen an, die durch unser Gebiet zogen. Die Kaufleute ließen wir am Leben, sie hatten uns ja nichts getan. Nicht, dass ich damals Mitleid mit den Kaufleuten empfunden hätte, jedoch sollten sie ruhig wissen, dass keine Gefahr für ihr Leben bestand, wenngleich manchmal für ihre Waren, sodass sie nicht ganz unser Gebiet meiden würden. Die Begleitsoldaten aber waren mir willkommene Opfer. Wir wählten immer Karawanen mit geringem Begleitschutz aus, sodass wir im Kampf überlegen waren. Einen großen Teil der Beute ließ ich unter die Bedürftigen in der Bevölkerung verteilen, insbesondere an Witwen mit Kindern. Auf diese Weise war uns der Rückhalt in den Dörfern gewiss und uns wurden alle erforderlichen Informationen zugetragen.

Dies ging so lange, bis du mit deiner List meine Männer töten konntest; wir waren von der Bevölkerung über diese »Karawane« falsch informiert worden. Zum zweiten Male hatte ich nun meine Heimat verloren, die aus den wenigen Männern unseres Dorfes bestand, die dem damaligen Massaker entkommen waren. Meine Hassgefühle hatten nun ein konkretes Ziel, dir wollte ich unerträglichen Schmerz zufügen.

Doch ich war nun auf mich allein gestellt. Die Bevölkerung half mir nicht, dich zu ergreifen. Alle sagten, du seist der einzige Soldat gewesen, der immer Mitleid mit ihrer Not gehabt hätte, sodass sie mir nicht in meinem Rachefeldzug helfen wollten. Außerdem konnte ich keine Beute mehr verteilen, um sie auf diese Weise kooperativ zu machen.

Und so fasste ich den Plan, deine Familie während deiner Abwesenheit in der Stadt zu töten. Es gelang mir in der Nacht, in euer Haus einzudringen. Zuerst tötete ich rasch dein Kind und schlich mich dann zu Ushâ. Doch während ich im Begriff war, auch ihre Kehle durchzuschneiden, ergriff mich Ekel und Abscheu vor mir selbst. Nie hatte ich je Hand an ein Kind oder an eine Frau gelegt. Während ich das Messer ansetzte, sagte ich zu Ushâ in tiefster innerer Zerrissenheit: »Verzeihe mir. Ich bin Krodhadhâra. Ich muß es tun.«

Und während das Messer in sie eindrang – ich öffnete zuerst ihre Schlagader, damit sie ohnmächtig werden würde, bevor ich die Kehle durchschnitt, wollte sie in einer mir bisher unbekannten Regung nicht unnötig leiden lassen, flüsterte sie: »Ich verstehe ... ich verzeihe dir.« Sie schien ohne Furcht im Augenblick des Todes zu sein, ihre Augen waren voller Frieden. Wie war das möglich? So viele Männer hatte ich sterben sehen, sie alle hatten Wut und Angst und manchmal Schmerz in ihren Gesichtern. Und hier starb deine Frau in ganz anderer Weise«.

Dies war zu viel für Abhâya. Voller Zorn griff er zu seinem Messer und wollte aufspringen. Der andere blieb ruhig sitzen. Es hätte nicht verwundert, wenn er auf den anderen nun mit seinem Messer eingestürmt wäre. Aber die Situation entwickelte sich zu einem jener Augenblicke der Entscheidung, die jeder von uns durchstehen muss – wenngleich in hoffentlich weniger dramatischer Form – und von denen Bhikshu Karunâbhâvana zuvor gesprochen hatte.

In der Aufwallung seiner Gefühle fragte sich Abhâya, wie es kommen konnte, dass seine Frau keine Angst im Todesaugenblick gehabt hatte. Er selbst hatte immer Ängste vor Kämpfen gehabt. Namentlich vor und während des Kampfes mit Krodhadhâras Mörderbande hatte ihn heftigste Furcht überfallen. Und auch heute Abend hatte ihn Angst geplagt. Er war nicht »der Furchtlose«, wie dies sein Vater ihm schon durch die Namensgebung anbefohlen hatte. Stets hatte er es aber verstanden, seine Angst äußerlich nicht sichtbar werden zu lassen.

Wie Ushâ begriff er nun, dass er an der Stelle von Krodhadhâra ebenfalls Frau und Kind seines Widersachers getötet hätte, ja es als seine Räuber- und Mörderpflicht angesehen hätte. Waren wir nicht alle unseren tatsächlichen und vermeintlichen Pflichtgefühlen ausgesetzt, wenn wir im Leben standen? War es nicht auch seltsam, dass selbst ein hartgesottener Mörder ein gewisses Mitleid beim Töten zu haben schien? Und so rang er mühsam seine Trauerund Rachegefühle etwas nieder, wollte hören, was das Gegenüber weiter zu sagen hatte.

Erst nach längerer Pause begann Bhikshu Karunâbhâvana zu sprechen: »Nach diesen aus meiner heutigen Sicht entsetzlichen Morden floh ich unerkannt aus der Stadt. Meiner alten Gewohnheit folgend schnitt ich beide Kehlen noch einmal durch, damit mich zu den Verbrechen bekennend.

Innerlich zerrissen und verstört irrte ich in der Einsamkeit der Berge und Dschungel meiner Heimatprovinz umher, den Kontakt mit Menschen meidend. Wie sinnlos war mein Leben verflossen, wie viele Menschen hatte ich aus meinem Hass und aus meiner Verzweiflung heraus seit der Zerstörung meines Dorfes getötet! Das einzige vielleicht Positive war, dass ich mittellose Witwen und Kinder unterstützt hatte – aber das war ja auch nicht nur gut und edel, stammte diese Unterstützung doch aus Diebesgut.

Eines Tages gelangte ich gegen Nachmittag auf eine Lichtung, auf der ein Mann im Gewand eines Bhikshu saß. Ich dachte mir ›da sitzt wieder einer von jenen Schmarotzern, die sich Bhikshus und Sâdhus nennen und der armen Bevölkerung das Essen abluchsen. Sie behaupten, es sei verdienstvoll, heiligen Männern und Frauen Essen zu spenden, man würde dadurch besseres Karma erwirken, eine günstige Wiedergeburt und vielleicht sogar einen Aufstieg in Himmelswelten erreichen.‹

Und doch, dieser schien anders zu sein. Er war hager, hatte keinen wohlgenährten Bauch und war so weit abseits jeder menschlichen Siedlung, dass er sicher seit mehreren Tagen auf keinem Bettelgang gewesen war. Ich wurde von dieser Gestalt angezogen, näherte mich. Dabei hatte ich den Kontakt zu Bhikshus und Sâdhus seit Jahren vermieden, sie schienen nicht in meiner Welt zu leben. Er war offenbar in Meditation versunken, als ich jedoch näher kam, rezitierte er mit sanfter, aber nachdrücklicher Stimme:

>»Doch kommt ja Feindschaft nicht
>Durch neue Feindschaft je zur Ruh'
>Durch Nicht – Feindschaft kommt sie zur Ruh'
>Dies ist ein ewiges Gesetz«[3]

Wie um dem Ganzen noch mehr Nachdruck zu verleihen, widerholte er den Vers dreimal während meines Näherkommens und jedes Mal traf es mich wie ein Keulenschlag. Das war ja das Problem und die Tragik meines Lebens der letzten Jahre, indem ich nur für meinen Hass gelebt hatte, verstärkte er sich immer mehr, während ich doch keine dauerhafte Genugtuung, keine Ruhe, keinen Frieden finden konnte. »Wer hat so etwas Schönes, Wahres und doch eigentlich so Offensichtliches gesagt«, stammelte ich.

»Buddha, der Erhabene«, antwortete der Bhikshu, »vor etwa 800 Jahren. Und es ist immer noch ein ewiges Gesetz«, fügte er mit liebevollem und hintergründigen Humor hinzu.

Weinend warf ich mich dem Bhikshu zu Füßen. Tränen flossen aus mir heraus – seit Jahren hatte ich nicht mehr weinen können. Stockend berichtete ich ihm meine Lebensgeschichte, schilderte ihm meine Not. Stunde um Stunde verging. Der Bhikshu Dharmarakshita (»der Bewahrer der Buddhalehre« – so hieß er) saß ruhig vor mir und ich spürte seine intensive und liebevolle Anteilnahme an dem, was in mir vorging. Dann lehrte er mich, den Strom der anschwellenden und wieder abklingenden Gefühle anteilnehmend und liebevoll wahrzunehmen, mich dabei aber nicht in die Gefühle hineinziehen zu lassen und nicht von ihnen überschwemmt zu werden. Selbst Gefühle wie Wut, Hass, Ärger, Verzweiflung hatte ich auf diese Weise zu erleben.

Es war seine besondere Methode, dass dieses Erleben von Liebe und Verständnis geprägt sein sollte. Angst und Wut seien ebenso meine ›Kinder‹ – wie Freude, Großmut, Mitleid und Liebe. Sie alle gehörten zu mir, seien Teil meines Wesens. Nicht bloß ›bewertungsfrei und neutral‹ (wie ich es von einigen Bhikshus später hörte) sollte ich meine Gefühle betrachten, sondern mit Hingabe und vor allem Verständnis. Denn durch eine von Verständnis und Liebe getragene Achtsamkeit könnten sich die Gefühle allmählich umwandeln und ihr Überschwang zur Ruhe kommen. Gegen ›negative‹ Gefühle anzukämpfen sei nur bedingt sinnvoll, denn ein solcher Kampf sei getragen von einer Wut gegen eines Teils von einem selbst. Das aber wäre so, als wenn man Hass durch neuen Hass auslöschen wolle.

In gleicher Weise sollte ich liebevoll, achtsam und mit zunehmendem Verstehen den Strom der aufkommenden Gedanken und auch ihr Abebben wahrnehmen, ohne ihnen nachzuhängen.

Auch meinem Körper – so wie er noch immer schluchzend vor dem Bhikshu saß – musste ich Aufmerksamkeit schenken und besonders den Atem wahrnehmen, ohne ihn zu beeinflussen, ohne einzugreifen in den Atemprozess, der sich von allein entfaltete – mal zitternd und bebend durch meine Gefühle, dann wieder ruhiger und langsamer.

Die Aufgabe bestand nach seiner Anweisung darin, jeweils Körper, Gedanken oder Gefühle in den Mittelpunkt der von Liebe getragenen verständnisvollen Achtsamkeit zu stellen, je nachdem eines von den dreien sich in den Vordergrund der Aufmerksamkeit stellte. Hilfreich sei es, immer wieder zur Atemachtsamkeit zurückzukehren und diese, wenn möglich, als zentrales Meditationsobjekt zu nehmen. In fortgeschrittener Meditation, hatte er hinzugefügt, sei es möglich, gleichzeitig all dies im Bewusstsein zu haben und auch noch übergeordnete Ideen wahrzunehmen.

All dies vermittelte er mir bis zur Dämmerung. Es fiel mir schwer, gelang mir nur unvollkommen und es sollte noch Monate dauern, bis ich in dieser Meditation der liebevollen Achtsamkeit wirkliche Fortschritte erzielte. Immerhin aber kam ich zu einer gewissen Ruhe, wie ich sie seit der Zerstörung meines Dorfes nicht mehr erlebt hatte. Ich wusste, dies konnte mein Weg sein, mich aus der Welt des Hassens und des Irrens herauszuführen. Tief bewegt bat ich Dharmarakshita: »Ehrwürdiger, bitte nehme mich in den Orden des erhabenen Buddhas auf, mein altes Leben will ich aufgeben, nicht bindet mich etwas an diese bisherige Welt.«

Doch Dharmarakshita erwiderte: »Zwar bin ich erstaunt, wie rasch du ein wenig in die Anfänge der Meditation vordringen konntest, trotz allen Unheils, das in diesem Leben angerichtet hast. Vielleicht ist dies den Spuren des Mitleids zu verdanken, die du gegenüber Ushâ und den Witwen mit ihren Kindern gezeigt hast. Auch deine jetzige Reue ist hier von Bedeutung. Doch zu einem ausreichenden anfänglichen Verständnis der Buddhalehre konntest du noch nicht vordringen. Es wäre Unrecht, dich jetzt in den Orden des Erhabenen aufzunehmen.«

Ich war erstaunt. Hatte ich doch gehört, dass Sâdhus und Bhikshus immer gern neue Mitglieder in ihre jeweiligen Orden aufnähmen, um sich dann mit der Zahl ihrer Anhänger zu brüsten. Hier aber war einer, dem es nicht darauf ankam, mich als Ordensmitglied zu gewinnen, sondern der Anteil nahm an meiner Situation, an meinem Leiden.

»Lehre mich mehr«, bat ich.

Inzwischen war es Nacht geworden und der Vollmond ging auf »Nun, wir wollen sehen, was du in einer Nacht lernen kannst, erwiderte Dharmarakshita. »Es ist eine günstige Nacht um in die Lehre des Erhabenen einzudringen. Vollmollmondnächte haben eine besondere Bedeutung. Auch der Buddha hat in einer Vollmondnacht seine Erleuchtung gefunden. Es gibt sogar einige unter uns Bhikshus, die meinen, der Buddha selbst würde in solchen Nächten das Nicht-Sagbare denjenigen offenbaren, deren Herzen offen seien, seine Botschaft zu empfangen. Natürlich nicht in Worten, denn der Buddha ging vor etwa 800 Jahren mit seinem physischen Tod ins Nirvâna ein, einem Bereich jenseits von Tod und Leben, jenseits von Sein und Nichtsein. Daher bin ich nicht sicher, ob er in Vollmondnächten auf subtile Art bei uns ist. Immerhin, auch ich spüre, dass in Vollmondnächten manches anders ist als sonst. Und wer weiß, was aus dem Bereich des ›Ungeborenen, Ungewordenen, Ungeschaffenen, Ungestalteten‹ – wie es der Buddha in feierlichen Stunden nannte – in unsere Welt des Leidens und der Begrenzung hineinwirken kann.«

Eine Pause entstand und Abhâya stellte zu seinem Erstaunen fest, dass sein Hass auf sein Gegenüber nachließ, auch wenn er die Ermordung seiner Familie durch ihn nicht vergessen konnte, es wohl auch nie vergessen würde. »Auch heute ist wieder« eine Vollmondnacht«, dachte Abhâya. Gebannt hatte er den Worten Karunâbhâvanas gelauscht, sie gingen ihn unmittelbar etwas an, denn auch sein Leben stand seit vielen Monaten im Zeichen von Depression und Hass.

Nun setzte der ehemalige Räuber und Rächer seinen Bericht fort: »Im ersten Drittel der Nacht leitete Dharmarakshita mich an, all jener Menschen zu gedenken, die mir Leid angetan hatten und denen ich meinerseits Tod und Verderben gebracht hatte. Ich sollte ihnen allen Glück wünschen, dass sie frei werden von Leid und eines Tages die große Befreiung der Erleuchtung erfahren würden. Solche Gefühle konnte ich durchaus einer Reihe von Menschen gegenüber empfinden und ich bereute zutiefst, was ich ihnen angetan hatte. Doch war das nicht so in allen Fällen.

Als ich mir meinen schlimmsten Feind, den Mörder meiner Familie und Zerstörer meines Dorfes, in Erinnerung rief, war mir das nicht möglich. Ich malte mir stattdessen aus, wie er in Höllenwelten schmorte. Ja, ich verstieg mich sogar zu dem Gedanken, dass ich nur der Gehilfe des Karma-Gesetzes gewesen war, als ich ihn folterte und tötete, damit er seine ›karmische Strafe‹ erhielte. Mein Mitleid hielt sich in Grenzen als ich meinen ›Segenswünsch‹ an ihn so formulierte: ›Mögen die rot glühenden Eisenkugeln, die nun für Äonen in der Hölle fortwährend in seinen Mund gestopft werden, nach langer Zeit ein wenig kühler sein!‹ Ich erschrak über die Abgründe meines Herzens. Ich war wohl nicht fähig, einmal ein Heiliger zu werden.

Betroffen berichtete ich meinem Guru (Lehrer) diese Reaktionen. Er aber lachte verständnisvoll: »Dies sind deine alten karmischen Prägungen, die Samskâras. Sie drängen dich immer wieder in die gleiche Richtung des Hassens. Mach weiter!« Wieder versuchte ich, meinem Feind gegenüber ein liebevolles Gemüt zu entwickeln. Schließlich war es mir möglich, ihm zu wünschen, eines Tages auch das Nirvâna zu erreichen. Aber natürlich würde dies ›bedauerlicherweise‹ viele Äonen länger dauern als bei anderen Menschen. Wieder lachte mein Lehrer: »Siehst du, wie subtil Samskâras sein können? Verurteile dich nicht deswegen, nehme sie war, begreife sie als Teil deines jetzigen Wesens. Nehme sie an, sie werden sich langsam abschwächen, wenn du ihnen Aufmerksamkeit schenkst, ohne ihnen nachzuhängen und dir nicht vormachst, dass sie nicht mehr vorhanden seien. Jetzt, da du das Wesen der Samskâras erfahren hast, kann ich dich ein wenig mehr mit dem Karma-Gesetz bekannt machen.«

Er ließ mich aufrecht sitzen, den Körper liebevoll wahrnehmend, den Strom der Gedanken und Gefühle erlebend, ohne mich an Gedanken und Gefühle zu binden, in wacher Klarheit des Bewusstseins verbleibend. Dann legte er mir sanft die Hand auf meinen Scheitel und wies mich an, mich meines jetzigen Lebens rückwärts zu erinnern, bis zu den ersten Eindrücken dieses Lebens. Meine Eltern hatten mir im Erwachsenenleben berichtet, dass mein Vater während meiner frühen Kindheit einmal schwer von Soldaten misshandelt worden war. Nun sah ich in meiner Meditation, wie sich meine Eltern liebevoll über mich beugten, aber mein Vater trug eine klaffende Wunde in seinem Gesicht, Blut tropfte heraus.

»Geh weiter zurück, in dein vorheriges Leben«, wies mich Dharmarakshita an, während er den Druck auf meinen Scheitel verstärkte. Es war unangenehm. Angst überkam mich, dann Schwärze, aus der Schwärze stieg eine Kampfszene: Ein Bergdorf, ganz anders als unsere Bergdörfer. Die Häuser brannten. Im Hintergrund schreiende Frauen und Kinder. Eine der Frauen ähnelte im Aussehen Ushâ. Vor mir lag ein sterbender, aus vielen Wunden blutender Mann, den ich als meinen Vater in jenem Leben wahrnahm. Ein Angreifer, der offensichtlich meinen Vater zu Tode getroffen hatte, kam auf mich zu. Mit dem Mut der Verzweiflung, voller Hass und in Sorge um Frauen und Kinder stürzte ich mich auf ihn. Es gelang mir, ihn nach langem Kampf zu töten. Aber ich hatte so schwere Wunden erlitten, dass auch ich im Sterben lag. Eine Frau – eben jene wie Ushâ aussehende – beugte sich über mich: »Wir Frauen danken dir. Du hast uns gerettet. Dein Tod ist nicht sinnlos. Du wirst in unserer ewigen Erinnerung bleiben.« Dann wieder Schwärze.

Mühsam atmend kam ich in die Gegenwart zurück. Dharmarakshita beruhigte mich und sagte: « Du hast nun das Wirken der karmischen Triebkräfte, erlebt. Wir hätten in weitere Leben zurückgehen können. Doch das jetzt Erfahrene reicht für den Anfang. Ja, eigentlich wäre es genug, sich mit der jetzigen Lebensgeschichte zu beschäftigen, um zu sehen, wie aus alten Reaktionen immer ähnliche neue Situationen entstehen, wie ein Zwang zur Wiederholung. Dies geschieht so lange, wie wir uns der Reaktionsweisen nicht bewusst werden, ihnen blind folgen und meinen, das sei richtig so. Erstwenn wir uns der alten Reaktionsweisen, der Auswirkungen der Samskâras, bewusst werden, entsteht Freiheit, weiter so zu handeln, oder allmählich sich zu verändern. Vor wenigen Stunden kam ein Mörder und Verbrecher zu mir, der schon in seinen vorherigen Leben Gewalt erfahren und ausgeübt hat. Diese Tendenzen prägten auch sein jetziges Leben. Ebenso auch seine Neigung, Frauen und Kinder zu schützen. Letztere hat ihn schließlich auf den

Weg der Reue gebracht, nachdem er entgegen seinen Neigungen eine Frau und ein Kind getötet hatte.

Man muss sich Karma nicht unbedingt als ein Gesetz von Lohn für gute und Strafe für schlechte Taten vorstellen. Vielmehr entsteht durch eine Reihe von ähnlichen Taten und Gedanken eine Gewohnheitsenergie, die zu einer Fortsetzung in gleicher Richtung drängt. Aber nicht alles ist genau vorherbestimmt. In deinem Beispiel hätte es gut sein können, dass euer Dorf nicht zerstört worden wäre, wenn nicht manches zusammengekommen wäre – eine hungrige Dorfbevölkerung, ein ehrgeiziger Jungoffizier, hasserfüllte Steuereintreiber. Aber obwohl du im Dorf durchaus angesehen warst, gab es in dir Tendenzen zu Gewalt. Diese hätten bei anderen unglücklichen Umständen dazu führen können, dass du im Streit deinen Nachbarn erschlagen hättest und als ein vom Staat verfolgter Mörder geendet hättest.

Du siehst, ein bloß individuelles Karma kann es nicht geben. Karma ist viel komplexer, das Weltganze ist in unendlichen Beziehungen verflochten. Alles was du tust, alles was du denkst, hat Einfluss auf das Weltganze. Selbst da, wo du es nicht vermutest.

Ich will dir ein Beispiel geben, nicht etwa um dich zu trösten, sondern um dir das Verwoben-sein aller Dinge und allen Geschehens deutlich zu machen. Als du seinerzeit Ushâ ermordetest, hat sie dir verziehen, aus tiefer Einsicht heraus und aus ihrer Fähigkeit zur Liebe. Zuvor war sie eine zwar kluge und schöne Frau gewesen, aber hauptsächlich auf die kleine Welt ihrer Familie bezogen. Die dramatische Situation im Angesicht des Todes hat ihr einen entscheidenden Impuls gegeben, über sich selbst hinauszuwachsen. Der Todesaugenblick ist wahrscheinlich besonders entscheidend für die Art der Widergeburt und gibt dem künftigen Leben noch einmal eine vielleicht entscheidende Tendenz. Das war auch bei Ushâ so. Sie wurde zusammen mit ihrem Sohn in einem der niederen Himmel wiedergeboren. Und weißt du, was sie dort macht? Sie gibt ihre Erkenntnis weiter, dass Hass durch Liebe überwunden werden kann und so zum Ende kommt. Stelle dir nun einmal vor, dass sie mit dieser Botschaft hundert Himmelsbewohner erreicht. Wenn diese ihre Wiedergeburt in der Menschenwelt erlangen, verbreiten sie wiederum die Botschaft der Liebe, selbst wenn ihnen die Herkunft dieser heilsamen Samskâras nicht bewusst ist. Wie viel Segen wird so vielleicht aus deiner ruchlosen Tat entstehen! Aber diese Auswirkungen deiner Tat werden dir selbst nicht direkt zum Segen gerei-

chen. Denn du hast nicht absichtlich etwas Gutes bewirken wollen. Nur
die absichtsvolle Tat hat karmische Auswirkungen«.

Ich war erschüttert. Was wusste dieser weise Bhikshu? In tiefem Vertrauen bat ich ihn, dass er mir mehr von der Lehre des Erhabenen vermitteln möge. Und so machte er mich im dritten Teil der Nacht mit den
Grundlagen des Bauddha-Dharmas vertraut. Ich kann dir die Tiefe und
Schönheit seiner Worte nicht vermitteln, bin ich doch erst ein Anfänger
auf dem Weg. Aber ich kann versuchen, dir ein wenig davon zu berichten.

Er begann damit, dass er mich ermahnte, seinen Worten nicht blind
zu glauben. Drei Bedingungen habe schon der Buddha selbst genannt,
nach denen man eine Lehre beurteilen könne. Zunächst müsse sie von
einem selbst als wahr und einleuchtend erkannt werden, selbst den Worten des Buddhas dürfe man nicht blind vertrauen. Dann solle sie von
weisen und verständigen Menschen anerkannt sein. Dabei dürfe man
aber nicht einer bloß äußerlichen »Autorität« folgen und auch nicht un-
kritisch traditionellen »heiligen Überlieferungen«. Und drittens müsse
sich die Lehre in der Praxis bewähren, indem sie zu einem heilsamen
Leben führe. Dies könnte vielleicht ein Leben zunehmender Freiheit von
Hass, Gier und Unwissenheit sein, ein Leben erfüllt von Frieden, Liebe
und Verstehen sich selbst und anderen gegenüber.

Er fuhr ungefähr so fort: »Allem individuellen Leben haftet durch
seine Vergänglichkeit und Begrenztheit eine gewisse Unzulänglichkeit
an, die wir als leidvoll erleben. Um sich gegen diese Unzulänglichkeit
zu stemmen, bildet sich bei Wesen mit höherem Bewusstsein die Illusion eines abgegrenzten, ständig bestehenden und vom Rest der Welt
getrennten Ichs, das nach individuellem Glück sucht. In Wahrheit ist
ein Wesen aber wie ein sich ständig wandelnder und verändernder Be-
wusstseinsstrom. Das illusionäre »Ich« strebt nach Glück durch den Versuch, der Unbeständigkeit zu entgehen, sich berauschend an Begierde
und Hass gegen alles, was der Befriedigung der Gier im Wege steht. Die
Befriedigung von Gier und Hass ist vergleichbar mit dem Trinken von
Salzwasser bei einem Durstigen – es entsteht nur neuer Durst. So will
ein Reicher noch reicher werden, ein König sein großes Reich noch mehr
vergrößern, ohne dass dadurch wirkliche Befriedigung erreicht wird.
Neben dem Durst der Begierde nannte der Buddha als Antreiber unseres Lebens auch den »Selbstbehauptungsdurst« und sein Gegenteil, den

»Vernichtungsdurst« (den Hass auf sich, auf andere und auf bestimmte Lebenssituationen).

Durch das Nichtwissen um die Gesetze des Lebens entstehen Samskâras, die uns bei unserem Kontakt mit der Welt in immer tiefere Bindungen an Gier, Hass und Illusionen führen, in immer neue Existenzformen und Leben. Doch gibt es Wege aus dem Begrenzten und letztlich Ungenügenden, den Weg des Erwachens, der Erleuchtung, das Erreichen des Todlosen, des Nirvâna. Dieser Bereich ist erfahrbar, jedoch nicht in Worten beschreibbar. Er führt über die schrittweise Aufhebung von Gier, Hass und Illusion.

Wenn wir begreifen, dass wir uns dem Fluss der Veränderungen letztlich nicht entgehen können und wir schrittweise lernen, zur rechten Zeit loszulassen, ja wenn wir selbst bereit sind zu ständiger Veränderung, entsteht Freiheit.

Wenn wir die Unzulänglichkeiten des Lebens, das Leiden, als Teil des individuellen Lebensprozesses annehmen, gibt dies uns den Impuls, die begrenzten Freuden des Daseins dankbar anzunehmen und zugleich das Todlose zu suchen.

Wenn wir uns als sich ständig wandelnde, nicht starr in einem »Ich« gefangene Wesen erfahren, entsteht die Freiheit zur Veränderung und das Erleben der Verbundenheit und Solidarität mit allem Sein.

Der Weg zum Erwachen ist nach der Lehre des Buddhas achtfach und umfasst Einsicht, ethisches Verhalten und Meditation. Beginnend mit Einsicht – zunächst verstandesmäßig, dann aber immer mehr ins Erleben gehend – verändern wir unser Leben schrittweise. Wir fassen den Entschluss zu einem Leben, das dem Dharma – der Lehre des Buddhas – gemäß ist. Daraus folgt, dass wir uns um friedvolle, doch auch zugleich wahre Sprache bemühen. Wir streben eine Lebensführung an, die andere nicht schädigt, andere nicht betrügt, andere achtet und ihnen hilft. Auch unsere Berufe sollten von einer solchen Einstellung geprägt sein – und dies gilt nicht nur für Mönche und Nonnen. Entschlossen und kraftvoll wollen wir unseren Weg gehen, doch ohne jenes Anhaften an ein Ziel (und sei es das Erreichen von Nirvâna), was unser auf uns selbst beschränktes »Ich« noch mehr verfestigen würde. Besonderen Wert aber legte der Buddha auf die Entwicklung der Achtsamkeit. Eine erste Erfahrung hast du ja bereits damit machen können. Die Entwicklung einer vollkommenen, aber liebevollen und gelösten Form der Achtsamkeit unterscheidet uns von vielen anderen Traditionen der Rishis und Sâdhus in diesem wundervollen und gesegneten Jambudvipa (Indien). Schließlich mündet der achtfache Weg in Meditation, deren Ziel nicht ein Zustand der Ruhe, sondern Gewinnung von Einsicht und die Erfahrung des Ungeborenen, Ungewordenen, Ungeschaffenen und Ungestalteten ist.«

»Bitte entschuldige meine trockenen, unvollkommenen Worte«, sagte Karunâbhâvana, »sie geben nicht das wieder, was ich gefühlt und erlebt hatte, als der Meister zu mir sprach.«

»Und doch hast du mich tief berührt«, erwiderte Abhâya. »Besonders als du beschrieben hast, dass Freiheit, entsteht, wenn man Altes loslässt, aufgibt, nicht mehr daran haftet – so wie du es getan hast. Während du gesprochen hast, habe ich bemerkt, dass mich nur noch wenig an die Welt bindet. Meine Pflicht als Sohn eines Soldaten habe ich zu erfüllen versucht, weniger meinem Antrieb entsprechend, als den Forderungen meines Vaters und der Kriegerkaste. Ich wollte gefallen, bewundert werden von anderen. Als Ergebnis habe ich meine Familie verloren, mein Vater verachtet mich als Schwächling, meine Offizierskammeraden meiden mich und ich bin von der Gnade eines Beamten meiner Heimatstadt abhängig (dass es sich dabei um den Geheimdienstchef handelte, verriet er nicht). Nur meiner Mutter und meinen Schwestern bin ich noch zugetan.«

Beide Männer versanken in Schweigen. Und Abhâya begann, ohne weitere Anleitung durch Karunâbhâvana, die Achtsamkeitsmeditation. Nach einer Stunde hatte sich die Flut der Gedanken und aufwallenden Gefühle etwas beruhigt. Mit einem Bewusstsein so klar und frisch wie der anbrechende Morgen nahm Abhâya wahr, wie er atmete. Nein, nicht er atmete, da war einfach Atem selbst, der seinen Rhythmus fand. Mit jedem Einatmen strömte die Weite der Welt in ihn ein. Und beim Ausatmen fühlte er eine Verbindung, eine Hingabe an die Welt, wie er es nie gekannt hatte.

Karunâbhâvana hatte bereits erste Vertiefungen in der Meditation erreicht und erkannte den erstaunlichen Fortschritt, den sein ehemaliger Feind machte. »Sei besonders achtsam in der Pause nach dem Ausatmen, bevor der Atem wieder von allein einströmt«, sagte er. Abhâya verstand sofort – und erlebte eine leuchtende, abgrundtiefe Stille in einem zeitlosen Moment in der Tiefe des Seins (nicht »seines« Seins, sondern ein »Sein«). Von außen betrachtet war der Moment nur kurz, doch Abhâya hatte das Gefühl für Raum und Zeit verloren, hatte das Erlebnis, dass in jener Stille sich ihm das Geheimnis der Welt offenbarte. Langsam kehrte er in sein Ichbewusstsein zurück; es war etwas schmerzhaft.

»Du hast offenbar eine Erfahrung gemacht, die einige von uns Bhishus als einen kurzen Blick auf Shûnyatâ nennen, auf die »Leerheit«, die die hintergründige Natur aller Dinge und alles Geschehens ist. Der Buddha selbst hat nur selten darüber gesprochen; vielleicht um das Erleben nicht zu entweihen, um das Nicht-Sagbare vor einem Dickicht der Worte und Spekulationen zu schützen. Erstaunlich wie schnell du dahin gelangt bist. Mir ist es erst nach vielen Monaten geschehen. Bisher bin ich nicht wieder so weit gekommen. Es ist wohl so, wie mein Meister sagt: ›Gelegentlich erfahren Anfänger in der Meditation so etwas und brauchen dann aber lange, bis es erneut oder in anderer Weise wieder auftritt‹. Er meint, es sei wie eine Gnade, ein Ansporn, vielleicht ausgelöst durch Wesen des Lichts und der Erleuchtung, die wir Bodhisattvas nennen.«

Der Morgen war angebrochen. Die ehemaligen Todfeinde schauten in die Weite, auf die schneebedeckten Gipfel in der Ferne, die von den ersten Strahlen der Morgensonne berührt wurden. Stille umfing sie. Während der Blick in die Ferne ging, erinnerte sich Abhâya der Worte des Sâdhu vor einigen Tagen: ›Unendliches Hier .... Unendliches Dort ...‹ Sein damaliges Erlebnis der Weite in ihm und außerhalb von ihm verband sich nun mit der vierfachen Achtsamkeit, die der Buddha gelehrt hatte. Erfüllt von Klarheit, überwach, empfand er ein Strömen, Fließen und Pulsieren des »Seins«, getragen von Stille und einem Gefühl weltumspannender Freude.

In dieser Nacht hatte er viel von seinem ehemaligen Feind gelernt. Dennoch waren Wut und Hass gegenüber dem früheren Räuber nicht gänzlich erloschen, wie er in klarer Bewusstheit feststellte. Daher würde er in naher Zukunft von ihm wohl nichts vertiefend lernen können. Auch war ja Karunâbhâvana erst einige Monate im Orden des Buddhas, selbst noch ein Anfänger.

Abhâya beschloss sein bisheriges Leben aufzugeben, ebenfalls Bhikshu zu werden, unter dem Eindruck dieser Nacht und dem Rückblick auf sein bisheriges Leben. Und so sagte er: »Auch ich möchte in den Orden des Erhabenen als Mönch eintreten. Bitte führe mich zu deinem Meister, den ehrwürdigen Dharmarakshita«. Schweigend, doch mit einer Geste der Zustimmung, gewährte Karunâbhâvana die Bitte. Und so machten sie sich auf den Weg.

LEHRJAHRE

Dharmarakshita

Der ehrwürdige Dharmarakshita pflegte das Leben eines Wandermönches. Doch hielt er sich häufig in der Gegend jener Lichtung auf, von der Karunâbhâvana gesprochen hatte und die etwa eine knappe Tagesreise entfernt lag. In der Nähe dieser Stelle gab es zwei Höhlen, in der sich die Ordensangehörigen zu Meditation und gemeinsamen Lernens jeweils um die Vollmondzeit versammelten. Einige von ihnen verbrachten dort auch die Regenzeit, in der Mönche und Nonnen möglichst nicht umherwandern sollen. Sie wurden dann unterstützt von den Bewohnern der in größerer Entfernung befindlichen Dörfer, die Nahrung brachten und ihrerseits Rat und Trost sowie Anweisungen zu einem heilsamen Leben und Meditation erhielten.

Dharmarakshita war der Älteste der kleinen Mönchs- und Nonnengruppe in der nordöstlichen Außenprovinz und wurde von allen als solcher anerkannt. Er war schon lange Mitglied des Ordens und damit ein Mahâsthavîra. Aber es war nicht die Dauer seiner Ordenszugehörigkeit, die ihn als Autorität auswies, sondern seine Weisheit. Fünf Jahre hatte er bei seinem Meister verbracht. Dieser hatte ihn in Meditation unterwiesen und ihn dazu angehalten, sich mit den noch bekannten Lehrreden des Buddhas vertraut zu machen. Die Lehrreden waren zumeist in einer altertümlichen Volkssprache mündlich überliefert worden. Obwohl des Lesens und Schreibens kundig, bevorzugte Dharmarakshita bei seinem Eintritt in den Mönchsorden das Auswendiglernen. Das hing mit seiner Vergangenheit zusammen. Er war von Geburt Brahmane gewesen, der bereits als Kind und Jugendlicher die vier Veden auswendig lernte und daher ein vorzügliches Gedächtnis entwickelt hatte. Dennoch las er gern auch Texte auf Palmblättern. Insbesondere hatte es ihm das Saddharma Pundarika Sûtra angetan. Zudem war er mit Texten vertraut, die sich mit der »Transzendenten Weisheit« beschäftigten sowie mit den Schriften des berühmten Nâgârjuna.

Nach der Lehrzeit bei seinem Meister hatte er lange Zeit im Himalaja in eisigen Höhlen in Meditation verbracht. Nur gelegentlich stand er in dieser Zeit mit anderen Suchern nach Wahrheit und Erleuchtung in

Kontakt. Manchmal saßen sie gemeinsam schweigend in Meditation versunken, trafen sich, obwohl sie sich nicht äußerlich verabredet hatten. In allen diesen Suchern – Sâdhus, Bhikshus, Bhikshunîs, Munis und Yogis – fühlte er das Feuer der Liebe, den Frieden des stillgewordenen Geistes, die Freiheit von Gier und Hass, den Drang nach Überschreiten des Bekannt-gewöhnlichen, die Sehnsucht nach dem Göttlichen. Gleich ihm lebten sie in den Höhlen des Himalaja, gleich ihm führten sie ein Leben der Meditation unter kärglichen äußeren Lebensumständen. Sie folgten verschiedenen spirituellen Traditionen, doch gerade in dieser Vielfalt schien von diesen Höhlen eine vereinigte und die Welt segnende Kraft auszugehen.[4]

In den Jahren der Meditation reifte Dharmarakshita zum Meister, bis ihm schließlich der Ruf ereilte, in der östlichen Außenprovinz der kleinen dortigen Gemeinschaft (Sangha) ein Lehrer, ein Guru zu sein. Über die wahre Tiefe seiner Verwirklichung hat er nie gesprochen – doch alle, die mit ihm in Berührung kamen, spürten, dass sie einem Menschen begegneten, der zumindest nicht weit entfernt von Erleuchtung sein konnte.

Als die beiden Wanderer am Nachmittag die Lichtung erreichten, sahen sie Dharmarakshita tatsächlich auf der Lichtung sitzen. Doch er war nicht allein – dicht neben ihm lag ein Tiger und es schien, als ob Meister und Tiger Zwiesprache hielten. Abhâya erschrak, doch Karunâbhâvana beruhigte ihn – oft seien Panther und Tiger in der Nähe des Meisters anzutreffen und würden sich entfernen, wenn Menschen hinzukämen. Früher seien in dieser Gegend des Öfteren Menschen den Tigern zum Opfer gefallen. Seit jedoch Dharmarakshita hier lebte, sei dies nicht mehr vorgekommen. Abhâya solle sich darüber nicht wundern, auch von anderen Yogis sei bekannt, dass sie in friedlicher Gemeinschaft mit wilden Tieren lebten. Und tatsächlich verschwand der Tiger, als sie näher kamen.

Nach ehrfürchtigem Gruß und Verneigung setzten sie sich zu Dharmarakshita und dieser begann: »Seid mir gegrüßt. Ich freue mich, euch beide hier zu sehen. Zwar habe ich euch erwartet, doch war ich mir nicht ganz sicher, ob ich heute einen Mönch weniger in unserem Sangha haben würde. Vielfältig sind die karmischen Wurzeln, die euch beide miteinander verflechten. Dich Abhâya, beglückwünsche ich aus tiefstem Herzen zu deinem Sieg über dich selbst und über deinen Hass. Viel hatte ich von dir gehört und hoffte, dass du über dich hinauswachsen könntest.«

Bekenntnis zum Bauddha-Dharma und das Noviziat

Schweigen senkte sich über die Gruppe und Abhâya fragte sich, ob der Meister und sein Schüler die Begegnung mit ihm abgesprochen hatten, oder ob Dharmarakshita solche Dinge mit dem Auge der Weisheit erkennen konnte. Doch war das eigentlich von Bedeutung? Er hatte doch eine Bitte, ein Anliegen an den Meister! »Bitte, nehme mich auf in den Orden des Erhabenen ... mein weltliches Leben will ich ablegen, dem Weg des Buddhas vertieft folgen«, bat er bewegt.

»Den Weg des Buddhas kann man sowohl als in der Welt Lebender gehen wie auch als Mönch oder Nonne. In der Tat, ich kenne einige Laienanhänger, die die Lehre tiefgehender verwirklicht haben als mancher in unserer Ordensgemeinschaft«, sagte Dharmarakshita und fuhr fort: »Ich will dir noch einmal die Grundlagen der Lehre des Buddhas darlegen.« Ausführlicher, als es Karunâbhâvana geschildert hatte, legte Dharmarakshita die Lehre dar. Da er aber wahrnahm, dass Abhâyas Gemüt noch immer eingeengt war und er sich fortwährend mit dem Leiden, dem Ungenügen und der Begrenztheit des Lebens beschäftigte, wollte er dies nicht noch mehr verstärken und betonte den anderen Aspekt der Lehre des Buddhas deutlicher – die Botschaft von der Erleuchtung, der Freiheit, dem Erwachen. Es genüge nicht, die Unvollkommenheiten des Lebens zu erkennen, dies sei nur der Anfang des spirituellen Weges.

Nachdem er Abhâya nach seinen ersten Erfahrungen in der Meditation gefragt hatte, sagte Dharmarakshita: »Wenn du möchtest, nehme ich dich zunächst als Laienanhänger des Buddhas auf. Wichtig ist nicht, ob du ein Ordensmitglied bist, sondern ob du der Lehre des Buddhas folgen möchtest.« Dies bejahte Abhâya und so wiederholte er dreimal jene alte Formel, mit der sich bis heute Menschen zur Lehre des Buddhas bekennen: »Ich nehme meine Zuflucht zum Buddha, zu seiner Lehre (Dharma) und zu seiner Gemeinschaft (Sangha) .... Ich bemühe mich darum, Töten, Stehlen, sexuelles Fehlverhalten, Lügen und grobe Worte sowie Rauschmittel zu meiden.«

Es war Abend geworden und es waren nicht nur einige Mönche und Nonnen, sondern auch eine Reihe von Dorfbewohnern gekommen. Und so ergriff Dharmarakshita anlässlich der Zufluchtnahme von Abhâya die Gelegenheit, etwas über das Bekenntnis zum Buddha-Dharma zu sagen: »Zuflucht« sei keine Flucht vor den Schwierigkeiten des Daseins, sondern eine Hinwendung zu Buddha, Dharma und Sangha.

Der Buddha werde als Weltenlehrer unseres Zeitalters verehrt, doch Zufluchtnahme zum Buddha gehe noch viel tiefer – nicht nur er werde verehrt und als unvergleichlicher Lehrer anerkannt, sondern mit ihm die unendliche Reihe der Erleuchteten aller Zeitalter und Welten. Ja, es gehe darüber hinaus um das ewige Prinzip der Buddhaschaft, die auch in uns selbst beschlossen läge. Wie ein Samen im Mutterschoß enthielten alle Wesen – auch wir – in uns keimhaft die Möglichkeit, Buddha zu werden. Alles bewusste Leben strebe nach Erwachen und Befreiung. Zu diesem Samen der Buddhaschaft in uns selbst würden wir Zuflucht nehmen.

Mit dem Bekenntnis zur Lehre (Dharma) des Buddhas sollten wir uns mit der überlieferten Lehre des Buddhas unseres Zeitalters intensiv beschäftigen, sie einerseits vertrauensvoll annehmen, sie aber auch im Licht unserer Lebenserfahrung prüfen. Diese Prüfung habe der Buddha selbst von uns verlangt, er wollte keine blind glaubenden Schüler, sondern Menschen, die seine Lehre selbst prüften. Unendlich viele Erleuchtete hätten den Dharma gemäß ihrer Zeit und dem Bewusstsein der damals lebenden Wesen gelehrt. Und das würde auch in der Zukunft geschehen. Dies sei der ewige Dharma, den wir auch beim Still-werden der Gedanken im eigenen Herzen erfahren könnten. Nicht alles habe der Buddha in Worten lehren können, vieles ginge über Worte hinaus. So habe der Buddha – als alle von ihm eine Rede erwarteten – eine wunderschöne und sich öffnende Blüte hochgehalten. Er habe dazu gelächelt. Die Zuhörer seien verwirrt gewesen – doch der ehrwürdige Kashyapa habe verstanden, sein Bewusstsein habe sich dem Bewusstsein des Buddhas geöffnet – und er lächelte zurück.

Der Dharma sei nicht allein in den Worten des Buddhas zu finden, selbst wenn man diese mit goldener Schrift auf Palmblättern aufschreiben würde. Es bedürfe der lebendigen Tradition, der Übertragung von

Herz zu Herz, des inspirierenden Beispiels von auf dem Weg fortgeschrittener Schüler und Heiligen, um den Bauddha-Dharma in der Welt lebendig zu halten. Dies sei der Sangha der Vergangenheit, der Gegenwart und der Zukunft, dem wir uns mit der « Zufluchtnahme« hinwendeten.

»Ihr selbst seid der Sangha, Töchter und Söhne der erhabenen Familie der Arahatas, der Bodhisattvas und der Buddhas aller Zeiten! Seid euch selbst ein Licht und seid auch ein Licht für andere in dieser Welt der Unvollkommenheit!«, beschloss er seine Rede.

Es war Nacht geworden. Alle saßen auf dem Boden und hatten sich zu einem Kreis formiert. In der Mitte stand die Meditationsmeisterin, die Nonne Bhâvanî mit einer Fackel, an der jeder ein Öllicht entzündete, bevor er es vor sich auf den Boden stellte.

Alle warteten gespannt, was Bhâvanî sagen würde. Sie war bekannt dafür, dass sie eine ganze Gruppe von Menschen in eine gemeinsame innere Welt mit tiefen meditativen Erlebnissen führen konnte. Langsam sprach sie, nach jedem Satz lange Pausen machend, sodass alle ihre Worte zu einer Meditation gestalten konnten: »Stellt euch vor, dass um uns herum – in der Tiefe der Nacht – sich eine unendliche Zahl von Buddhas, Bodhisattvas, Heiligen und Göttern befindet, bis zu den uns umgebenden Bergspitzen. – Es spielt keine entscheidende Rolle, ob sie heute Nacht auch in der äußeren Wirklichkeit bei uns sein können. Doch mögen sie in unserem inneren Erleben bei uns sein. Stellt es euch intensiv vor bis ihr die Gegenwart des Heiligen und Erhabenen spürt und uns dies zu tiefer innerer Stille, zu Wunschlosigkeit, zu Frieden führt. Mögen wir in uns Frieden und Harmonie hervorbringen, unser Uneins-sein mit uns selbst überwinden. Möge Frieden in jedem von uns sein. Möge Frieden unter uns sein und möge sich dieser Frieden verbreiten über die ganze Welt, nach oben, unten, und nach allen Seiten.«

Erst als im zweiten Drittel der Nacht die Öllampen erloschen, wurde die Meditation beendet und viele hatten das Gefühl, als wenn von der Lichtung im Himalaja Frieden nicht nur für die Anwesenden, sondern auch für die Welt ausging.

Abhâya fühlte sich leicht und frei, die Depression der vergangenen Monate wich zurück. Aber die letzten Tage hatten ihn so erschöpft, dass er in einen tiefen Schlaf verfiel und erst am nächsten Mittag erwachte.

Die Gruppe hatte sich in alle Winde zerstreut, nur Bhâvanî und Dharmarakshita waren zurückgeblieben. Abhâya stand noch ganz unter dem Eindruck der Nacht. Er hatte das Gefühl einer gewaltigen Präsenz spiritueller Kräfte gehabt und so drängte sich ihm eine Frage auf: »Sag, ehrwürdige Bhâvanî, waren gestern Nacht tatsächlich Erleuchtungswesen – Bodhisattvas – bei uns? Ich konnte etwas Gewaltiges um uns herum spüren, doch habe ich nichts gesehen. Mehrmals öffnete ich meine Augen während unserer Meditation, konnte aber nur unsere Gruppe, die Lichter, die Sterne, die Berge und den Mond sehen. Es war wunderschön und hat mich tief berührt, doch erblickte ich keine überirdischen Wesen.«

Bhâvanî antwortete: »Entscheidend ist, dass du etwas gespürt hast, das dich offenbar aus deiner Verzweiflung und Depression herausführen konnte. Ob höhere Wesen, deren Gegenwart wir uns vorgestellt haben, »tatsächlich« anwesend waren, ist ohne Belang. Die Wirklichkeit eines Meditierenden ist das, was wirkt, ihn bewegt und innerlich verändert. Im Gegensatz dazu besteht die Wirklichkeit eines Kriegers darin, dass er »tatsächlich« die Feinde besiegt und den König, das Reich sowie Frauen und Kinder rettet.«

Abhâya bekam nun die Aufgabe, die nächsten vier Wochen allein in der kleineren der beiden Höhlen zu verbringen. Etwas Nahrung hatten die Dorfbewohner zurückgelassen, sodass er nicht auf Bettelgänge in die weiter entfernt liegenden Ortschaften gehen musste. Bhâvanî und Dharmarakshita würden abwechselnd alle zwei oder drei Tage vorbeikommen um ihn weiter in Meditation anzuleiten.

Die ersten Tage verbrachte er in Achtsamkeitsmeditation. Nur wenig Schlaf benötigte er. Jedoch gelang ihm nur zeitweise jene liebevolle, annehmende, aufmerksame, wache und verstehende Geisteshaltung, auf die ihn seine beiden Meister immer wieder hinwiesen. Oft geriet er in Anspannung, wenn die Ereignisse seines bisherigen Lebens in intensiven Szenen in sein Bewusstsein drangen. Immer wieder wurde er in die Geschehnisse hineingezogen – manchmal stellte er sich sogar vor, wie sein Leben anders verlaufen wäre, hätte er seinerzeit anders gehandelt. Ganze Geschichten und alternative Lebensläufe entfalteten sich so vor seinem inneren Auge. Erst nach längerer Zeit war es ihm jeweils möglich, in die liebevoll-beobachtende Haltung gegenüber den Inhalten seines Bewusstseins hinüberzuwechseln. Nach einer Woche war er fähiger, für längere Zeit diese innere Haltung zu bewahren und in der Atemmeditation zu verweilen.

Da Bhâvanî und Dharmarakshita erkannt hatten, wie trotz aller Fortschritte ihr Schüler immer wieder in Trauer und Schmerz zurückfiel, führten sie ihn in der zweiten Woche in die Meditation über die anteilnehmende Freude am Glück anderer Menschen und Wesen ein. Bhâvanî erläuterte, eine solche Meditation sei ein Heilmittel gegen Neid gegenüber anderen, die es im Leben vermeintlich leichter und besser hatten als man selbst. Mitfreude würde uns zu einer großzügigeren inneren Haltung verhelfen und uns zugleich mit den auch freudvolleren Seiten des Lebens bekanntmachen. Nicht alles im Leben sei leidvoll, auch wenn jedes Glück begrenzt sei.

Abhâya entwickelte zuerst anteilnehmende Mitfreude am Glück seiner Schwestern nach der Geburt ihrer Kinder. Er erinnerte sich an die Freude seiner Mutter, als sie ihn nach der Schlacht mit Krodhadhâra trotz seiner Wunden wieder in die Arme schließen konnte. Er erfreute sich an den erfolgreichen Prüfungen seiner früheren Kammeraden. Er empfand das Glück des Bauern, der ihm vor einigen Tagen erzählt hatte, dass im letzten Jahr die Ernte reichlicher ausgefallen war, sodass keine Not in seiner Familie herrschte.

Wie Bhâvanî gesagt hatte – all diesem Glück haftete der Hauch der Vergänglichkeit, des Begrenzt-seins an. Manche Bhikshus und Sâdhus schienen diese Art des Glücks zu verachten. So aber konnte er nicht empfinden. Wie schön war es doch, dass der Bauer ein ganzes Jahr auf satte Mägen in seiner ganzen Familie hoffen konnte. Und wie sehr hatten doch auch er und Ushâ ihr Glück genossen, auch wenn ihre Zeit so begrenzt gewesen war! Nicht einen Augenblick davon wollte er missen. Das Problem lag nicht in dieser Art des Glücks, sondern eher darin, dass es uns so schwerfällt, seine zeitliche Begrenztheit als ein Lebensgesetz anzunehmen.

Während er so dachte und sich an Bhikshu Karunâbhâvana erinnerte, wurde ihm plötzlich klar – es ist gerade die von uns beklagte Vergänglichkeit, die uns eine Chance auf Weiterentwicklung bietet. Ein Mörder und Rächer wie Krodhadhâra konnte sich im tiefsten Sitz seines Bewusstseins so wandeln, dass er unheilsame Lebenswege aufgab, auf dem Pfad des Buddhas Erleuchtung und Befreiung anstrebte und fähig wurde, dem jetzigen und einem eventuellen künftigen Leben einen tiefen Sinn zu geben. Und so nahm Abhâya Anteil an den Wegen der Veränderung seines ehemaligen Feindes. Sein Herz weitete sich, wurde frei von Neid und Hass und er sah nun mit geöffneten Sinnen die Schönheit der ihn umgebenden Natur, trotz – oder wegen? – ihrer Vergänglichkeit.

Am Ende der vierten Woche bat er erneut um die Aufnahme in den Bhikshu-Orden und sowohl Dharmarakshita als auch Bhâvanî hätten zugestimmt, nachdem sie sich von der Ernsthaftigkeit des Anliegens und der meditativen Begabung Abhâyas überzeugt hatten. Jedoch war ein schwerwiegendes Problem zu bedenken – war er nicht ein Soldat, ein Offizier im Dienste des Großkönigs? Nach Jahrhunderte alten Gesetzen durften Soldaten in keinen der Orden von Bhikshus und Sâdhus eintreten!

Waren alle Bürger eines Reiches prinzipiell frei, Mönch oder Nonne zu werden und standen auch die Orden weitgehend außerhalb der weltlichen Gerichtsbarkeit – eine Ausnahme bezüglich ihrer Soldaten hatten sich die damaligen Könige ausbedungen. Sie fürchteten nämlich, dass ihre Soldaten sich gefahrenvollen Kriegen durch Flucht in einen spirituellen Orden entziehen könnten! Erst nach seinem aktiven Dienst – in der Regel nach etwa 20 Jahren – konnte ein Soldat sein weltliches Leben hinter sich lassen. In Friedenszeiten konnten gelegentlich Ausnahmen von dieser Regel erwirkt werden. Doch erforderte es selbst dann einen Antrag, der auf langen Dienstwegen geprüft und häufig abgelehnt wurde. Im Falle einer Ablehnung des Gesuchs erfolgte zudem oft eine Degradierung des Betreffenden.

Wie unergründlich können die Wege des Karmas sein! Durch die Übernahme in den Geheimdienst war Abhâya kein Soldat mehr und somit Frei. Abhâya informierte die beiden Meister, dass er aus dem aktiven Armeedienst entlassen und nur mit einem Spezialauftrag versehen in die Provinz gekommen sei. Näheres durfte er nicht sagen, dies verbot sein Dienstgeheimnis. Doch Dharmarakshita und Bhâvanî genügte diese Auskunft; vielleicht wussten oder ahnten sie auch mehr.

Nachdem alles geklärt war, kam man überein, am kommenden Vollmond die Ordensaufnahme zu vollziehen. Die vorausgegangene Zeit der Meditation wurde als Noviziat anerkannt. Die restliche Zeit wollte Abhâya nutzen, um seine verbliebenen weltlichen Pflichten zu erfüllen. Noch war er ja Diener des Reichs mit Geheimdienstauftrag, noch hatte er einen Vater und eine sicherlich besorgte Mutter, die er benachrichtigen wollte, bevor er sich aus allen weltlichen Bindungen löste.

Etwa drei Tagesreisen entfernt befand sich eine unscheinbare Hütte am Rande eines Dorfes, in dem der Gewährsmann des Chefs der Geheimpolizei lebte. Dieser Gewährsmann war vom Geheimdienstchef angeworben worden, nachdem der Geheimdienst die Begnadigung seines Sohnes in einer Straftat erwirkt hatte. Heimlich traf sich der Gewährsmann monatlich mit Kurieren, die Berichte für den Geheimdienstchef expedierten, Dorthin begab sich nun Abhâya. Drei Briefe verfasste er dort auf Palmblättern.

Die erste Botschaft ging an den Geheimdienstchef. Darin schilderte er ausführlich die Situation in der östlichen Außenprovinz und deutete auch an, dass »von Krodhadhâra keine Gefahr mehr ausgehen könne«. Ferner teilte er mit, dass er in den Orden des Buddhas eintreten und damit aus dem Staatsdienst austreten werde. (Letzteres verwunderte dem Geheimdienstchef nicht, auch wenn er das Ausscheiden des begabten Mitarbeiters bedauerte. Wie gesagt, der Geheimdienstchef war ja ein guter Psychologe). Außerdem bat Abhâya, zwei weitere Briefe zu befördern, deren Inhalt der Geheimdienstchef aber bitte zur Kenntnis nehmen möge. (Natürlich war es klar, dass jeder Geheimdienst schriftliche Mitteilungen lesen würde, aber die Höflichkeit gebot diese Formulierung). Der Brief schloss mit »untertänigstem Dank für die Hilfe und Förderung, die mir ihrerseits erwiesen wurde«.

Der zweite Brief war an die Eltern gerichtet und teilte Abhâyas Entschluss mit, das weltliche Leben aufzugeben. Dem Vater dankte er, sich entschuldigend, dass er doch nicht zu einem Soldaten tauge, aber nun versuchen wolle, ein spiritueller Krieger zu sein, so wie der Buddha, der ja auch der Kriegerkaste entstammt war. Für die Mutter fand er warmherzigere Worte, ebenso auch für seine beiden Schwestern.

Der dritte Brief war heikel. Und auch nachdem er – wie die beiden anderen – nach Wochen in die Hände des Geheimdienstchefs gelangte, dauerte es mehrere Tage, bis dieser sich zur Weiterbeförderung entschließen konnte. Der Brief war nämlich direkt an den König gerichtet – eigentlich ein unerhörter Vorgang für einen kleinen Mitarbeiter des Geheimdienstes. Mit diesem Brief bewies Abhâya, dass er den Namen »der Furchtlose« zu Recht trug, in einem tieferen Sinn als es sein Vater gedacht hatte. Da dieser Brief erhebliche Folgen für die nächsten 50 Jahre in den östlichen Außenprovinzen hatte, soll er hier wörtlich wiedergeben und damit der letzten weltlichen Tat Abhâyas gedacht werden:

DER BRIEF AN DEN GROSSKÖNIG

Hochverehrter von den Göttern geliebter Großkönig, ich bitte Sie untertänigst um Verzeihung, wenn ich mich direkt an Sie wende, hochverehrter göttergeliebter Großkönig. Ich bin nur ein kleiner völlig unbedeutender ehemaliger Jungoffizier der Nordostprovinzen, der nunmehr Mitglied des Geheimdienstes ist. Gern hätte ich selbstverständlich den Dienstweg eingehalten. Doch ist dies mir leider nicht mehr möglich, da ich in wenigen Tagen den Staatsdienst verlasse, um in den Orden des Buddhas einzutreten.

Im Auftrag des Geheimdienstchefs war ich in der unruhigen östlichen Außenprovinz unterwegs, um die Stimmung in der Bevölkerung zu erkunden und die Ursachen für die Revolten der letzten Jahre ausfindig zu machen. Mein ausführlicher Bericht liegt dem Geheimdienstchef vor, der ihn an das Innenministerium weiterleiten wird.

Zusammenfassend möchte ich sagen, auch in den Außenprovinzen werden Sie, hochverehrter göttergeliebter Großkönig, auf das Äußerste verehrt. Der Schutz des Reichs gegen marodierende Nomaden wird hoch geschätzt. Die Bevölkerung möchte sich nicht vom Reich lösen. Doch empfindet man die Abgaben als zu hoch, da die kleinen Felder weniger Ertrag abwerfen als die größeren in der Ebene, jedoch pro Kopf die gleiche Steuer erhoben wird.

Zudem erpressen viele Beamte Zusatzabgaben für die eigene Tasche, von denen dann auch noch begleitende Soldaten korrumpiert werden.

Überdies wird bei Widerstand nach meiner Auffassung manchmal mit übermäßiger Härte vorgegangen. So wurde etwa ein ganzes Bergdorf vor sechs Jahren dem Boden gleichgemacht, die Frauen vergewaltigt und mit ihren Kindern verschleppt, die Männer getötet. Dies führte nicht nur zu Angst und Hass, sondern auch zu weiterem Widerstand in der Bevölkerung.

Zwei Jahre war ich selbst Begleitoffizier in einigen Dörfern, habe dort jeglicher Korruption ein Ende gesetzt. Dies trug mir die Achtung der Bevölkerung, dem Reich das Ausbleiben von Revolten in den von mir besuchten Dörfern ein. Ich aber erfuhr Hass und Missgunst von Seiten vieler Steuereintreiber und – leider! – auch einiger Soldaten.

Ich glaube mit einer Steuerabsenkung (Abgaben bezogen auf den Ertrag und nicht pro Kopf) würden die Außenprovinzen fester an das Reich gebunden werden. Die Bevölkerung würde loyal den Soldaten bei der Bekämpfung von marodierenden Nomaden und Banden zur Seite stehen. Die genaue Kenntnis des gebirgigen Geländes durch die Einheimischen ist ein ungeheurer strategischer Vorteil. Damit wäre auch das Kernland unseres Reichs dauerhaft gesichert. Alle könnten in Frieden ihrer Regierung leben, einschließlich der Sâdhus und Bhikshus. Auch wenn Sâdhus und Bhikshus sich seit der Zeit des Buddhas und König Bimbisaras aus der aktuellen Politik heraushalten, haben sie doch einen heilsamen, befriedenden Einfluss auf die Bevölkerung.

Hochverehrter, göttergeliebter Großkönig! Ich hoffe, Sie verzeihen diesen Bericht ihres untertänigsten Dieners. Als Diener ihrer Majestät und Diener des Großkönigreichs erbitte ich die Bestrafung der schuldigen korrupten Beamten und Soldaten. Als Bhikshu, der ich sein werde, ersuche ich, dabei in Milde zu verfahren.

Ihr ergebener Diener Abhâya.

Der Brief war tatsächlich heikel in der damaligen Zeit des Großkönigtums, hätte als Majestätsbeleidigung aufgefasst und damit zu erheblicher Bestrafung führen können. Hatte er doch gewagt, dem König Ratschläge zu erteilen! Nicht umsonst hatte Abhâya am Ende auf eine schon lange bestehende Übereinkunft in den indischen Königreichen hingewiesen. Bhikshus und Sâdhus unterstanden nur bei schwersten Vergehen der obersten weltlichen Gerichtsbarkeit. Dafür hatten sie sich aus aller Politik herauszuhalten, durften unter anderem auch keine Spionagetätigkeit entfalten. Mit der Andeutung, er würde demnächst Bhikshu sein, hatte sich Abhâya einer möglichen Bestrafung formal entzogen. Allerdings konnte man bei einem Großkönig nie sicher sein, ob er die alten ungeschriebenen Gesetze wirklich berücksichtigen würde. Und so zeugt Abhâyas Brief letztlich doch von seinem Mut, sich gegen lobbyistische Interessen und für die Rechte von Armen und Unterdrückten einzusetzen.

Erst über einige Umwege gelangte der Brief in die Hände des Großkönigs, weil die Höflinge nicht so recht wussten, ob sie den Brief überhaupt dem König weiterleiten sollten, zumal auch am Königshof eine gewisse Korruption herrschte und als normal empfunden wurde.

Der Großkönig war zunächst über den Bericht nicht erfreut. »Wie kann ein einfacher Mitarbeiter des Geheimdienstes es wagen, sich direkt an mich zu wenden. Und überhaupt, wieso kann der offenbar lesen und schreiben«, dachte der König. Nun wollte es aber der Zufall (andere würden es Auswirkungen von Karma nennen), dass gerade in diesem Augenblick der altehrwürdige Hofbrahmane den König besuchte. Von allen Beratern war dieser dem König der liebste, nachdem er ihm den siegreichen Ausgang einer Schlacht geweissagt hatte.

Als der König dem Brahmanen den Inhalt des Berichtes mitgeteilt hatte, trat langes Schweigen ein, bis der Brahmane antwortete: »In der Tat, der Brief dieses jungen Mannes ist eigentlich eine Unverschämtheit ... So kühne und weitreichende Vorschläge Ihnen, hochverehrter Großkönig, nahezubringen. Wo hat man je von Steuersenkungen gehört. Und auch die Bestrafung von Beamten ist nicht ohne Probleme. Es würde Widerstand bei einer Aufhebung vermeintlicher durch die Tradition geduldeter Privilegien geben. Und doch, Abhâyas Ideen zeugen von strategischer Klugheit. Gern hätte ich ihn kennengelernt, er wäre sicher ein guter Staatsdiener geworden, auch wenn er nicht dem Bild eines herkömmlichen Staatsdieners zu entsprechen scheint. Aber als Brahmane freue ich mich auch, dass er nun einen spirituellen Weg gehen will.«

In der Folge wurden Abhâyas Ideen weitgehend umgesetzt. Die nordöstlichen Außenprovinzen kamen für die nächsten 50 Jahre zur Ruhe, die östlichen Außengrenzen des Reichs wurden sicherer. Und der Königshof wurde auf Abhâyas Familie aufmerksam. Zwei der Neffen Abhâyas wurden am Königshof erzogen und wurden später geachtete Beamte mit weitgehenden Befugnissen. All dies sollte Abhâyas Vater noch hochbetagt miterleben und am Ende seines Lebens war er stolz auf die »weltliche Lebensleistung« seines Sohnes, die er sich ursprünglich so ganz anders vorgestellt hatte.

DIE AUFNAHME IN DEN ORDEN DES BUDDHAS

Sein bisheriges Leben überdenkend und auch die einzelnen Stationen noch einmal nacherlebend, kehrte Abhâya zu den Höhlen und zur Lichtung zurück. Und mit jedem Schritt ließ er sein altes Dasein, seine alte Identität zurück. Ja, er war nunmehr bereit, in das Wagnis der Hauslosigkeit und in die Freiheit eines ungesicherten Lebens zu gehen. Nichts gab es für ihn mehr im weltlichen Leben zu tun, nur eins wollte er in das Mönchsleben mitnehmen – sein mitfühlendes Herz.

Dharmarakshita und Bhâvanî erwarteten ihn. Es waren noch fünf Tage bis zum Vollmond und damit zur Ordensaufnahme. Bhâvanî sagte: « Deine Fähigkeit, auf andere zuzugehen, sich ihnen zu öffnen, macht dich bereit, den Weg der Liebe (Maitrî) zu gehen, anteilnehmend an den Leiden und Freuden aller Wesen, sich ihnen liebevoll zuneigend. Mache dein Herz so weit wie die wundervolle Landschaft, die vor unseren Augen liegt. Segne zunächst dich selbst, indem du empfindest: ›Möge ich glücklich sein, glücklich und frei und möge ich einstmals vollkommene Erleuchtung erreichen zum Segen allen Lebens!‹ Dehne dann dieses Gefühl der Liebe bis in unendliche Weiten aus, nach oben, unten, nach allen Seiten. Es kann hilfreich sein – im Gegensatz zu manch anderer Meditation – die Augen dabei offenzulassen und in die Weite zu schauen. Ich selbst übe so, dass ich mit geöffneten Augen zunächst in eine Richtung schaue, diese segnend. Dann wende ich mich um und schaue nacheinander in die anderen Richtungen. Anschließend berühre ich die Erde und zum Schluss blicke ich in den grenzenlosen Himmel, dabei jeweils meine Liebe und meinen Gruß an alles Leben sendend. Vielleicht könntest du in ähnlicher Weise versuchen, zu üben – oder auch anders, wie es dir beliebt und wie du es empfindest.«

Bhâvanî hatte mit der Selbstverständlichkeit einer Meisterin gesprochen, die nicht nur »Meditationsübungen lehrte«, sondern ihre eigene Erfahrung vermittelte. Jenseits und über ihre Worte hinaus konnte Abhâya unmittelbar spüren und erleben, was Maitrî ist – uneigennützige, tiefe Liebe zu allem Sein, wie unvollkommen es uns auch erscheinen mag. Sie hatte ihm keine Vorschriften gemacht, wie die Meditation »genau« zu gestalten sei, sondern hatte ihn aufgefordert, diese selbst nach dem eigenen Empfinden zu formen. Es lag ihr nicht daran, Abhâya zu »unterweisen«, oder zu »belehren«, sondern ihn zu eigener Erfahrung anzuregen.

Während Bhâvanî Wert darauf legte, eine lebendige Erfahrung zu vermitteln, war es Dharmarakshita ergänzend wichtig, auch mit Worten deutlich zu machen, um was es ging: »Maitrî ist bedingungslose Liebe. Der Buddha hat gesagt, dass sie vergleichbar sei mit der Liebe einer Mutter zu ihrem einzigen Kind – nur eben nicht auf ein Wesen begrenzt. Er nannte diese Liebe ein Verweilen im Göttlichen. Diese Liebe verlangt nichts, auch keine Gegenliebe. Es ist das verstehende und zutiefst anteilnehmende Geöffnet-sein dem Leben gegenüber. Manche vom Leben verwundete und enttäuschte Bhikshus und Laienanhänger haben Angst vor Gefühlen, haben Angst, sich in Gefühlen zu verstricken und begreifen daher Maitrî als eine Art von »Freundlichkeit«, also als Liebe mit mehr oder weniger großer Distanz. Und Karunâ, Mitleid, bezeichnen sie als »Mitempfinden«. Ich bin überzeugt, dies ist nicht das, was der Buddha lehrte. Er sagte, Maitrî sei ein Glanz der leuchtet und strahlt, heller als alles andere – so wie der Mond heller für uns sei als alle Sterne zusammen. Es sei eine Liebe die vergleichbar sei mit der Liebe einer Mutter zu ihrem einzigen Kind. Wie könnten laue »Freundlichkeit« oder »Mitempfinden« göttlich sein ...«

In den nächsten Stunden ließen sich die beiden Gurus ausführlich von Abhâyas Vorleben berichten. Sie hatten die Erfahrung gemacht, dass es für jene, die ihr bisheriges Leben verlassen wollten, notwendig war, sich damit nochmals intensiv vor Ordensaufnahme auseinanderzusetzen. Bald erkannten sie aber, dass Abhâya dies bereits auf seine Weise getan hatte und somit seiner Aufnahme nichts mehr entgegenstand.

Einen letzten Hinweis auf die Meditation über die Entfaltung von Maitrî gab abschließend Bhâvanî: »Du hast von deiner großen Liebe zu deiner Frau Ushâ gesprochen, einer Liebe die weit tiefer war als bloßes Begehren, Attraktivität und Sexualität. Einer Liebe, die immer mehr gewachsen war, trotz aller Schwierigkeiten und Reibungen, die der Alltag mit sich brachte. Nehme dieses Gefühl als Ausgangspunkt für deine Meditation. Entfache aus diesem wunderbaren, aber noch begrenzten Erleben die Flamme universeller, allumfassender Liebe – so wie aus einem Stückchen Glut ein gewaltiges Feuer entfacht werden kann«.

Auch hier erwies sich Bhâvanî als Meditationsmeisterin, die nicht abstrakt von Maitrî sprach, sondern unmittelbar an die Lebenserfahrungen Abhâyas anknüpfte und anregte, diese als Ausgangspunkt der Meditation zu begreifen. Man konnte ja sein bisheriges Leben hinter sich lassen, nicht jedoch die darin gemachten Erfahrungen und Erinnerungen. Viele Mönche und Nonnen hätten sich gescheut, die »weltliche« Liebe als Ausgangspunkt von Maitrî zu nehmen, hatten (und haben) Angst, dass dies zum Wiedererwachen von Sexualität führen könne, die von ihnen als eine Art Konkurrenz zum spirituellen Leben verstanden wurde und wird. Nicht so Bhâvanî, die selbst in ihrem Vorleben schmerzliche Erfahrungen in der Liebe gemacht hatte. Doch davon wird später zu berichten sein.

Abhâya hatte in seiner Zeit als Soldat oft gesehen, wie Schmiede Schwerter formten, nachdem sie Eisen in der Glut eines Holzkohlenfeuers erhitzten. Die Flammen erreichten die dafür erforderlichen Hitzegrade durch einen Zustrom von Luft mit Hilfe eines Blasebalgs. Diese Beobachtung und Bhâvanîs Hinweis, dass Maitrî mit einem sich entfachenden Feuer verglichen werden könnte, ließen ihn nun seine eigene Meditationsform über universelle Liebe entwickeln. Es galt, die schon vorhandene Fähigkeit zur Liebe weiter anzufachen, sodass sie zu einem Feuer werden konnte, dessen Intensität alles Leben berührte.

Und so dachte er an die Liebe zu Ushâ, nach Überwindung seines Schmerzes über ihren Verlust. Er ließ das damalige Gefühl der tiefen Liebe in sich aufsteigen und er war verwundert, wie leicht dies gelang. Es fühlte sich warm in der Brust an und es gab ein Vibrieren im ganzen Leib bis zu den Fingerspitzen. Der Körper war schwerelos. Augen und Ohren waren offen für die Schönheit der Welt, die ihm heller, frischer und farbiger als gewöhnlich erschien.

Er begann nun etwas stärker zu atmen, und wie mit einem Blasebalg fachte er damit das Gefühl der Liebe weiter an. Er dachte an alles Leben in allen Richtungen und stellte sich dabei vor, dass die Gefühle der Liebe wie Sonnenstrahlen von ihm bis in die Ferne ausstrahlten. Bei aller Intensität der Maitrî und dem Erleben unendlicher Weite empfand er sich als klares und helles Bewusstsein; da gab es nichts Verschwommenes, Unklares und auch keine Illusion, dass »alles immer gut« für empfindende Wesen sei.

Bhâvanî erläuterte: »Die Meditation der Entfaltung von Maitrî beinhaltet neben dem Gefühl der Verbundenheit mit allem Leben auch eine Weitung des Bewusstseins, sodass ein Erleben von Bewusstseins – Unendlichkeit und Raum – Unendlichkeit entsteht. In ihrer Vollendung sind dies ›formlose‹ Stufen vertiefter Meditation. Sie allein führen nicht zur Erleuchtung, zum Erwachen, sind jedoch hilfreich, die übermäßige Bezogenheit auf unser sich selbst begrenzendes ›Ich‹ abzuschwächen.«

In dem Erleben von Maitrî verweilend, schlief Abhâya in den folgenden Tagen nur wenige Stunden. Er war nicht müde und verspürte kaum Hunger und Durst. Nahrung war vorhanden – doch seine Nahrung war die Erlösung des Gemüts aus Enge, Zorn und Trauer. Es war die Befreiung von der Verzweiflung an einem Dasein, das keinen tieferen Sinn zu haben schien.

Am Abend des Vollmondes versammelte sich die Mönchsgemeinde auf der Lichtung. Auch die Gruppe der Nonnen war gekommen und entgegen der üblichen Tradition bestand Dharmarakshita darauf, dass auch die Nonnen bei der Ordensaufnahme Abhâyas dabei sein sollten. Die Ordensaufnahme selbst war seit Jahrhunderten eine schlichte Zeremonie. Allerdings hat gerade diese Schlichtheit etwas zutiefst Feierliches an sich und Abhâya empfand es als seine Neugeburt, als er den Ordensnamen »Maitrenanda« erhielt – Der, dessen Wonne universelle Liebe ist.

Schweigen senkte sich über den Sangha [5] der Nonnen und Mönche. Einige traten in vertiefte Stadien der Meditation ein, andere gedachten der eigenen Ordensaufnahme. Hatten sich ihre spirituellen Hoffnungen erfüllt, waren sie weiser, gütiger, befreiter geworden? Empfanden sie ihren Weg als mühevoll und beschwerlich, oder erfüllt von Schönheit, Liebe und Gleichmut, auch im Angesicht des äußerlich so entbehrungsreichen Lebens? Hatten sie Zweifel bezüglich ihres Weges? Gab es das »Erwachen«, Erleuchtung und Befreiung wirklich? Oder gingen sie den spirituellen Weg nur aus Enttäuschungen und Verletzungen der Vergangenheit, sehnten sie sich zurück nach einem komfortablen und leidenschaftlichen »weltlichen« Leben?

Nach langer Zeit ergriff Maitrenanda das Wort: »Ehrwürdige Bhâvanî, würdest du uns bitte zu einer Meditation anleiten, die ich für immer mit diesem Tag in Verbindung bringen kann.« Ohne dass es ihm oder dem Sangha bewusst war, gab Maitrenanda damit Anregung zu einer Praxis, die in späterer Zeit oft bei Ordensaufnahmen, aber auch bei Zufluchtnahmen von Laienanhängerinnen und Laienanhängern geübt wurde, die Vermittlung einer besonderen Meditationsmethode, eine Einweihung in einen bestimmten meditativen Weg.

Bhâvanî entgegnete: »Freunde, seid euch bewusst, dass es nicht nur in der Vergangenheit erwachte Weltenlehrer gab, wie den Buddha Kassapa oder den Buddha Shâkyamuni. [6] Es wird auch in Zukunft vollkommen Erwachte geben, die gemäß der dann bestehenden Umstände den Dharma lehren werden. Shâkyamuni selbst hat das Wirken des nächsten vollkommenen Erwachten in dieser Welt vorausgesagt – Buddha Maitreya. Er wird wohl erscheinen, wenn die uns heute bekannte Lehre weitgehend vergessen worden ist. Die Welt wird vielleicht in ein dunkleres Zeitalter, als das unsere, sinken, mit Verlust ethischer Werte, mit Krieg und Streit. Doch dann wird es weise und gütige Menschen geben, durch die die Welt zu neuer Harmonie und Eintracht gelangt. In einer solchen Zeit wird Maitreya in unsere Welt kommen. Es heißt von ihm, dass er bereits in einem der mittleren Himmel weile und sich auf seine Mission auf Erden vorbereite.

Auch wenn alle Buddhas die Botschaft der Freiheit und des Erwachens verkünden, so hat doch jeder Buddha einer Weltperiode einen Schwerpunkt in seiner Vermittlung des Dharma. Maitreyas besondere Lehre wird die der Liebe sein. Wenn wir heute ihn auch noch nicht von Angesicht zu Angesicht erblicken können, so können wir uns ihm annähern in der Praxis der Maitrî-Meditation. Und – wer weiß es schon – vielleicht erfahren wir bereits jetzt Hilfe von ihm, auch wenn er noch nicht in irdischer Erscheinungsform unter uns weilt ...«

Der Sangha übte gemeinsam die Meditation unermesslicher Liebe und alle gedachten dabei des kommenden Buddhas Maitreya. Sie ließen das Gefühl der Liebe nicht nur in die Welt ausstrahlen, sondern noch darüber hinaus, in die Weiten des Universums. Denn – so hatte Dharmarakshita aus dem Saddharma Pundarika Sûtra zitiert – es gäbe möglicherweise so viele Weltsysteme wie Sandkörner am Ganges. Und auch dort seien Wesen auf dem Weg des Erwachens.

Dharmarakshita und Bhâvanî nahmen Maitrenanda nun etwas zur Seite und erteilten ihm eine spezielle Einweihung. Eine solche ist immer etwas Individuelles und über Einzelheiten sollte nicht gesprochen werden, um das Geschehen nicht zu entweihen. Doch so viel darf hier gesagt werden, es handelte sich um eine Einweihung in ein Mantra, das dem Maitreya gewidmet war.

Dieses Mantra und die Übung der Maitrî – Meditation sollten zur hauptsächlichen spirituellen Übung in Maitrenandas Leben werden. In späterer Zeit, als er selbst Lehrer des Dharma wurde, hat er unermüdlich seine Schüler zur Entwicklung eines »MaitreyaBewusstseins« angeregt, eine liebe- und verantwortungsvolle Haltung zu entwickeln, gegenüber dem Weltganzen und zu sich selbst.

Die Jahre des spirituellen Lernens und Reifens

Die folgenden Jahre Maitrenandas waren geprägt von Lernen, Meditieren und der Wanderschaft in der nordöstlichen Außenprovinz. Oft gab es nur wenig zu essen. Auch wenn die Bewohner der Dörfer sich bemühten, den durchziehenden Sâdhus und Bhikshus Nahrung zu spenden, so hatte die Bevölkerung oft selbst kaum genug zum Leben. In entbehrungsreichen Zeiten verließen die Menschen sogar ihre Häuser, bevor die Sâdhus und Bhikshus zu ihren morgendlichen Bettelgängen kamen. Denn sie schämten sich, wenn sie nichts anbieten konnten. Auch die Roben der Wandermönche und -nonnen waren von großer Einfachheit. Sie wurden meisten aus Stofffetzen zusammengenäht und erhielten ihre gelbe oder orange Farbe durch Eintauchen in Lehm. [7]

Maitrenanda blieb über Jahre in der Nähe von Dharmarakshita. Nacheinander lernte er viele der überlieferten Lehrreden des Buddhas, aber auch Kommentare und Werke buddhistischer Meister auswendig. Dharmarakshitas Wissen und sein Gedächtnis schienen unerschöpflich zu sein. Wie nebenbei brachte der Meister seinem Schüler im Laufe der Jahre auch die altehrwürdige Sanskrit-Sprache bei.

Sanskrit – das der indogermanischen Sprachfamilie entspringt – war seit Urzeiten die Sprache der Priester und Gelehrten und bildete die Basis für die nordindischen Sprachen. Daher fiel es Maitrenanda auch nicht übermäßig schwer, das klassische Sanskrit zu erlernen. Allerdings weist das klassische Sanskrit einen deutlich größeren Formenreichtum auf als die damaligen Volkssprachen.

Dharmarakshita war der Überzeugung, dass man das Wort des Buddhas und die Kommentare und Schriften der großen buddhistischen Meister am besten in dieser in ganz Indien verwendeten Sprache überliefern sollte. Ja, es wäre vielleicht darüber hinaus hilfreich, die Botschaft des Buddhas mit dem Medium dieser Universalsprache in die ganze Welt zu tragen. Dort konnten dann Übersetzungen in die jeweiligen Landessprachen angefertigt werden.

Ihm war im Laufe der Zeit klar geworden, dass eine mündliche Überlieferung der Buddhaworte außerhalb Indiens und über viele Generationen hinweg möglicherweise keinen zuverlässigen Bestand haben würde. Und selbst in Jambudvipa hatte die Bereitschaft, sich lange Texte genau einzuprägen, etwas nachgelassen. Auch entstammten ja längst nicht alle Nonnen und Mönche in ihrem weltlichen Vorleben der Brahmanenkaste, in der traditionell das Gedächtnis durch Auswendiglernen seit frühester Kindheit trainiert wurde. Mochte er auch für sich selbst eine mündliche Tradition bevorzugen – er konnte dies bei künftigen Generationen nicht mehr voraussetzen.

Er hatte davon gehört, dass bereits eine große Sammlung überlieferter Worte des Buddhas im fernen Süden Indiens, auf der Insel Lanka, auf Palmblättern niedergeschrieben worden war. Diese Sammlung war in Pâli verfasst worden, einem nordindischen Dialekt, der als gesprochenes Wort bereits damals ausgestorben war, aber möglicherweise der Ausdrucksweise des Buddhas nahekam.[8] Und so fasste er den Plan, sein umfangreiches Wissen in Sanskrit auf Palmblättern künftigen Zeiten weiterzugeben.[9]

Da Maitrenanda perfekt lesen und schreiben konnte, beauftragte ihn der Meister, sein Wissen in der Regenzeit den Mönchen und Nonnen in den beiden Höhlen zu vermitteln, während Dharmarakshita den Sangha in Sanskrit unterrichtete.

Nachdem alle vom Eifer des Lernens ergriffen waren, meinte Bhâvanî öfter, dass es wichtig sei, auch die Praxis der Meditation in der Regenzeit vermehrt zu pflegen. Dies habe bereits der Buddha betont. Denn die ruhigere Regenzeit sei der Meditation noch förderlicher als die Zeit des Wanderlebens. Und so verständigte sie sich mit Dharmarakshita, dass ein ausgewogenes Verhältnis zwischen Lernen und Meditieren stattfand, wie es dem »mittleren Weg« des Buddhas angemessen war.

Die materielle Not in den Dörfern hatte sich im Laufe weniger Jahre deutlich vermindert. Die neue Steuergesetzgebung zeigte Wirkung. Auch war der Monsunregen beständiger gewesen. Und nicht zuletzt hatte ein Bhikshu zur Verbesserung der Ernten in den vergangenen Jahren beigetragen. Er hieß Vasu und war in seinem Vorleben ein Bauer in der fruchtbaren Gangesebene gewesen. Bei seinen Wanderungen hatte er den Dorfbewohnern die Fortschritte der Landwirtschaft, wie Fruchtfolge, Düngung mit Kuhdung und Asche sowie Auswahl des Saatgutes, gezeigt, was sich in größeren Ernten niederschlug. Von seinen Mitmönchen wurde er wegen dieses Engagements öfter geneckt; sie meinten, er sei mehr Bauer als ein Bhikshu. Er solle sich mehr um sein spirituelles

Heil bemühen. In solchen Augenblicken ergriff Maitrenanda das Wort: »Verachtet Vasu nicht. Seht ihr nicht, dass er ein ebenso bescheidenes Leben führt wie ihr selbst, dass er den Dharma studiert und meditiert ... Verachtet auch nicht die Bauern, deren Not ich kennengelernt habe, als »Weltlinge«. Ihre Not zu lindern, ist durchaus ein spirituelles Werk, ein Akt des Mitleidens und der Liebe, auch wenn wir Mönche und Nonnen uns nicht übermäßig in weltlichen Angelegenheiten verstricken sollten. Denkt daran, dass die Bevölkerung uns ernährt, uns unser spirituelles Leben ermöglicht. Selbst unser erhabener Lehrer, der Buddha, konnte erst vollkommene Erleuchtung erlangen, nachdem er nach langem Fasten vom Hirtenmädchen Namdabâlâ kräftigende Speise erhalten hatte.«

In der Regenzeit wurden die beiden Höhlen natürlichen Ursprungs allmählich etwas zu klein für die Nonnen und Mönche. Die dankbaren Dorfbewohner hatten begonnen, Speisevorräte für die Regenzeit zur Verfügung zu stellen, die untergebracht werden mussten. Und Dharmarakshita stellte Überlegungen an, wie eine Palmblattbibliothek geschaffen werden konnte. Auch diese würde einen trockenen Platz benötigen.

In einigen Teilen Indiens hatte man bereits Felsenklöster gegründet, namentlich in Ajanta und anderen Teilen des heutigen Maharashtra. Diese waren aus den Felsen herausgeschlagen worden. Im Gegensatz dazu hatte der Sangha der nordöstlichen Außenprovinz seine Heimstadt in den beiden Naturhöhlen gefunden. Diese wurden nun ausgebaut und erweitert, wenn auch nicht in der vollendeten Höhlenbauweise von Maharashtra. Während die Mönche und Nonnen auf Wanderschaft waren, ließen es sich die kräftigen jungen Männer der Dörfer in der arbeitsärmeren Zeit vor der Ernte nicht nehmen, die Höhlen auszubauen und zu erweitern. Sie wurden dabei angeleitet von einem Bhikshu, der einstmals ein Baumeister in der Hauptstadt des Reiches gewesen war und erst in höherem Lebensalter dem weltlichen Leben entsagt hatte.

In den so ausgebauten Höhlen gab es nun Stellen, die auch in der Regenzeit trocken blieben. Jeweils einige Mönche und Nonnen verweilten jetzt für längere Zeit dort, während andere auf der Wanderschaft waren. Damit war ein Kloster (Vihâra) entstanden. Durchziehende Bhikshus aus weit entfernten Gebieten brachten das eine oder andere Palmblattmanuskript mit und ließen es im Vihâra zurück. So entstand eine erste kleine Bibliothek.

Dharmarakshita empfand, dass es an der Zeit sei, sein Wissen schriftlich weiterzugeben. Viele Mitglieder des Sangha konnten nun Sanskrit lesen und schreiben. Doch woher sollten eine Gruppe von mittellosen Mönchen und Nonnen und eine arme Dorfbevölkerung das notwendige Schreibwerkzeug und entsprechend aufbereitete Palmblätter in größerer Menge bekommen?

Ein besonderer Umstand kam nun dem Sangha zur Hilfe, den man vielleicht als karmische Auswirkung verstehen könnte. Der Geheimdienstchef hatte die Aktivitäten seines einstigen Schützlings Abhâya über Jahre beobachten lassen. Er hatte festgestellt, dass von den Mönchen und Nonnen ein heilsamer, befriedender Einfluss auf die Bewohner der nordöstlichen Außenprovinz ausging – ein Einfluss, der dem Staatswesen förderlich war. Als er von seinem Gewährsmann von dem Schreibprojekt erfuhr, beschloss er daher, es zu unterstützen.

Als Maitrenanda wieder einmal in einer einsamen Gegend der Außenprovinz wanderte und meditierte, begegnete ihm »zufällig« der Gewährsmann des Geheimdienstchefs. Dieser bot ihm die Bereitstellung des benötigten Schreibmaterials auf Kosten des Königreichs an. Maitrenanda erwiderte: »Gern nehmen wir diese Gabe an. Jedoch wisse, dass damit keine Verpflichtung des Sangha gegenüber dem Königreich entstehen darf. Wir Mönche und Nonnen wollen uns aus aller aktuellen Politik heraushalten, sind keine Diener des Staates. Dies hat uns bereits der Buddha anempfohlen«.

Maitrenanda informierte seinen Meister über dieses Gespräch, bewahrte ansonsten aber Geheimhaltung. Nach einigen Monaten und kurz vor der Regenzeit fand man eine große Menge Schreibmaterial vor den Höhlen. Niemand wusste, wie es plötzlich dorthin gekommen war. Es ging das Gerücht um, die Götter selbst hätten diese Gabe dem Sangha dargebracht.

In den Regenzeiten diktierte nun Dharmarakshita ein Manuskript nach dem anderen. Erster Schreiber war Maitrenanda, der es in der Schreibkunst zu großer Meisterschaft brachte. (Das Schreiben auf Palmblättern war deutlich schwieriger als unser heutiges Schreiben auf Papier). Nach Fertigstellung jedes Manuskriptes besprach er den Text eingehend mit seinem Meister und meditierte darüber ausgiebig, sodass der Inhalt nicht nur intellektuell verstanden wurde, sondern auch ein entsprechendes inneres Erlebnis damit einherging.

Von diesen Originalen wurden jeweils zwei Kopien gefertigt. Die

Schreiber für diese Kopien wurden vom Meister ausgesucht. Die Abschriften wurden von jenen Mönchen und Nonnen erstellt, die einen besonderen Bezug zum Thema des Manuskriptes hatten. Und so beeinflusste das Abschreiben so manchen persönlichen spirituellen Weg.

Die Originale verblieben in der eigenen Klosterbibliothek. Die Kopien jedoch wurden »den Wegen des Karma anvertraut und auf Reisen geschickt«, wie Dharmarakshita dies nannte. Er achtete darauf, dass die erste Kopie möglichst jenen Wandermönchen oder -nonnen mitgeben wurde, die in eine westliche Richtung weiterzogen. Das zweite Exemplar gelangte in die Hände derer, die eine südliche oder östliche Richtung einschlagen wollten. Dharmarakshita bat die Wanderer darum, die Manuskripte in einem Vihâra ihrer Wahl abzulegen.

Die Manuskripte wurden für ihre »Reise« vorbereitet. Handelte es sich um einen Text, der sich insbesondere mit Meditation befasste, hielt ihn Bhâvanî eine Nacht lang während ihrer Meditation in den Händen. Und mehr philosophische Weisheitstexte wurden von Dharmarakshita auf diese Weise gesegnet. Man ging davon aus, dass ein so geweihtes Manuskript den künftigen Lesern und Übenden sich tiefergehend erschließen würde. Wir heutigen Menschen haben vielleicht Zweifel, ob ein geweihtes Manuskript eine besondere spirituelle Wirkung zu entfalten vermag. Unbestritten dürfte jedoch sein, dass diese mit einem Segen versehenen Texte von den Wandermönchen mit besonderer Hochachtung geschützt und weitergetragen wurden.

Neben dieser intellektuellen Schulung erhielt Maitrenanda fortlaufend auch Anleitung und Hinweise zur Meditation durch Bhâvanî. Zu manchen Zeiten wies sie ihn an, sich intensiv auf das Meditationsobjekt zu konzentrieren, wie etwa auf den Atem, auf sein Mantra oder auf die Entfaltung unermesslicher Liebe. In anderen Phasen seines meditativen Weges führte sie ihn behutsam weg von jenem intensiven Bemühen, das noch eine bewusste Aktivität des Ichbewusstseins darstellt. Er habe »absichtslos« bei seinem Meditationsobjekt zu bleiben. Maitrenanda fragte zurück: »Dann soll ich wollen, nicht zu wollen?« – »Nein«, kam die Antwort. »Es ist wie bei einer Blume, die einfach blüht, weil es ihre Natur ist, wenn die Zeit gekommen ist. Deine Zeit ist jetzt gekommen, über das »Wollen« hinauszugehen. Lass nun den Atem, das Mantra, die Maitrî von selbst aufsteigen, lege dem Bewusstsein keine‹ Wollensfesseln‹ an.«

Bhâvanî besprach sich mit Dharmarakshita: »Er ist jetzt so weit, einen vertieften Blick in die Leerheit, die namenlose Hintergründigkeit allen Seins, zu werfen. Lass ihn sechs Monate in der Meditation, ohne die Ablenkung des Schreibens und dem intellektuellen Ringen um Konzepte bezüglich der höchsten Wirklichkeit«.

In diesen sechs Monaten der »absichtslosen« Meditation bekam Maitrenanda eine ihn zutiefst verwandelnde Ahnung von der Doppelbödigkeit der Wirklichkeit. Auf der Seite bedingter Existenz finden sich Begrenztheit und Leiden (duhkha), Vergänglichkeit (anitya) und Abwesenheit eines ewigen und unveränderlichen Ichs (anâtman). Auf der Seite des Nicht-bedingten (Nirvâna, Shûnyatâ) aber besteht Glückseligkeit (ânanda), Unvergänglichkeit (nitya) und Schönheit (shubha). Beide Seiten der Wirklichkeit sind untrennbar, sind in gewisser Weise eins und auch wieder nicht – also »Nicht-Zwei« (advâya). Aber nach der Lehre des Erhabenen sollte dies nicht monistisch verstanden werden, als »das Eine, ohne das kein Zweites ist (advaita)«. All dies hatte er bereits theoretisch durch seine Studien mit Dharmarakshita gelernt. Doch die eigentliche Erfahrung – das war etwas ganz anderes.

Wenn hier in dürren Worten beschrieben wurde, was Maitrenanda erfahren haben mag, so wird dies seinem Erleben nicht gerecht. Möglicherweise hatte er nach diesen sechs Monaten die Stufe eines »In den Strom der Lehre Eingetretenen« erreicht, ein Bewusstsein, das die Ahnung eines »Nicht-Bedingten« nie mehr ganz verliert, nie mehr völlig im Strudel der »zehntausend Dinge der Welt« untergehen wird. Aber ob dies so war, kann nicht gesagt werden. Nach guter alter Tradition im Orden des Erhabenen hat Maitrenanda nie näher über seine spirituelle Verwirklichung gesprochen, außer vielleicht mit Dharmarakshita und Bhâvanî. Das nach außen sichtbare Ergebnis war, dass er seitdem fast immer eine gewisse Ruhe und Gelassenheit ausstrahlte, ganz gleich, was er äußerlich tat. Es machte den Eindruck, dass er sich häufig in einer Art Meditationszustand befand, auch außerhalb formaler Meditationszeiten.

Darüber hinaus gibt es noch ein weiteres Indiz dafür, dass er ein »in den Strom der Erleuchtung Eingetretener« war. Als er Jahre später zu seinen Schülern immer wieder von der zweifachen Natur der Wirklichkeit sprach, tat er das mit einer solchen Ausdruckskraft, dass viele empfanden – da spricht einer, der nicht nur eine Theorie beherrscht, sondern selbst das Gesagte erfahren hat.

MITGLIEDER DES SANGHA DER NORDÖSTLICHEN AUSSENPROVINZ

Im Laufe der Jahre wurde Maitrenanda mit einer Reihe von Ordensmitgliedern näher bekannt. Zwar sprach man im Allgemeinen nicht viel von dem persönlichen Empfinden, es sei denn mit seinem Lehrer oder Lehrerin. Doch ergaben sich öfter Hinweise bei gemeinsamen langen Wanderungen, die nicht immer nur von »edlem Schweigen« begleitet waren. Über den Lebensweg Dharmarakshitas hatte er bereits viel erfahren. Denn dieser pflegte seine Erklärungen über die Lehre des Erhabenen anzureichern mit persönlichen Erlebnissen. Dabei vermied er es aber, über die eigenen spirituellen Verwirklichungen zu sprechen. Insbesondere berichtete Dharmarakshita des Öfteren über seine Zeit als Einsiedler in den eisigen Höhlen des Himalajas und seinen Begegnungen mit Sâdhus anderer Traditionen. Von ihnen sprach er mit Hochachtung, ja auch mit Ehrfurcht. Dennoch machte er dabei deutlich, welche Unterschiede in der Theorie zwischen ihm und Yogis anderer Traditionen bestanden.

Auch über den Lebensweg Karunâbhâvanas hatte Maitrenanda viel erfahren, wie bereits berichtet. Und im Laufe der Zeit entwickelte sich eine gewisse Freundschaft zwischen den beiden, trotz der schweren karmischen Verstrickungen aus dem Leben vor ihrem Ordenseintritt.

Bhâvanî hingegen sprach wenig von persönlichen Erlebnissen und Erfahrungen. Maitrenanda verehrte sie sehr, denn er spürte ihre tiefe spirituelle Verwirklichung. Für ihn war sie ein leuchtendes Beispiel dafür, dass der Weg des Erhabenen uneingeschränkt auch für Frauen zugänglich war. Dies stand im Kontrast zu der Meinung einiger Mönche, dass Frauen nicht direkt die letzte Stufe zum Nirvâna erreichen könnten und sie daher noch einmal als Männer wiedergeboren werden müssten.

Daher war es nicht Neugier, sondern ein Herzenswunsch Maitrenandas etwas über das Vorleben seines großen Vorbildes zu erfahren. Es war – und ist bis heute – nicht üblich, einen Guru direkt danach zu fragen. Doch in seiner offenen, liebevollen und den Menschen zugetanen Art wagte Maitrenanda es eines Tages, die Frage an Bhavanî zu richten: »Sag, ehrwürdige Bhâvanî, wie bist du zum Orden des Erhabenen gekommen?«

Erst nach längerem Schweigen begann Bhâvanî: « Ich wuchs in einem

Dorf der Gangesebene auf, etwa 20 Tagesreisen von hier entfernt. Meine Eltern waren arm, wir hatten nur kleine Felder. Ich hatte zwei ältere Brüder. Trotz unserer gewissen Armut war meine Kindheit glücklich. Meine Eltern waren liebevoll. Noch heute denke ich mit Dankbarkeit an sie. Sie legten in mir den Grundstein für meine spätere Entfaltung der Maitrî, ließen mich zu einer fröhlichen und glücklichen jungen Frau heranreifen, die auch mit wenigem auskommen konnte. Doch als ich 18 Jahre alt war, verstarben beide plötzlich.

Für meine Brüder wurde ich zu einem Klotz am Bein, denn sie mussten für ihre eigenen Familien sorgen. Doch meinten sie, wegen meiner Schönheit würde ich schon bald einen reichen Bauern heiraten können. Und in der Tat verliebte sich der Sohn einer reichen Bauernfamilie in mich. Und auch ich empfand den jungen Mann durchaus sympathisch. Dessen Vater war ebenfalls gestorben und er lebte als einziger Sohn mit seiner Mutter zusammen. Doch stand einer Hochzeit entgegen, dass ich kaum eine Mitgift vorweisen konnte. Die Mutter meines Bräutigams verachtete mich deshalb, war gegen die Heirat. Aber ihr Sohn setzte sich ihr gegenüber durch und so wurde schließlich eine bescheidene Hochzeit gefeiert. Ich bewunderte meinen Mann, wie er sich gegenüber seiner Mutter behauptet hatte und zu seiner Liebe gestanden war. Ich fühlte mich stark an seiner Seite. Und die Liebe und Achtung meiner Schwiegermutter würde ich schon noch gewinnen.

Wie sehr hatte ich mich getäuscht! Zwar war mir mein Mann anfänglich sehr zugetan und wir beide genossen die Freuden körperlicher Liebe, aber in meiner Schwiegermutter hatte ich eine Feindin, die mich immer wieder bei meinem Mann ungerechtfertigt anschwärzte. Alle meine Bemühungen, ihre Achtung durch Fleiß, Freundlichkeit und Verständnis zu gewinnen, schlugen fehl. Ich hatte begriffen, dass sie mich als Konkurrenz um die Liebe ihres einzigen Sohnes ansah. Sie hatte sonst niemanden, denn ihre verheiratete Tochter hatte sich wegen der Härte ihres Charakters von ihr abgewandt. Ach, hätte sie doch auf meine Angebote zu einer Verständigung eingehen können!

Mein Mann zerbrach an dem Konflikt zwischen der Liebe zu mir und dem Gehorsam gegenüber seiner Mutter. Er griff mehr und mehr zum Alkohol, war häufig betrunken und dann zunehmend aggressiv. Manchmal schlug er mich sogar. An manchen Tagen aber, wenn er nicht getrunken hatte, war er wieder der liebevolle Ehemann, den ich einstmals geheiratet hatte. Die Situation verschärfte sich noch, als ich nach drei Jahren immer noch nicht schwanger war und meine Schwiegermutter meinem Mann ständig vorwarf, er habe eine nichtsnutzige, faule, bettelarme und unfruchtbare Frau gegen ihren Rat geheiratet.

Und so geschah es, dass sich mein Mann von mir abwandte und sagte, er könne nicht länger mit mir zusammenleben. Auch meine Brüder wollten mich nicht in ihr Haus aufnehmen und meinten, ich müsse selber mit der Situation klarkommen, solle mich doch versöhnen.

In meiner Verzweiflung rief ich die Göttin Bhûdevî an, die Göttin der Erde. Meine Mutter hatte mir gesagt, dass diese mächtige Göttin sogar dem Buddha kurz vor seiner Erleuchtung zu Hilfe kam. Mâra – der Gott des Todes – habe dem Buddha den Platz unter dem Baum der Erleuchtung streitig gemacht. Daraufhin sei Bhûdevî erschienen und habe als Zeugin ausgesagt, dass der Buddha das Recht auf diesen Platz habe aufgrund seiner vielen guten Taten und spirituellen Übungen in vergangenen Leben. Meine Mutter hatte Bhûdevî immer vor der Frühlingsaussaat verehrt und sie gebeten,dass die Ernte unserer kleinen Felder reichlich ausfallen möge. Und es hatte oft geholfen. Mein skeptischer Vater meinte allerdings, dass die gute Ernte ein Ergebnis unseres Fleißes und günstiger Wetterbedingungen sei, die Götter würden sich wohl nur selten in die Belange der kleinen Leute einmischen.

In meinem Falle halfen alle Gebete nichts. Die Situation verschlimmerte sich von Tag zu Tag. So fasste ich schließlich den Entschluss, wegzugehen und mein Leben als Bettlerin zu fristen. Damals kam ich nicht auf die Idee, es einer Nachbarin gleichzutun, die ihre Familie verließ, indem sie sich einer Gruppe von Nonnen anschloss. Denn ich fühlte mich unwürdig und unfähig, ein spirituelles Leben zu führen. Die jahrelangen Vorhaltungen meiner Schwiegermutter hatten dazu geführt, dass ich mich selbst als minderwertig und verachtenswert ansah.

Mehr als drei Jahre währte mein Leben als Bettlerin. Gekleidet in Lumpen, erhielt ich hier und dort ein wenig Arbeit als Tagelöhnerin. Oft aber hielt ich mich in den Wäldern auf, lebte von Wurzeln und Früchten, vermied den Kontakt mit Menschen. Noch immer war mein Herz schwer, voller Verzweiflung beklagte ich mein Schicksal. Was hatte ich wohl in vergangenen Leben getan, dass mir nun all dies widerfuhr? Trotz meiner zerlumpten Kleidung war ich mit meinen nun fast 25 Jahren noch immer recht schön, sodass ich mich nur mit Mühe den Nachstellungen der Männer entziehen konnte. Ich wollte nicht wieder in eine Beziehung mit ihren Abhängigkeiten geraten. In dieser Zeit hat mich wohl ein Bodhisattva beschützt, denn ich entkam unbeschadet auch gefahrenvollen Situationen. Heute weiß ich, wie gefährlich es ist, wenn man als Frau allein umherzieht und als Freiwild betrachtet wird. Nicht umsonst hat der Buddha besondere Vorschriften für die Nonnen seines Ordens empfohlen. Und damals hatte ich ja nicht einmal den gewissen Schutz, den ein Ordensgewand bietet.

Eines Tages kam ich auf jene Waldlichtung hier in der Nähe, die du auch kennst. Ein Bhikshu saß dort – Dharmarakshita. Er war in Meditation versunken und seine Gesichtszüge strahlten jenen heiteren Frieden aus, nach dem ich mich sehnte. Ich wollte die Lichtung bereits verlassen; ich gehörte als Bettlerin nicht hierher.

Da rief er: »Komm zu mir, Schwester.« »Ich bin keine Bhikshunî, sondern nur eine zerlumpte Bettlerin, erwiderte ich näherkommend. »Und doch trägst du ein kostbares Juwel in deinem zerlumpten Gewand«, war seine Entgegnung.

»Ich habe ein Juwel? Ich weiß nichts davon« sagte ich überrascht und zweifelnd. Daraufhin erläuterte er: »Alle Menschen haben dieses Juwel. Doch die meisten wissen nichts davon. Es ist das Juwel der Erleuchtung, das darauf wartet, entdeckt zu werden. Geboren mit der Möglichkeit, höchste Erleuchtung zu erfahren, leben viele in Armut und Elend trostlos dahin ... Und damit meine ich nicht das Elend äußerer Armut; auch wir Bhikshus und Bhikshunîs leben in äußerer Armut. Ich spreche von der Armut eines Lebens ohne wirklichen Sinn, von einem armseligen Leben, das nur zwischen Arbeit, Erschöpfung und vergänglichen Zerstreuungen pendelt, von einem Leben der Ichbezogenheit, von einem Leben des Kampfes gegen Widrigkeiten, von einem Leben das keine Beziehung zum Weltganzen kennt.«

Erschüttert hörte ich seine Worte. So hatte noch nie jemand mit mir gesprochen. Aber mehr noch als seine Worte berührte mich sein Mitempfinden, seine Anteilnahme an meinem Leid. Eine Anteilnahme, die weit mehr beinhaltete, als es seine Worte ausdrückten und die meine Verzweiflung geringer werden ließ.

Er führte mich ein in die Lehre des Buddhas. Immer wieder betonte er, dass altes Leiden beendet werden kann. Es sei möglich, nicht mehr an den Verletzungen der Vergangenheit festzuhalten. »Aufgeben, sich freimachen, nicht mehr daran haften«, waren seine Worte. »Doch wie soll das geschehen«» entfuhr es mir.

Anstelle einer Antwort führte er mich zu dem Gebirgsbach hier in der Nähe. Du kennst diesen wunderschönen Ort. Er bat mich, auf das Wasser zu schauen und in das Fließen des Wassers mein Leid hineinzugeben. Ich will dir meine damalige Erfahrung nicht näher beschreiben. Doch vielleicht dies – ich wurde eins mit dem Bach, erfuhr, wie er sich dauernd veränderte, dahinströmte und gerade deshalb der wilde schöne Gebirgsbach war, weil er nichts festhielt und unaufhaltsam neues Wasser in ihm floss. Und mit ihm veränderte sich mein Gemüt. Ich erhielt eine erste Ahnung vom Wesen jener inneren Freiheit, die keine starren Ichgrenzen kennt.

Dharmarakshita erklärte mir, dass bereits eine der ersten Bhikshunîs des Buddhas eine ähnliche Erfahrung wie ich an einem Bach gemacht hatte. Viele Tage verbrachte ich am Bach und immer wieder kam der Meister zu mir, gab mir Anweisungen, wie ich meine Meditation weiter vertiefen könnte. Schon bald stand mein weiterer Lebensweg vor mir – ich wollte Nonne im Orden des Erhabenen werden.

Bereits nach wenigen Wochen wurde ich in den Orden aufgenommen. Die ehrwürdige Patâcârâ – die damals älteste Bhikshunî unseres kleinen Nonnen-Sangha – wurde meine Mentorin. Sie war es, die mich immer tiefer in die vielen Meditationsformen unseres Ordens einführte und anleitete. Dharmarakshita hingegen machte mich mit dem Reichtum der verschiedenen Traditionen innerhalb des Bauddha-Dharma vertraut und lehrte mich lesen und schreiben.

Patâcârâ ist vor zwei Jahren gestorben. Zwei Stunden vor ihrem Tod sagte sie zu mir:

»Ich werde jetzt gehen. Meditiere eine Weile mit mir.« Diese Meditation empfand ich als besonders tiefgehend und beglückend. Als ich nach Stunden wieder in das Alltagsbewusstsein zurückkehrte, fand ich Patâcârâ in Meditationshaltung an einem Baum lehnend. Ihr Gesicht strahlte Güte und Frieden aus. Sie hatte diese Welt verlassen. Am Horizont erstrahlte ein Regenbogen.

Ich wurde daraufhin zur Vorsteherin des Nonnen-Sangha gewählt. Auch leite ich die jungen Mönche zur Meditation an. Dharmarakshita meint, wir Bhikshunîs hätten oft einen tieferen und leichteren Zugang zur Meditation als die Mönche.«

Ein anderes Mitglied der Gemeinschaft, mit dem sich Maitrenanda anfreundete, war Jivaka. Dieser war ein noch junger Mann und entstammt einer Familie aus der Hauptstadt, die sich bereits seit Jahrhunderten zur Lehre des Buddhas bekannte. Er war – wie sein Vater – Arzt geworden und hatte eine vielversprechende berufliche Karriere begonnen, indem er sich an schwierige Operationen wagte. Sein Ruf gelangte bis an den Königshof und so war eines Tages ein bedeutender Minister zu ihm gekommen.

Der Minister litt an einem großen Bauchtumor. Nach der Untersuchung musste Jivaka ihm sagen, dass es sich wohl um eine bösartige Geschwulst handele. Er könne ihn nicht heilen, wohl aber durch eine Operation sein Leben verlängern. Auch die Operation selbst sei mit Risiken behaftet. Der Patient stimmte der Operation zu und es gelang Jivaka tatsächlich, einen großen Teil des Tumors zu entfernen und die Wunde erfolgreich zu verschließen.

Der Minister war überglücklich und Jivaka wurde fortan von Mitgliedern des Königshofes konsultiert. Aber es kam wie es kommen musste. Nach einem Jahr war der Tumor wieder gewachsen und der Minister ging seinem Ende entgegen. Mit Kräutern gelang es Jivaka, die Schmerzen seines Patienten zu dämpfen. Als der Minister jedoch im Sterben lag, rief er Jivaka zu sich und sagte, dass man ihn möglicherweise verfolgen würde, es ginge das Gerücht um, Jivaka würde ihn vergiften. Der Einspruch des Ministers gegen diese Unterstellung werde nicht gehört, denn Neider und missgünstige ärztliche Kollegen hatten das Gerücht gestreut und so musste Jivaka schließlich aus der Hauptstadt fliehen, um einer Verfolgung oder gar Ermordung zu entgehen.

In der Außenprovinz angekommen, fühlte er sich sicher. Bitter enttäuscht von der Undankbarkeit der Welt, von Neid und Missgunst, schloss er sich Dharmarakshitas Sangha an. Mit den Grundlagen des Bauddha-Dharmas war er ja vertraut. Auch gelang ihm leicht eine gewisse Vertiefung in der Meditation. Jedoch hatte er das Gefühl, er würde auf Dauer wohl nicht für ein Mönchsleben taugen, zu leidenschaftlich war er, zu sehr Arzt, und auch zu sehr an der Schönheit der Welt und der der Frauen interessiert. Daher verblieb er auf eigenen Wunsch im Stande eines Novizen, eines Shramanera.

Jivaka kümmerte sich neben seiner spirituellen Praxis intensiv um erkrankte Mitglieder des Sangha, aber auch um die Bevölkerung der

Dörfer. In lebensgefährlichen Situationen von Schwangeren betätigte er sich sogar als Geburtshelfer. Dies geschah manchmal im Zusammenwirken mit Karunâbhâvana. Letzterer sah allerdings die kreißenden Frauen während des Geburtsvorgangs nicht an, sondern rezitierte hinter einem Vorhang einen alten Segensspruch, den bereits der Buddha gelehrt haben soll:

»Seitdem ich im Orden des Erhabenen aufgenommen wurde, habe ich wissentlich kein Lebewesen mehr verletzt. Möge durch diesen Wahrheitsspruch deine Geburt eine leichte sein, du und dein Kind gesund sein ...«

Wir wissen aus unserer modernen Geburtsheilkunde, dass Frauen unter der Geburt ausgesprochen empfänglich sind für Suggestionen. Und so mag ein solcher Segensspruch – zumal feierlich von einem ehemaligen Mörder rezitiert – eine außerordentlich entspannende und beruhigende Wirkung auf die Schwangeren gehabt haben. Denn wer Karunâbhâvana einstmals gewesen war – das wusste hier jeder. Allerdings vermutete man damals darüber hinaus (und auch heute noch in buddhistischen Ländern) dass von einem solchen Segensspruch eine unmittelbare heilende, sozusagen magische Wirkung ausgehe. Vorausgesetzt wird dabei allerdings, dass der Spruch wirklich wahr ist.

Jivakas Engagement als Arzt, trotz seines Status als Novize, führte allerdings nach einiger Zeit zu deutlichen Spannungen unter den Mönchen. Bei einer der Vollmondversammlungen stand der alte ehrwürdige Purâna auf. Dieser war ein ausgezeichneter Kenner der vielen Ordensregeln und -vorschriften. Es hieß von ihm, dass es ihm über viele Jahre gelungen sei, nicht einmal die kleinste Regel zu übertreten. »Ich beantrage die Absonderung des Jivaka vom Mönchsorden«, sagte er. »Jivaka berührt dauernd Frauen bei irgendwelchen Untersuchungen und bei Geburten sogar deren Geschlechtsteile. Dies ist uns Mönchen verboten. Ich selbst hätte nicht einmal meine Mutter angefasst, wenn sie in einen Brunnen gefallen wäre und in Gefahr des Ertrinkens gewesen wäre«. (Nachdenklich fügte er allerdings hinzu, dass er – wenn eine Frau in einen Brunnen fiele – ihr einen Zipfel seines zweiten Ordensgewandes zum Festhalten zuwerfen würde, dies sei wohl kein Regelverstoß).

Jivaka entgegnete auf diese Anschuldigung: »Ihr wisst, dass ich in eine Familie von Ärzten hineingeboren wurde. Bereits als Kind und später bei meinem verehrten Lehrer Caraka habe ich gelernt, keinen Patienten zu eigenen Zwecken zu missbrauchen. Ich gebe zu, dass ich nicht so frei bin von sexuellen Wünschen wie manche von euch ehrwürdigen Bhikshus und Bhikshunîs. Aber wenn ich einer Patientin gegenüber stehe, habe ich kein sexuelles Verlangen, dann bin ich voll und ganz Arzt, darauf bedacht, ihr Leiden zu lindern. Manche von Euch meditieren ja über die Unreinheiten des Körpers, wie Schleim und Urin. Ihr solltet wissen, dass bei Geburten häufig Kot und Urin zusammen mit dem Baby austreten. Ja, wir Menschen kommen alle in diese Welt zwischen Kot und Urin. Glaubt ihr, dass das mich in irgendeine Versuchungssituation bringen könnte?«

Alle empfanden, dass Jivaka mit großer Aufrichtigkeit gesprochen hatte. Aber Purâna entgegnete: »Ich sehe durchaus deine edlen Absichten, jedoch gibt es klare Regeln seit der Gründung des Ordens durch den Erhabenen«. Es entspann sich nun eine heftige, jedoch mit gegenseitigem Wohlwollen ausgetragene Diskussion. Dürften Regeln überschritten werden, wenn es um das Wohl, um Gesundheit oder Leib und Leben ginge? Könnte nicht eine solche gelegentliche Grenzüberschreitung in Notsituationen ein Gebot der Maitrî sein? Einige meinten, ein Aufweichen der altehrwürdigen Regeln würde jeglicher Willkür Tor und Tür öffnen. Andere hingegen vertraten die Meinung, dass selbst der Buddha kurz vor seinem physischen Tod überlegt hatte, ob man nicht ein paar der kleineren Regeln abschaffen könne (leider hatte keiner gefragt, welche er meinte, und so war es beim bestehenden Regelwerk geblieben).

In dieser Diskussion zeigten sich die beiden Strömungen innerhalb des Sangha der nordöstlichen Außenprovinz. Einige meinten, dass es das vornehmliche Ziel sei, selbst Erleuchtung, Befreiung, Erwachen zu verwirklichen. Die äußere Welt und die weltliche Gesellschaft spiele nur eine untergeordnete Rolle. Andere neigten mehr der Auffassung des Mahâyâna zu. Die Bewegung des Mahâyâna (wörtl. »Großes Fahrzeug«, Großer Weg«) hatte sich damals innerhalb der Lehre des Erhabenen herausgebildet. Nicht die Selbsterlösung, sondern die letztendliche Befreiung allen Lebens sei das vornehmliche Ideal. Als spiritueller Mensch auf dem Weg zu Erleuchtung könne und dürfe man sich nicht von anderen absondern und müsse ihnen nach Kräften beistehen.

Und während die Anhänger des ersten Standpunktes dem ehrwürdigen Purâna Beifall zollten und den Ausschluss Jivakas forderten, meinten die anderen, ein so edler und von Menschenliebe durchdrungener Novize wäre eine wertvolle Bereicherung des Sangha.

Dharmarakshita und Bhâvanî hatten eine mittlere Position zwischen diesen beiden Richtungen. Sie hatten auch früher betont, dass Mönche oder Nonnen anderen nur dann eine Hilfe sein könnten, wenn sie zugleich selbst spirituelle Fortschritte machten. Ihre Hilfe sei vornehmlich die Anleitung und Anregung zu ethischem Verhalten, zu Meditation und Weisheit. Andere Hilfen wären zwar auch sehr wichtig, um die Not der Menschen zu lindern, doch könnten diese wohl auch von in der weltlichen Gesellschaft stehenden Laienanhängern ausgeführt werden. Der Schwerpunkt der Hilfe des Sangha sei spiritueller Natur.

Schließlich wurde eine Einigung erzielt, der auch Jivaka zustimmen konnte. Er solle sich in den nächsten drei Monaten überlegen und darüber meditieren, ob er eher als Arzt im weltlichen Leben stehen wolle, sehr wohl weiter der Ethik des Buddhas folgend wie seine Vorfahren. Oder ob er lieber die volle Mönchsordination mit ihren Verpflichtungen auf sich nehmen könne.

In den folgenden Monaten sprach Jivaka oft mit den beiden Meistern, die ihm liebevoll und oft schweigend zuhörten, ohne ihm einen Ratschlag zu geben. Denn sie wollten, dass er seine Entscheidung unbeeinflusst durch sie treffen möge.

Auch meditierte er häufig in dieser Zeit mit seinem Freund Maitrenanda. Durch seine Praxis der universellen Liebe hatte Maitrenanda im Laufe der Jahre zunehmend die yogische Fähigkeit entwickelt, unmittelbar in das Herz anderer Menschen zu blicken, ohne den Umweg der Worte. Er sah, dass Jivaka durch und durch Arzt war, ja wahrscheinlich bereits in früheren Leben als solcher gewirkt hatte. Für einen Mönch war er zu unruhig, zu ungestüm, zu leidenschaftlich. Jivaka bat immer wieder seinen Freund, ihm zu sagen, was er tun solle. Doch auch Maitrenanda empfand, dass Jivaka selbst die Lösung finden musste. Daher empfahl er ihm: »Vielleicht zeigt dir ein Traum deinen künftigen Weg.«

Schon am folgenden Morgen berichtete Jivaka tief bewegt seinen Traum: »Ich mache eine schwierige Operation. Ich habe den ganzen Bauchraum meines Patienten eröffnet. Einen so großen Schnitt hatte ich in meinem Leben noch nie gewagt. Überall quellen mir Tumore entgegen. Ich weiß nicht weiter. Der Patient hat große Schmerzen, trotz der vielen betäubenden Mittel, die ich ihm gegeben habe. Verzweifelt blicke ich auf. Da sehe ich im Abendlicht in der Ferne die meditierende Gestalt des Buddhas. Hinter ihm ist ein Regenbogen. Er hält seine Bettelschale in der Hand, diese sieht aus wie ein Wassergefäß. Da sehe ich, dass Wasser aus der Schale fließt. Das Wasser fließt in einem schmalen Bach zu mir, umspült mich. Jetzt gelingt mir die Operation ganz leicht. Tumor um Tumor entferne ich und schließe die Wunde. Ich bin sicher, alle Tumore entfernt zu haben, ganz anders als damals bei dem Minister. Da erhebt sich mein Patient. Es ist Caraka, mein geliebter und verehrter Lehrer der Operationskunst.

Er ist jünger als ich ihn in Erinnerung habe. In seinem Gesicht erkenne ich einige meiner eigenen Gesichtszüge. Um uns herum stehen die Mitglieder unseres Sangha im Abendlicht, zusammen mit einer großen Schar von Menschen der umliegenden Täler.«

»Ich kenne nun meinen Weg, meine Aufgabe für dieses Leben«, sagte er. »Ich werde wieder voll und ganz Arzt sein. Aber nicht für die verwöhnte Klientel der Hauptstadt. Ich werde in der nordöstlichen Außenprovinz bleiben. Für den Sangha und den ärmeren Teil der Bevölkerung werde ich kostenlos arbeiten, andere werden mir ein Honorar zahlen. Grundlage für meinen Beruf wird neben meinem ärztlichen Wissen, vor allem die Inspiration sein, die ich durch die Lehre des Buddhas empfangen habe. Und auch die Praxis der Meditation – so wie ich sie durch Bhâvanî gelernt habe – wird mein täglicher Begleiter sein.«

Jivaka teilte seine Entscheidung zunächst den beiden Meistern und in der Vollmondversammlung auch den Mitgliedern des Sangha mit. Alle begrüßten die Ernsthaftigkeit und Aufrichtigkeit von Jivkas Schritt und versicherten, er werde als Laienanhänger weiter in ihren Herzen sein. Sogar der alte Purâna ließ es sich nicht nehmen, Jivaka zu umarmen. Niemand hätte gedacht, dass Purâna zu einer solchen emotionalen Geste fähig gewesen wäre.

In einer bewegenden Rede machte Dharmarakshita darauf aufmerksam, dass die Gruppe der Laienanhänger/-innen von außerordentlicher Bedeutung sei, und deren Aufgabe nicht nur die Versorgung der Mönche und Nonnen mit dem Lebensnotwendigsten sei, sondern der Verwirklichung der Ethik der Lehre im täglichen Leben diene. Dies aber trage zur Verringerung von Leiden in der Welt bei. Auf die Bedeutung der Ethik (Shîla) auch in der weltlichen Gesellschaft habe der Buddha selbst immer wieder hingewiesen. Darüber hinaus werde die Lehre des Erhabenen vornehmlich von Laien in fremde Länder getragen, lange bevor dort Bhikshus oder Bhikshunîs hinkämen. Er erinnerte an die vielen dem

Dharma ergebenen Kaufleute, die Reisen in weit entlegene Gegenden der Welt antraten und die Menschen und deren Gesellschaften zum Guten anregten. Auch hätten nach der Erleuchtung des Erhabenen zuerst zwei im weltlichen Leben stehende Kaufleute Zuflucht zum Buddha und seiner Lehre genommen, Wochen vor der berühmten Lehre des Erhabenen in Sarnath, bei dem der Mönchsorden etabliert wurde. Nicht zuletzt habe es auch schon zur Zeit des Buddhas erleuchtete Laienanhänger und -Anhängerinnen gegeben.

Im Bauddha-Dharma gab und gibt es bis heute keine ewig bindenden Mönchsund Nonnengelübde. Je nach Lebenssituation und spiritueller Entwicklung ist es möglich, dass ein Mensch mehrmals im Leben in den Orden eintritt und ihn wieder verlässt.

Bhâvanî fügte hinzu: »Du bist uns in unseren Höhlen jederzeit zu Meditationsübungen willkommen.« – Jivaka hat im Laufe seines weiten Lebens immer wieder von diesem Angebot Gebrauch gemacht.

Jivaka war nach seinem Austritt aus dem Orden mittellos. Aber die Bevölkerung eines Dorfes in der Nähe der Höhlen stellte ihm eine Hütte zur Verfügung. Alle waren froh, nun einen Arzt zu haben. Bald verliebte sich Jivaka in ein schönes und kluges Dorfmädchen, das auch ihm zugetan war. Auch deren Eltern stimmten einer Hochzeit zu, an der die Bevölkerung mehrerer Dörfer teilnahm. Dharmarakshita, Bhâvanî und Maitrenanda ließen es sich nicht nehmen, das Paar in einer feierlichen Zeremonie zu segnen. Und der Dorfbrahmane traute sie kostenlos mit der uralten heiligen vedischen Zeremonie, die die siebenfache Umwandlung eines heiligen Opferfeuers einschloss.

In seiner Tätigkeit als Arzt hat Jivaka viel zur dauerhaften besseren Gesundheitsversorgung der östlichen Außenprovinz getan. Er bildete neben seiner Ehefrau mehrere Frauen zu Geburtshelferinnen und einige Männer in Wundversorgung und kleineren Operationen aus. Geburten und Unfälle waren zur damaligen Zeit die Situationen, die vornehmlich ärztliche Hilfe benötigten.

Trotz seiner beruflichen Pflichten meditierte Jivaka weiter regelmäßig, manchmal zusammen mit seinem Freund Maitrenanda.

Aus der Ehe gingen 4 Töchter hervor. Eine der Töchter wurde im Alter von 20 Jahren Nonne. Sie wurde zu einer bedeutenden Meditationsmeisterin. Die drei anderen Töchter wurden Heilerinnen, die zusammen mit Jivaka die Heilkräuter des Himalajas weiter erforschten und anwandten.

Es wäre denkbar, dass ein Teil des damals von ihnen und anderen erworbenen Wissens in die noch heute bestehende indische traditionelle Medizin, des Ayurveda, eingeflossen ist.

Es war im achten Jahr von Maitrenandas Ordenszugehörigkeit, als Karunâbhâvana auf die Art zu Tode kam, die dieser selbst einstmals vorausgesehen hatte. Er war zusammen mit Maitrenanda auf morgendlichem Bettelgang in einem der größeren Dörfer der Provinz. Steuerbeamte waren gerade im Dorf, begleitet von wenigen Soldaten. Bei den Steuererhebungen ging es jetzt weit friedlicher zu als noch vor einigen Jahren. Maitrenanda sah zunächst nicht, dass einer der Soldaten, der einst unter ihm gedient hatte, nun selbst Anführer des kleinen Soldatentrupps war. Denn er hielt den Blick zu Boden gesenkt, wie es bei Bettelgängen den Mönchen empfohlen wurde. Auch der Soldat erkannte Maitrenanda nicht – wohl aber den anderen Mönch!

Mit dem Schrei: »Du bist Krodhadhâra! Vor Jahren hast du mich fast getötet.«, stürzte sich der Soldat auf den ruhig dastehenden Karunâbhâvana und stach ihn mit dem Schwert in die Brust. Schwer getroffen, sank der Bhikshu zu Boden. Eine Traube von Menschen umringte schweigend den Sterbenden. Alle kannten ja die Vorgeschichte Karunâbhâvanas. Doch niemand hätte ihn an die Soldaten verraten. Da erkannte der Soldat in dem anderen Mönch seinen ehemaligen Dienstherren und auch dieser erinnerte sich seines früheren tapferen Untergebenen. Mit Tränen in den Augen, voller Trauer und zugleich voller Einsicht in die Wege des Karma blickte Maitrenanda den Soldaten an: « Du hast soeben einen verwandelten Menschen, einen Heiligen, erstochen.« Maitrenanda setzte sich auf den Boden, hielt die Hand seines Weggefährten und trat in die Meditation über Karunâ ein – eine Meditation, die sowohl den Täter wie das Opfer umschloss.

Karunâbhâvana blickte zu dem Soldaten empor: »Du musstest so handeln … ich kenne das aus meinem Vorleben. Möge dein weiter Lebensweg gesegnet sein.« Mit ersterbender Stimme, aber für die Umstehenden noch deutlich verständlich, flüsterte er: « Ich bin entschlossen, im kommenden Leben segensreich zu wirken für alle, die mir begegnen. Und ich werde weiter einen spirituellen Weg gehen, in welcher Form auch immer …Möge ich zum Heil allen Lebens wiedergeboren werden … möge ich in ferner Zukunft den Buddha Maitreya sehen und zu seinen Füßen sitzen!«

PILGERREISEN

Maitrenanda verblieb noch etwa sechs weitere Jahre in der Nähe seiner beiden Meister und bewegte sich in einem Umkreis von etwa 70 Kilometer um die beiden Höhlen. Die Gegend und ihre Menschen waren ihm Heimat geworden. Viel kümmerte er sich um die Bibliothek und vertiefte seine meditativen Erfahrungen. Den jüngeren Mönchen und Nonnen war er nun selbst zeitweilig ein Lehrer, nachdem er ein Ältester, ein Sthavîra geworden war. Seine liebevolle und geduldige Art machte ihn bei allen Mitgliedern des Sangha und bei der Bevölkerung der Dörfer beliebt. Und er konnte sich vorstellen, bis zum Ende dieses Lebens in der gleichen Gegend zu verbleiben.

Doch eines Tages kamen seine beiden Meister auf ihn zu und Dharmarakshita sagte: « Du bist nun seit mehr als 14 Jahren hier in unserem Sangha, bist selbst bis zu einem gewissen Grad zu einem Lehrer herangereift, ohne deine eigene weitere Vertiefung sowohl in der Weisheit wie in der Meditation zu vernachlässigen. Du strahlst Heiterkeit, Ruhe und Liebe aus, sodass alle gern in deiner Gegenwart sind und du ihnen ein Vorbild bist. Viele von uns Bhikshus und Bhikshunîs verbleiben in der heutigen Zeit in der Nähe eines Vihâras oder einer Höhle. Auch Bhâvanî und ich bleiben hier, da wir uns für das Gedeihen des hiesigen Sanghas verantwortlich fühlen. Doch ich denke, dass es bei dir an der Zeit ist, dass du nach den Lehrjahren bei uns ein heimatloser Wanderer wirst. So wie junge Vögel das Nest verlassen müssen, um fliegen zu lernen und Teil des weiten Himmelsraums zu werden, so solltest du den kleinen Sangha hier verlassen, um ein Teil des zeitlosen unendlichen Sanghas aller Erleuchteten zu werden. Und nachdem du weitere Erfahrungen auf den Wegen zur Erleuchtung gemacht hast, wirst du vielleicht selbst eines Tages einer Ordensgemeinschaft vorstehen und diese leiten.«

Bhâvanî ergänzte: »Ich möchte dir empfehlen, zunächst eine Pilgerreise zu den heiligen Stätten anzutreten, an denen der Buddha gelebt und gewirkt hat. Die Orte seiner Geburt und seines physischen Todes liegen noch innerhalb unserer nordöstlichen Außenprovinz, weitere wie die seiner Erleuchtung und der Ordensgründung befinden sich südlich davon. Manche meinen, durch Pilgerreisen wie diese würde man ›Verdienste erwerben‹ und sein Karma verbessern. Ich weiß hingegen, dass wir Inspiration und Kraft erfahren können durch das Erlebnis, an jenen Orten zu sein, an denen der Erhabene weilte und an denen Menschen seit Jahrhunderten gebetet und meditiert haben. Unser altes Karma wird dadurch nicht aufgehoben, alte Verfehlungen werden nicht ›vergeben‹ durch den Besuch heiliger Plätze. Doch durch die Inspiration die wir dort erfahren können, gewinnen wir neue Fähigkeiten, mit dem besser umzugehen, was uns im Leben begegnet, selbst wenn es durch altes Karma bedingt sein mag. Nimm dir viel Zeit zur Meditation an den Pilgerstätten. Meditiere dort vor allem nachts, wenn die Menge der weniger ernsthaften Pilger dort nicht lärmend verweilt.«

»Anschließend wäre es vielleicht hilfreich, noch einige Zeit der Meditation in den größeren Höhen des Himalajas – nordöstlich von hier – zu verbringen«, empfahl abschließend Dharmarakshita. »Schön wäre es, wenn du dort auch meinem alten Freund, den Sâdhu Satya Deva begegnen könntest. Auch wenn er einer anderen Tradition als der unseren entstammt, würde er dir wichtige Impulse für deinen Weg geben können.«

Und so machte sich Maitrenanda am Ende der Regenzeit auf den Weg. Nicht leicht fiel ihm der Abschied. Tiefgehende Beziehungen hatten sich gebildet, vertraut und lieb waren ihm die Berge und Täler, die Menschen, die wilden Tiere und auch die Bibliothek. Besonders schwer fiel ihm die Trennung von Dharmarakshita und Bhâvanî. Sie waren ihm Meister und Freunde gewesen. In diesem Leben würden sie sich wohl nicht mehr begegnen. Er musste nun ohne ihre Hilfe und Liebe auskommen, für seinen spirituellen Weg auf eigenen Füßen stehen und sich selbst ein Licht sein, auch wenn die innere Verbundenheit mit ihnen immer weiter bestehen würde.

Lumbinî – der Geburtsort des Buddhas – lag in westlicher Richtung. Die Wegstrecke war eigentlich nicht lang. Dennoch erreichte er den Ort erst nach mehr als drei Wochen, weil er täglich ausgiebig meditierte, sobald er eine dafür geeignete Stelle auf dem Weg sah. Der Weg selbst war zum Ziel geworden. Jahrelang hatte er im Mutterschoß seiner spirituellen Gemeinschaft gelebt. Jetzt aber hatten die Wehen seiner eigenen Geburt als heimatloser Wandermönch begonnen. Mit liebevoller Achtsamkeit stellte er fest, dass er trotz aller aus den Meditationen gewachsenen Gelassenheit seine spirituellen Lehrer und Weggefährten vermisste.

Lumbinî selbst erwies sich als kleines Dorf mit einem Tempel, in dem er nur wenige Bhikshus und Pilger vorfand. Sie hatten nicht die Herzlichkeit, die er aus seinem Sangha gewohnt war. Bei einigen der Pilger empfand er, dass sie mit Sorgen oder Schuldgefühlen beladen hierher kamen, in der Hoffnung auf Erleichterung. So traf er einen Mann, der sich auf den heiligen Boden geworfen hatte und bitterlich weinte. Mit anteilnehmendem Herzen hörte Maitrenanda ihm zu: »Ich bin vor einem Monat fortgelaufen von daheim und hoffe auf ein Wunder durch meine Pilgerreise. Ich bin seit drei Jahren verheiratet und hatte immer eine liebevolle, mir zugeneigte Frau. Sie hat sich vor zwei Monden völlig verändert, kreischt und schimpft mit mir, egal was ich mache. Ich halte das nicht aus, weiß nicht, was ich noch tun kann. Aber ich möchte bei meiner Frau bleiben, tauge nicht zu einem Leben als Mönch ...«

Maitrenanda hatte sogleich eine Ahnung, nein eine Gewissheit: »Deine Frau ist mit eurem ersten Kind schwanger. Es wird ein Sohn sein. Bei der ersten Schwangerschaft einer Frau kann in den Anfangsmonaten eine Gereiztheit auftreten. Deiner Frau geht es besser. Gehe nach Hause, nachdem du des Buddhas gedacht hast.« – Maitrenanda wusste selbst nicht, woher er dieses Wissen hatte. Solche intuitiven Einsichten traten später oft bei ihm auf. Sie werden von vielen Yogis berichtet. Vielleicht hatte er aber im vorliegenden Fall nur die richtige Idee aufgrund dessen, was er von seinem Freund Jivaka gehört hatte.

Der Mann dankte überschwänglich und warf sich dem Bhikshu zu Füßen: »Ich wusste es, diese Pilgerreise gereicht zum Segen. Ich eile nach Hause, in 4 Tagen kann ich dort sein.«

Maitrenanda verblieb zwei Wochen in Lumbinî. Er meditierte nicht im Tempel, sondern an der 20 Fuß hohen Steinsäule des Königs Asoka Die Inschrift der alten Säule war in einer Variante der Brahmi-Schrift verfasst, die er gut entziffern konnte: » ...der Erhabene, der Weise aus dem Sakya-Geschlecht, wurde hier geboren ...«

In seinen Meditationen fühlte er ein tiefes Glück darüber, dass vor Jahrhunderten in der Gestalt des Prinzenbabys Siddharta Gautama eine Hoffnung in die Welt gekommen war. Das, was über Raum und Zeit hinausreicht, konnte nun wieder in der Welt sichtbar werden. Aber mehr als eine Hoffnung war es seinerzeit in Lumbinî noch nicht gewesen. Denn selbst ein Wesen, das sich durch unzählige Leben auf das Erreichen vollkommener Erleuchtung vorbereitet hat, kann jederzeit noch andere Wege einschlagen. Daher hatte der weise Asita bei der Geburt des Prinzen vorausgesagt, er werde entweder ein großer König und Welteroberer – oder ein Weltenüberschreitender, ein Erleuchteter. Nicht alles war von vornherein durch Geburt, Karma und den unbewussten Neigungen völlig vorherbestimmt. Immer wieder gab es Momente, in denen Entscheidungen getroffen werden mussten. Auch Siddharta Gautama war davon nicht ausgenommen. Nicht umsonst hatte der Buddha immer wieder auf die Bedeutung des absichtsvollen Handelns hingewiesen.

Und so gedachte Maitrenanda in jenen Tagen auch seines eigenen Entschlusses in der denkwürdigen Nacht mit Karunâbhâvana in der einsamen Herberge. Ein einziger Entschluss und die Kontrolle seiner Wut hatten ihn auf den jetzigen Lebensweg gebracht. Hätte er damals seinem Zorn nachgegeben und sein Gegenüber erstochen, so wäre er jetzt wohl ein Offizier, der einen erfolgreichen beruflichen Aufstieg hinter sich hatte.

Beglückt war er, dass er den Weg als Bhikshu gewählt hatte. Doch mischte sich in dieses Glück ein leises Unbehagen ein. War er nicht schon tiefer in das Wesen des Dharma eingedrungen, namentlich in den sechs Monaten vertiefter Meditation? Zwar hatte er eine hinreichende Gelassenheit in den verschiedensten Situationen des Lebens erreicht. Auch bestand ein gewisser Einblick in die zweifache Natur der Wirklichkeit, dessen er sich hintergründig nun fast immer bewusst blieb.

Doch hatten die Jahre des Lernens, des Schreibens der Manuskripte und auch seine Lehrtätigkeit zu einer zeitweilig ermüdenden Routine geführt. Auch war er nicht so abgeklärt, dass er sich nicht innerlich geärgert hätte, wenn seine Schüler nur wenig Fortschritte machten. Er hatte sich dann noch mehr angestrengt, ihnen etwas beizubringen, für das sie möglicherweise noch nicht bereit waren. Und so hatte er sich unnötig erschöpft. Offenbar war es ihm wichtig gewesen, dass seine beiden Meister wie auch die Schüler mit seiner »Leistung« als Lehrer zufrieden seien. Wie leicht schlich sich doch selbst auf spirituellen Wegen immer wieder das »Ich« mit seiner Sehnsucht nach Anerkennung ein! Nein, ein wirklicher Lehrer des Dharma war er noch nicht. Es war richtig, dass ihn seine Meister auf die Wanderschaft geschickt hatten.

Kurz bevor er Lumbinî verließ, erreichte ihn noch die Botschaft, dass der verzweifelte Pilger bei seiner Rückkehr seine Frau psychisch stabil und schwanger vorgefunden hatte.

Das nächste äußere Ziel der Pilgereise war Kushînagara. An diesem Ort war einstmals der Buddha verstorben und ins Parinirvâna eingegangen – einen Bereich jenseits von Sein oder Nichtsein, jenseits von Geburt und Tod. Der Weg nach Kushînagara war nicht übermäßig weit, jedoch beanspruchte die Reise wiederum mehrere Wochen. Denn auch jetzt machte Maitrenanda immer dann Halt, wenn ein Platz für Meditation geeignet war. Zudem waren die Pfade oft von dichtem Wald überwuchert und machten ein rasches und leichtes Vorwärtskommen unmöglich.

Der Aufenthalt in Kushînagara führte bei Maitrenanda zu Meditationen über die Kürze eines einzelnen Lebens, die Kostbarkeit jeden Augenblicks und der unendlichen Zeiträume, in denen die Wege zur Freiheit sich entfalteten.

Mehr als 40 lange Jahre hatte der Buddha seine Lehre verkündet. Und doch, wie kurz war diese Zeit im Vergleich zu dem Zeitraum, der seitdem vergangen war. Königreiche waren entstanden und vergangen, mehr als 40 Generationen von Menschen hatten gelebt und waren gestorben. Aber die Lehre des Erhabenen bestand noch immer, hatte sich in vielen Formen entfaltet. Seinerzeit hatte der Buddha auf dem Sterbebett deutlich gemacht, dass nun nicht er, sondern die Lehre – der Dharma – seine Anhänger leiten würde. Noch im Sterben wies er mit Nachdruck darauf hin, dass alles, was aus Ursachen entstanden sei, auch dem Zerfall unterliege – auch der Leib eines Buddhas.

In Kushînagara gab es zwei Plätze, an denen sich Maitrenanda zur Meditation aufhielt. Auf dem ersten Platz war der Buddha gestorben und ins Parinirvâna eingegangen. Dort stand ein Stûpa, ein Gedenkhügel von etwa 50 Metern Höhe, der von vielen Pilgern umwandelt wurde. Obwohl es dort etwas laut zuging, konnte er vertieft meditieren, wenn er sich etwas entfernt setzte. Die zweite Stätte lag etwa eine Meile abseits. Es war der Platz, an dem der Leib des Buddhas eingeäschert worden war. Ein kleinerer Stûpa markierte die Stelle. Hier fanden sich nur wenige Pilger und die Stille lud zum Verweilen ein.

Jahre später hat Maitrenanda im Kreis seiner engeren Schüler angedeutet, dass er an diesem Ort der Stille einige Einsichten in frühere Leben gewinnen konnte. Näheres hat er aber darüber nicht berichtet.

Eines Tages fiel Maitrenanda am Einäscherungsplatz ein junger Mönch auf, der sich immer wieder weinend vor dem Stûpa niederwarf. Anteilnehmend fragte er ihn nach dem Grund seines Kummers. Daraufhin berichtete dieser: »Ich bin erst zwei Jahre im Orden des Erhabenen. Zusammen mit meinem Mentor war ich auf Pilgerreise nach Kushînagara. Mein gütiger, von mir geliebter Lehrer war schon alt, aber er trieb mich immer wieder zu rascherem Voranschreiten an. Auf dem Weg hierher erzählte er mir ausführlich von den letzten Tagen des Erhabenen auf unserer Erde und von seinem Eingang ins Parinirvâna in Kushînagara. Und als wir hier angekommen waren, sagte mir mein Guru, dass er schwer erkrankt sei und daher auf Eile gedrungen habe. Er wolle an dem Ort sterben, an dem der Buddha seine Erdentage beendet habe. Er hoffe, in einem der niederen Himmel Wiedergeburt zu erlangen und dort so lange zu verweilen, bis der künftige Buddha Maitreya in dieser Welt erschiene. Dann wolle er als Mensch wiedergeboren werden. Er bat mich, mit ihm zusammen zu meditieren. Wir meditierten drei Tage und drei Nächte, ohne Schlaf und Nahrung. Ich war erstaunt, wie leicht mir das in Gegenwart meines Meisters fiel. Dann aber legte er sich auf die rechte Seite nieder und sagte: »Mein Sohn, ich gehe jetzt. Mögen die Bodhisattvas dich schützen!« Vor drei Wochen haben wir meinen Lehrer eingeäschert. Ich bin so traurig, vermisse ihn, der mir ein Vater war. Dabei weiß ich doch, dass alles vergänglich ist. Muss ich mich schämen, dass ich nicht über Trauer und Schmerz stehen kann als Jünger des Erhabenen?« «

Maitrenanda erwiderte: »Ich nehme zutiefst Anteil an deinem Schmerz. Wenn auch die Lehre des Erhabenen besagt, dass alles, was entstanden ist, auch wieder vergehen muss, so ist dies zwar wahr, hilft dir aber nicht in deinem jetzigen Leid. Stelle dich diesem Schmerz, laufe nicht weg, weiche nicht aus. Empfinde, wie der Schmerz aufsteigt, dann wieder abebbt, vergeht und wiederkommt. Fühle das Entstehen und Vergehen des Schmerzes und mache dir nicht vor, du würdest darüber stehen.

Die Trauer um deinen Guru macht dich zu einem würdigen Jünger des Erhabenen. Denn sie entspringt deiner Liebesfähigkeit. Sieh nicht nur der Wirklichkeit gemäß, dass alles vergehen muss, sondern auch, dass es Trauer und Liebe gibt. Sie sind nicht immer nur eine Fessel an die Daseinswelt, wie manche behaupten. Nein, sie sind auch die Möglichkeit, mit unseren Gefühlen über uns selbst hinauszuwachsen, das bloße Kreisen um uns selbst zu überschreiten. Lass aus deiner Trauer allmählich Mitleid und Liebe für die ganze Welt erwachsen – jene göttlichen Verweilungszustände, von denen der Buddha so oft gesprochen hat.

Vor etwa acht Jahrhunderten hat an dieser Stelle Ânanda gestanden – der Lieblingsjünger des Buddhas – und hat angesichts des Todes des Buddhas ebenfalls geweint. Einige der dort versammelten abgeklärten heiligen Arahats haben damals Ânanda wegen seiner Gefühlsregungen verspottet. Ich jedoch empfinde Achtung und Bewunderung vor der Menschlichkeit Ânandas. Zu Lebzeiten des Buddhas hatte er zwar nicht den letzten Grad der Erleuchtung erlangt, weil er Jahrzehnte damit beschäftigt war, dem Erhabenen als Adjutant zu dienen. Jedoch erreichte er Erleuchtung kurz nach dem Parinirvâna des Buddhas. Ich empfinde, das war so rasch gerade deshalb möglich, weil er seine Menschlichkeit nicht verloren hatte und diese sich mit seinem erworbenen Wissen paaren konnte.

Es gibt zwei Arten, wie Befreiung erlangt werden kann – Erlösung durch Geisteskraft und die Erleuchtung durch Vertrauen und Liebe. Beide Wege schließen sich nicht aus, ergänzen sich. Doch überwiegt bei einem Mensch oft der eine oder andere Weg. Ich habe den Eindruck, dass dein Weg der des Herzens sein wird.«

Maitrenanda wandte sich nun nach Südosten der wohl heiligsten aller buddhistischen Pilgerstätten zu – Bodhgayâ. Dort hatte einstmals der Buddha Erleuchtung erlangt. Heiß und staubig waren die Straßen und Maitrenanda erreichte den Ort kurz vor Beginn der Regenzeit. Er beschloss, hier die Regenzeit zu verbringen.

Ein Nachkomme des Bodhi-Baumes, unter dem der Buddha seine Erleuchtung erfahren hatte, stand dort, ebenso in der Nähe ein Stûpa sowie Tempel und Pilgerunterkünfte. Es war hier, in diesen drei Monaten, dass Maitrenanda etwas von dem »zeitlosen, unendlichen« Sangha erlebte, über den seine beiden Meister gesprochen hatten.

Denn zur Regenzeit waren Nonnen, Mönche und Laienbekenner aus allen Teilen Indiens zu gemeinsamer Meditation zusammengekommen. Auch aus der fernen Insel Lanka waren einige an diesem heiligen Ort. Die verbale Unterhaltung mit den Pilgern aus den südlichen Landesteilen und Lanka schien zunächst schwierig, bis man herausfand, dass man mit Hilfe von Sanskrit und Pâli doch einen guten Grad der Verständigung erreichen konnte. Doch was über Worte hinausging, war weit mehr, inspirierte die Gemeinschaft zu immer tieferen und längeren Meditationen. Bei Regen saß man in den Klöstern, aber in den Regenpausen begaben sich alle unter den großen Baum der Erleuchtung zur gemeinsamen Meditation.

Die Laienanhänger hatten Essensvorräte mitgebracht und auch die umliegenden Dörfer unterstützten die Pilger, sodass die Nahrung zwar knapp war, jedoch eben ausreichend.

Neben den Anhängern des Bauddha-Dharmas hatten sich auch andere zur Regenzeit an diesem heiligen Ort eingefunden, wie dies schon seit Jahrhunderten geschah. So wurde Bodhgayâ zu einem Ort des Austauschs und der Inspiration zwischen den Religionen Indiens.

Maitrenanda freundete sich insbesondere mit einem Jaina-Mönch an, von dem eine Strahlkraft ausging. Er hieß Chitraprâbha.

Der Jainismus ist in gewisser Weise eine Schwesterreligion des Buddhismus. Beide Religionen verneinen die absolute Autorität der Veden und sie kommen ohne die Vorstellung aus, dass es einen Schöpfergott gäbe. Beide stellen die Tugenden der universellen Liebe, des Mitleids, der Mitfreude und des Gleichmuts zentral. Noch mehr als der Buddhismus betont der Jainismus das Prinzip des Nicht-verletzens, der Gewaltlosigkeit. Dies geht bei den Jainas so weit, dass deren Mönche und Nonnen sogar den Weg fegen, auf dem sie schreiten, um kein Lebewesen zu zertreten. Und beide Religionen pflegen intensiv die Praxis der Meditation.

Doch gibt es auch Unterschiede. Die Jainas meinen, dass die Seele sich von den Banden der Materie befreien müsse, teilweise durch extreme Askese und Bedürfnislosigkeit. Einige von ihnen tragen nicht einmal Kleider, andere fasten sich sogar zu Tode, um die Materieteilchen aus der Seele zu entfernen. Solche extreme Askese hatte der Buddha mit seinem »mittleren Weg« verworfen. Für ihn war das spirituelle Problem das Freiwerden von Anhaftung, nicht der moderate Gebrauch der Dinge dieser Welt. Ferner glauben die Jainas an die Existenz von ewigen und unveränderlichen Einzelseelen, während der Bauddha-Dharma die Lebewesen in einem Prozess ständiger Veränderung und Entwicklung begreift.

Chitraprâbha war ein Anhänger einer gemäßigten Askese. Er trug die weißen Roben der gemäßigten Jaina-Mönche (Munis) und nahm ausreichend Nahrung zu sich, wobei er allerdings nur vegetarische Speise bei seinen Bettelgängen annahm. In liebevollen und von gegenseitiger Achtung getragenen Gesprächen tauschten Maitrenanda und Chitraprâbha ihre Ansichten aus. Dabei entwickelten sie Verständnis für die Standpunkte des anderen, auch wenn sie für sich selbst im Wesentlichen bei ihren eigenen Ansichten verblieben. Jedoch erweiterten sie ihre eigene Sichtweise durch das Begreifen der Position des anderen.

Das gegenseitige Verstehen, das sie dabei entwickelten, war weit mehr als jenes heutige Verständnis von « Toleranz«, das lediglich darin besteht, dem anderen in seinen Ansichten »auch ein gewisses Maß an Wahrheit« zuzubilligen.

Auf dem Boden ihrer jeweiligen Traditionen fiel dies den beiden Mönchen leicht. Der buddhistische Heilige und Philosoph Nagârjuna hatte gezeigt, dass jegliche Aussage dem Bereich der »Relativen Wahrheit« zuzuordnen sei. Alles, was Sprache und Denken auszudrücken vermag, könne nicht absolut wahr sein. Und die jainistischen Philosophen hatten eine Theorie der Relativität entwickelt, der gemäß jede Ansicht nur begrenzt und aus einem bestimmten Blickwinkel heraus »wahr« ist.

Nach ihren Gesprächen saßen sie oft lange in gemeinsamer Meditation – in einem von Frieden und Stille erfülltem Schweigen, in dem alle Argumente zur Ruhe kamen.

Am Ende der Regenzeit brach Maitrenanda nach Sârnâth auf. Dort hatte der Buddha seine erste große Rede gehalten, die ersten tiefer in die Lehre eindringenden Anhänger gefunden und damit den Sangha, die Gemeinde, gegründet.

Nicht zufällig war der Sangha in Sârnâth gegründet worden. Denn unmittelbar in der Nachbarschaft liegt Benares (damals Kâshi genannt) am Ufer des heiligen Ganges. Hier war und ist das spirituelle Zentrum Indiens, hierher kamen alle zusammen, die etwas zu sagen hatten, oder eine neue Lehre verkünden wollten. Scharen von Pilgern tauchten ein in den heiligen Fluss, in der Hoffnung, sich auf diese Weise von Verfehlungen und Sünden reinzuwaschen.

Bevor er in das ruhigere Sârnâth kam, verweilte Maitrenanda einige Tage am Ganges in Kâshi. Er meditierte an dem Fluss, der jetzt kurz nach der Regenzeit zu einem gewaltigen Strom angeschwollen war. Er gedachte der Worte des Sâdhu, am Anfang seines spirituellen Wegs: ›Unendliches Hier – Unendliches Dort. Nimmst du Unendliches von Unendlichem, bleibt das Unendliche dennoch Unendlich ...‹

Er sah das Treiben der Pilger und die Rituale der Brahmanen. Er erinnerte sich, dass die ersten Jüngerinnen und Jünger des Erhabenen diesem Treiben mit Spott entgegengetreten waren. Sie hatten das Streben nach Erkenntnis und die Meditation in den Mittelpunkt gestellt und Rituale verachtet: ›Wenn man durch Baden in heiligen Flüssen Erlösung erlangt, dann müssten dort alle Frösche erleuchtet sein! ‹

Waren diese ersten Jünger des Erhabenen vielleicht etwas zu weit gegangen? Sie hatten versucht, zu verdeutlichen, dass jeder sich mit eigener Anstrengung um spirituelle Verwirklichung bemühen müsse und sich nicht auf die Götter und auf Rituale verlassen dürfe. Aber, wie Bhâvanî gesagt hatte – durch Rituale und Besuch heiliger Stätten werde man zwar nicht frei von altem Karma, jedoch könne sich die Lebenseinstellung verändern. Bei einigen der Badenden mochte dies der Fall sein. Mit einer Reihe von Pilgern kam er ins Gespräch und sie sagten bewegt, mit dem Eintauchen im heiligen Fluss hätten sie den Entschluss gefasst, ein neues und würdigeres Leben zu beginnen, ein Leben ohne Gewalt und Lüge, ein Leben mit täglicher Meditation und Gebet.

Sârnâth war ein ruhigerer Ort als das von Menschen überfüllte Benares. Neben einigen Klostergebäuden und Stûpas sowie einer Gedenksäule des Kaisers Ashoka fand sich ein Bodhi-Baum, unter dem Maitrenanda einige Wochen meditierte.

An diesem Ort der Entstehung des Ordens des Erhabenen fragte sich Maitrenanda, was das Wesen des »zeitlosen unendlichen Sanghas der Erleuchteten aller Zeiten« sei, von dem Dharmarakshita gesprochen hatte. Waren denn nur die Nachfolger der Buddhas der drei Zeiten, sowie die aus sich selbst erleuchteten Pratyekabuddhas, Teile dieses Sangha? Was war mit anderen spirituellen Traditionen, die die Hoffnung der Götter und Menschen waren?

Gehörten zu diesem Sangha nicht auch die Weisen und Heiligen anderer Völker und Länder, vielleicht auch die Rishis der Veden? Auch den Sâdhu am Anfang seines spirituellen Weges und seinen jainistischen Freund Chitraprâbha mochte er beispielhaft dazu zählen. Waren möglicherweise alle Wesen, die sich auf heilsamen spirituellen Wegen und auf der Suche nach Erleuchtung und Befreiung befanden, Teil dieses unendlichen Sangha?

Er hatte von Dharmarakshita die Empfehlung erhalten, sich für einige Zeit in die Höhen des Himalajas zur Meditation zu begeben und dort möglichst auch den Sâdhu Satya Deva aufzusuchen. Dieser könne ihm vielleicht Impulse für seinen weiteren Weg geben. War auch Sâdhu Satya Deva Teil der spirituellen Gemeinschaft aller Erleuchteten, auch wenn er einer anderen Yogatradition folgte? Und so machte sich Maitrenanda auf den Weg nach Nordosten, in die Gegend des Kanchenjunga-Massivs, wo sich Satya Deva aufhalten sollte. In seiner Art des meditativen Pilgerns benötigte Maitrenanda mehr als drei Monate für die Reise.

SATYA DEVA

Sâdhu Satya Deva gehörte zu einem shivaitischen Mönchsorden. Als höchste Manifestation des Göttlichen verehrte er Shiva, den Gott der Yogis. Er verehrte ihn in seiner Erscheinungsform als persönlichen Gott, der die Kräfte der Wandlung, der Umformung und Erneuerung im unendlichen All verkörpert und der das Chaos am Beginn der jetzigen Weltperiode gebändigt hatte und fortwährend weiter bändigt. Als Kraft der Veränderung, die Menschen auf spirituelle Wege führt, erlebte er ihn im Herzen eines jeden Wesens wohnend. Und auf der Ebene der Transzendenz war er für ihn der Urgrund allen Seins und Dessen, was darüber hinausreicht – die Fülle, das Ganze, das Unendliche, das Nicht-Sagbare.

Vor nun mehr als 25 Jahren hatte Satya Deva zusammen mit Dharmarakshita Wochen und Monate gemeinsamer Meditation verbracht, soweit sie es ihren Schülern später anvertraut haben. Sie scheinen damals (obwohl von verschiedenen Traditionen kommend) gemeinsam die Erfahrung eines lebendigen, dynamischen Seinsstroms gemacht zu haben, und dahinter das Erlebnis der inneren Stille, die in das Ungeborene, Ungewordene, Ungeschaffene und Ungestaltete mündet.

Satya Deva war uralt. Er hatte stets nur wenige Schüler um sich, die er jeweils nach einigen Jahren auf die Wanderschaft durch Indien schickte, damit sie Frieden in die Herzen der Menschen trugen. Niemand wusste zu sagen, wie alt Satya Deva eigentlich war, vielleicht 90,100 Jahre oder noch älter. Er schien schon immer am KanchenjungaMassiv gelebt zu haben. Doch war bekannt, dass er als junger Mann ein Draufgänger und Schläger gewesen sei, der sich mit List und Lügen Vorteile verschafft habe. Auch dem Alkohol war er wohl nicht abgeneigt gewesen. Dann aber sei er seinem Meister begegnet und habe nach einer erschütternden spirituellen Erfahrung sofort das weltliche Leben aufgegeben. Bei seiner Aufnahme in den shivaitischen Orden habe er gelobt, hinfort immer und unter allen Umständen die Wahrheit zu sagen, unabhängig von daraus sich ergebenden Konsequenzen. Daraufhin habe ihm sein Meister den Namen Satya Deva gegeben – »Gott der Wahrheit und Aufrichtigkeit«.

Wenn schon das Alter Satya Devas nicht bekannt war – an eine Begebenheit, die etwa 30 Jahre zurücklag, konnten sich die Bewohner des

Himalajas erinnern, als wäre es gestern gewesen. Schon damals hatte Satya Deva den Ruf eines großen Yogis. Der damalige König – der Vater des jetzigen Großkönigs – hatte wieder einmal ein weiteres Reich blutig erobert und ganze Landstriche verwüstet. Von einer gewissen Reue ergriffen, die er so zuvor nie gekannt hatte, war er zu einer Pilgerfahrt aufgebrochen. Er und sein Gefolge gelangten in den Himalaja, wo er Satya Deva traf. Wissend, dass keiner der speichelleckenden Höflinge und intriganten Generäle ihm je eine unbequeme Wahrheit ins Angesicht sage würde, fragte er Satya Deva: »Sag, Ehrwürdiger, bin ich für meine Untertanen ein guter und gerechter König?« – »Nein«, kam die Antwort. »Ihre Majestät seid grausam, brutal, ungerecht und ohne Empfinden für das Leid ihrer Untertanen. Die Nachbarkönigreiche fürchten sich, schmieden eine Allianz, die noch mehr Unheil und Leid über die Menschen bringen wird, selbst wenn ihr siegen solltet. Euer Leben könnte bald enden und eine gute Wiedergeburt wird es für euch nicht geben.«

Den Höflingen stockte der Atem. Wie konnte ein armseliger Yogi so mit dem König reden? Sicher würde er die Hinrichtung Satya Devas sogleich befehlen! Doch nichts dergleichen geschah. Die Wahrheitsworte des Sâdhu hatten beim König die Schleusen des Gewissens geöffnet. Und er hatte Angst vor dem eigenen Tod. Jahrelang hatte er nach dem Vorbild seines Vaters ein Land nach dem andren erobert und war dabei mit äußerster Brutalität vorgegangen. Er hatte dies als seine Pflicht angesehen. Nun hatte er zwar ein großes Reich, das aber weitgehend verwüstet war. Konnte es einen anderen Weg geben als den ständiger Eroberungen? Musste er in ständiger Angst weiterleben, dass ihn ein General oder ein Nachbarkönig töten würde? Musste er sich nicht sogar ständig in Acht nehmen vor den eigenen Söhnen, nachdem bereits in der Vergangenheit mehrfach Söhne durch einen Vatermord auf den Thron gekommen waren? Und so senkte er sein Haupt und fragte Satya Deva: »Was kann ich tun?«

Statt einer Antwort fragte der Yogi zurück: »Was passiert, wenn jemand dauernd zu viel isst?« – »Er wird immer dicker.« (Der König war ziemlich dick, Satya Deva hatte nicht umsonst dieses Bild gewählt). Und dann? – »Man verliert eigentlich die Lust am Essen.«

»Und wenn man trotzdem ständig weiter isst, aus lauter Gewohnheit?« Hierauf wusste der König keine Antwort und wandte sich fragend an seinen Leibarzt. Dieser entgegnete stotternd: »Dann wird man eines Tages an den Folgen des Überfressens sterben müssen.«

Hierauf Satya Deva: »So ist es auch mit den ständigen Eroberungen. Das Reich wird zwar größer, es macht aber keine Freude es zu regieren, da es verarmt ist und die Menschen wegen der Kriege leiden und unglücklich sind. Schenkt dem Großreich Frieden, damit es nicht an Überblähung stirbt. Nehmt den Nachbarländern die Angst, indem die Armee verkleinert wird auf ein Maß, das keinen Angriffskrieg zulässt, aber ausreichend für eine Verteidigung bleibt.« – Die anwesenden Generäle erblassten, fürchteten sie doch um ihre Posten.

Tatsächlich kam das Großreich unter der weiteren Regentschaft des Königs und seines nachfolgenden Sohnes zu einem gewissen Frieden und hinreichendem Wohlstand.[10]

Als Maitrenanda am Kanchenjunga-Massiv ankam, erfuhr er, dass der Meister nicht mehr in großer Höhe sondern am Fuß des Bergmassivs leben würde. Vielleicht war es dem hohen Alter Satya Devas geschuldet, dass er sich nicht mehr den eisigen Wintern in den größeren Höhen des Himalajas aussetzte. Doch lebte er auch hier weitgehend zurückgezogen, umgeben von zwei Schülern. Er empfing Besucher gewöhnlich nur an Ekadashi (den 11. Tag des Mondmonats, der Vishnu gewidmet ist) sowie an Vollmondtagen.

Zwei Tage vor einem Vollmond sagte Satya Deva unvermittelt zu seinen Schülern: »Übermorgen kommt ein fortgeschrittener Schüler meines Freundes Dharmarakshita zu uns. Wir wollen ihn würdig empfangen.« Die Beiden wunderten sich nicht über die Ankündigung; der Meister schien oft etwas im Voraus zu wissen, ohne dass ihm dies jemand zugetragen hätte. Der »würdige Empfang« bestand in zwei Tagen ununterbrochener Meditation über das Innere Licht.

Die erste Begegnung des Bhikshu mit dem Sâdhu wäre für einen außenstehenden Beobachter wenig spektakulär gewesen. Maitrenanda näherte sich Satya Deva und sagte: »Ich komme vom ehrwürdigen Dharmarakshita«. Satya Deva erwiderte: »Ich weiß.« Daraufhin verneigte sich Maitrenanda tief, dabei die Füße des Yogi berührend. Damit drückte Maitrenâda seinen Wunsch nach Schülerschaft aus. Satya Deva hieß ihn willkommen mit einer Geste, die besagte, dass er sich neben ihn setzen solle. Mehr wurde nicht gesprochen. Und doch wurde mit dieser Szene eine dreijährige LehrerSchüler-Beziehung begründet.

Nur wenig ist über diese Zeit bekannt geworden. Aus den Schilderungen Maitrenandas erscheint jedoch dies gesichert – Satya Deva vermittelte eine Meditationsmethode über das »Klare unendliche Licht«. Die Verwirklichung dieses Lichtes in tiefer Meditation führte nach seiner Lehre direkt zur Erfahrung des innersten Wesens des Menschen, dessen Eigenschaften seien, Sein, Bewusstsein und Glückseligkeit, in einem umfassenderen Sinn, als wir gewöhnlich darunter verstehen.

Die Meditationsform bestand darin, sich auf die Stelle zwischen den Augenbrauen zu konzentrieren und fortwährend das Mantra OM in einem ruhigen Rhythmus gedanklich zu wiederholen. Im Falle Maitrenandas wandelte er diese Meditationstechnik ab. Er baute auf dessen bisheriger Meditationspraxis auf und vertiefte sie. Seine Anweisung lautete: »Du hast nun über Jahre intensiv mit einem Mantra gearbeitet, das mir seit meiner Zeit mit Dharmarakshita vertraut ist. Es ist dem künftigen Buddha Maitreya gewidmet. Ich sehe, dass du dich mit dieser Praxis der Eigenschaft Maitreyas – grenzenlose Liebe zu entfalten – angenähert hast. Am Anfang deines mehrsilbigen Mantras steht das OM. Es steht unter anderem für die Öffnung deines Bewusstseins hin zu einem Größeren als du es bist. Es beinhaltet Offene Weite, Grenzenlosigkeit, Unendlichkeit, Freiheit, Liebe und göttliches Licht. Die weiteren Silben deines Mantras machen deutlich, dass sich diese Qualitäten nun in einer Person verwirklichen, nämlich im künftigen Buddha Maitreya. Dein Mantra schließt mit dem alten vedischen Opferruf SVAHA. Symbolisch opferst du dich selbst dem Maitreya, stellst dich in seinen Dienst, trittst in seine Schülerschaft.«

Ähnliches hatte Maitrenanda bereits von Bhâvanî bei seiner Ordensaufnahme gehört. Jedoch berührte es ihn zutiefst, wie sehr Satya Deva offenbar mit Mantras des Bauddha-Dharma vertraut war und zu ihrer inneren Bedeutung vorgedrungen war.

Satya Deva fuhr fort: »Es ist nun an der Zeit, zu noch tieferer Einsgerichtetheit des Geistes zu gelangen. Nur so werden die höchsten Stufen meditativer Versenkung erreicht. Dein mehrsilbiges Mantra wirkt in die Breite, formt allmählich deine Persönlichkeit um. Ein einsilbiges Mantra jedoch geht mehr in die Tiefe des Seins. Ich empfehle daher, dass du am Tag und in der Tiefe der Nacht weiter mit deinem mehrsilbigen Mantra übst. Aber zu den Zeiten des Sonnenaufgangs und Sonnenuntergangs nehme allein das OM als Objekt deiner Meditation. Schaue dabei zunächst die aufgehende und untergehende Sonne an, schließe dann die Augen und konzentriere dich auf die Stelle zwischen deinen Augenbrauen. Stelle dir dort ein helles weißes Licht vor und lasse dein Bewusstsein davon ausgefüllt werden. Lasse dann das OM nur noch sanft in deinem Geist anklingen und richte deine Aufmerksamkeit vorwiegend auf dieses Licht.«

Er gab Maitrenanda noch einen praktischen Rat: »Sieh am Morgen bitte nur kurz auf die aufsteigende Sonne. Sonst schadest du deinem Augenlicht. Ich selbst habe in der Jugend durch zu langes Betrachten der Morgensonne meine Sehkraft teilweise eingebüßt. Mir macht das heute nichts aus; ich sehe ständig das Innere Licht. Aber du, als Wandermönch, solltest sorgsam mit deinen Augen umgehen. Schätze die äußere Welt- und auch dein Augenlicht – nicht als minderwertig gegenüber der Innenwelt. Beide Welten ergänzen sich. Wenn wir beider Wesen erkennen ermöglichen sie uns, zur spirituellen Freiheit zu gelangen. In der Tradition der Veden hat dies die Isha Upanishad besonders deutlich gemacht.«

Offenbar hat Maitrenanda nach einigen Monaten die Verschmelzung seines Bewusstseins mit dem Inneren Licht erreicht. Seinen engeren Schülern deutete er an, dass dieses Licht heller als die Sonne empfunden wird. In diesem Stadium habe Satya Deva gesagt: »Schaue nun, ob das Licht irgend eine Struktur aufweist.« Nach weiteren Monaten habe er durch diese Übung die Vision des Maitreya im Tushita-Himmel erleben dürfen. Näher dazu befragt, hat er keine Auskunft über sein Erleben gegeben. Jedoch schilderte er Satya Devas Reaktion: »Meine in der shivaitischen Tradition stehende Schüler«, sagte Satya Deva, « haben in diesem Meditationsstadium die Vision von Shiva. Es ist verständlich, dass Du – auf deinem Hintergrund – die Begegnung mit Maitreya erleben durftest. Dies ist eine Gnade. Du wirst es nie mehr in diesem Leben vergessen. Versuche nun aber, jenseits selbst dieser erhabenen Vision zu gelangen. Denn jenseits davon ist die hintergründige Natur aller Dinge und allen Geschehens. Dies deuten einige von euch Bauddhas mit den Begriffen »Leerheit« oder »So-heit« an.«

Wir wissen ja bereits, dass Maitrenanda während seiner denkwürdigen Begegnung mit Karunâbhâvana und während seiner Meditationen unter der Anleitung von Bhâvanî einen gewissen Einblick in den transzendenten Bereich der Wirklichkeit machen konnte. Es ist davon auszugehen, dass er diese Erfahrung nun unter Satya Deva vertiefen konnte.

Nach etwa drei Jahren sprach Satya Deva: »Alles, was du von mir lernen kannst, hast du nun verwirklicht. Es wird nun Zeit, dass du wieder auf die Reise gehst. Mische dich dabei auch unter die in der Welt lebenden Menschen, habe nicht nur Kontakt zu Sâdhus und Bhikshus. Stelle dir auf deiner Wanderschaft die Frage, wie du mit gewalttätigen und in Unbewusstheit lebenden Menschen umgehen kannst. Daran anknüpfend frage dich auch selbst, was noch an gewaltsamer Tendenz in dir selbst vorhanden ist und was du aus diesen Samskâras machen willst. Sie sind noch vorhanden, wenngleich abgeschwächt und überlagert von deinem spirituellen Leben sowie deiner meditativen Vertiefung. Bedenke, dass du nicht zufällig in die Kriegerkaste hineingeboren wurdest. Gerade in den Begegnungen mit Menschen, die im weltlichen Leben stehen, wird sich der Grad deiner bisherigen spirituellen Verwirklichung erweisen und du wirst daran reifen«.

Als die Zeit des Abschieds kam und Maitrenanda überlegte, in welche Richtung er sich wenden sollte, kam ein Bhikshu aus der östlichen Außenprovinz zu Satya Deva. Auch ihm war von Dharmarakshita empfohlen worden, eine Weile bei Satya Deva zu lernen. Maitrenanda kannte den Bhikshu, war vor Jahren mit ihm öfter zusammen umhergewandert. Nun überbrachte dieser eine Botschaft: »Bhâvanî und Dharmarakshita grüßen dich. Sie haben erfahren, dass du zu Satya Deva gekommen bist. Sie haben eine Bitte an dich. Wenn du wieder auf Wanderschaft gehst, wende dich nach Südwesten, bis du in die Sahyadri-Berge gelangst. Es ist ein weiter Weg. Du wirst dort mehrere alte aus dem Felsen gemeißelte Klosteranlagen vorfinden. So schön diese alten Vihâras sein sollen – der Bauddha-Dharma befindet sich dort offenbar in einem gewissen Niedergang. Vielleicht findest du dort deine Aufgabe.«

Zum Abschied legte Satya Deva seine Hände segnend auf Maitrenandas Haupt und sprach: »Mögen alle Götter und insbesondere Shiva dich auf deinen Wegen schützen. Möge es dir gelingen, in den Sahyadri-Bergen die Lehre des Buddhas zu neuer Blüte zu bringen. Vor einigen Jahren war ein junger Sâdhu längere Zeit bei mir. Er kam aus jener Gegend, berichtete mir auch von den Höhlen. Nach seiner Lehrzeit ist er in seine alte Heimat zurückgekehrt.«

DIE ZEIT DER WANDERSCHAFT

Die Reise nach Südwesten zu den Sahyadri-Bergen dauerte mehr als zweieinhalb Jahre. Zwar war der Weg lang – mit vielen Umwegen etwa 3000 Kilometer – doch hätte er sein Ziel durchaus innerhalb eines Jahres erreichen können. Die lange Reisedauer lag aber nicht nur an der uns schon bekannten Neigung Maitrenandas, an landschaftlich schönen Orten und inspirierenden Pilgerstätten zu verweilen. Es lag auch nicht an dem von ihm immer schon geschätzten Austausch mit Sâdhus anderer Yogatraditionen und es lag erst recht nicht an den zeitweiligen Aufenthalten bei den kleinen Gruppen von Bhikshus und Bhikshunîs, die er auf seinem Weg traf. Es lag vielmehr an dem Auftrag, der ihm Satya Deva beiläufig mitgegeben hatte – zu reifen an der Begegnung mit Menschen, die im sogenannten weltlichen Leben standen.

Als Kind, Jugendlicher und Ehemann war er mit den Sitten, Gebräuchen und Pflichten seiner Kaste aufgewachsen, hatte weltliche Freuden und heftiges Leid erfahren, war eingebunden in ein soziales Regelwerk, dem er sich unterzuordnen hatte. Als junger Soldat und später als spiritueller Ratgeber der Laiengemeinde der nordöstlichen Außenprovinz war er anderen im weltlichen Leben stehenden Menschen begegnet – in einer Position der Überlegenheit und im Schutz des Königreiches, später im Schutz der Gemeinschaft der Mönche. War er fähig zur Begegnung mit »weltlichen« Menschen auf Augenhöhe und was würde dies für sein Selbstverständnis als Meditationsmeister, Gelehrten und Bhikshu bedeuten?

In späteren Jahren hat Maitrenanda des Öfteren von seinen Erfahrungen in dieser Zeit freimütig berichtet. Beispielhaft sollen vier Ereignisse wiedergeben werden. Von diesen sagte er, dass sie auch ihn verändert hätten. In der Sprache Satya Devas – Shiva, der Gott der Veränderung und Wandlung, sei dabei gewesen. Es waren dies die Begegnungen mit einem Vergewaltiger, dem an keine Spiritualität glaubenden König Carvakin, einem Jungen aus einem Fischerdorf und der schönen alleinerziehenden Bäuerin Sundarî.

DER VERGEWALTIGER

Bei seinen Wanderungen durch das nördliche Indien gelangte Maitrenanda eines Tages in ein dichtes Waldgebiet, wie es zur damaligen Zeit noch viele gab. Die Gegend wurde von Sâdhus und Bhikshus normalerweise vermieden, denn dort lebten wilde, unzugängliche und gewaltbereite Menschen. Es gab keine Tempel und nur wenige heilige Stätten. Weder die Lehre des Buddhas noch die Götter wurden geachtet und verehrt. Die Menschen lebten vorwiegend vom Fleisch wilder Tiere und den Früchten des Waldes. Ackerbau und Viehzucht waren weitgehend unbekannt. Es war auch wenig sinnvoll. Versuchte jemand einmal ein Feld anzulegen, stahlen andere die Pflanzen noch vor der eigentlichen Ernte. Die Dörfer waren klein und in ihnen herrschte viel Streit und Gewalt.

Bei seinen gelegentlichen Bettelgängen erhielt er kaum Essen, erntete aber umso mehr Spott und Hohn. Maitrenanda verblieb in solchen Situationen nicht nur gelassen, sondern strahlte auch Liebe und Mitgefühl aus. Er hatte verstanden, wie hart das Leben im Wald und den kleinen Dörfern war. Jeder versuchte, sich auf Kosten der anderen durchzukämpfen. Selbst Familienbande galten wenig. Vergeblich versuchte er die Menschen zu überzeugen, dass weniger Gewalt und Streit das Miteinander in den Dörfern erträglicher machen würde. Aber immerhin – seine friedliche Art beeindruckte wenigstens einige.

Notdürftig fand er in den Wäldern Früchte, Beeren und Wurzeln. Ein Tier für die eigene Nahrung zu töten, wäre ihm nie in den Sinn gekommen. Nicht nur, weil dies die Regel für Mönche und Nonnen verbot, sondern vor allem aufgrund seiner Achtung, Ehrfurcht und Solidarität mit allem bewussten Leben.

Eines Abends war er nach langer Meditation in der Nähe einer Quelle eingeschlafen. Am frühen Morgen wurde er geweckt durch Hilfeschreie einer Frau. Rasch begab er sich an die Stelle, von der die Schreie kamen. Ein riesiger Mann war im Begriff, eine junge Frau zu Boden zu werfen, wollte sie offenbar vergewaltigen. »Halt«, rief Maitrenanda, « im Namen Buddhas und aller Götter halte ein, lass sie los!« Gleichzeitig versuchte er, Liebe und Mitgefühl sowohl für das potentielle Opfer wie auch für den Täter zu entwickeln. Hatte nicht die Liebe des Buddhas selbst einen rasenden betrunkenen Elefanten zum Stoppen gebracht? Hatte er nicht gesehen, wie sein eigener Meister Dharmarakshita sich gefahrlos unter

Tigern aufhalten konnte? Doch so sehr er sich auch mühte, in dieser Situation Liebe und Mitgefühl auszustrahlen – es gelang ihm nur unvollkommen. Er konnte zwar Liebe und Mitleid gegenüber dem Opfer, nicht jedoch wirklich tiefgehend gegenüber dem Täter entwickeln. (Er dachte: ›So muss es seinerzeit meinem spirituellen Weggefährten Karunâbhâvana ergangen sein, als sein Dorf niedergebrannt und die Frauen geschändet wurden‹). Der offensichtlich betrunkene Mann höhnte auch noch: »Sieh nur zu; du als Bhikshu darfst ja nicht eingreifen.« Gleichzeitig steigerten sich noch die Angstschreie der jungen Frau.

Da wurde Maitrenanda trotz seines jahrelangen Trainings der Meditation und der Achtsamkeit von heftigem Zorn gepackt. Wenn schon die Kraft seiner Liebensfähigkeit offensichtlich nicht ausreichte, den Wahnsinn zu stoppen, so musste er sofort handeln. Er stellte fest, dass er sich nun als »Gehilfe des Karma-Gesetzes« fühlte – und wusste doch, dass dies nicht stimmte – es war seine Wut gegenüber dem Angreifer und sein Mitgefühl gegenüber dem Opfer, das ihn nun handeln ließ. Aus seiner Zeit als Soldat wusste er, wie man einen Gegner kampfunfähig machen konnte, ohne ihn zu töten. Erstaunlich, wie präsent dies noch nach 18 Jahren als Bhikshu war! Aber würde seine Kraft dazu ausreichen?

Mit einem gewaltigen Faustschlag auf den Hinterkopf schlug er den Angreifer nieder, der in Ohnmacht fiel. Dankbar warf sich die junge Frau vor dem Bhikshu nieder: »Danke heiliger Mann, dass ihr mich gerettet habt. Dieser da hat schon einigen Frauen Leid angetan, töte ihn nun!« Doch Maitrenanda antwortete: »Schwester; nicht kommt der Hass durch Hass zur Ruhe. Dieser Täter wird sich selber richten.« Kopfschüttelnd lief die junge Frau zum Dorf zurück. Der Angreifer kam langsam zu Bewusstsein. Voller Hass blickte er den Bhikshu an: »Du hast mich erniedrigt und gedemütigt. Ich werde nicht eher ruhen, als dass ich dich erschlagen habe. Heute fehlt mir die Kraft dazu. Aber ich werde dich finden«. Taumelnd stürzte er davon.

Aber, wie Maitrenanda vorhergesagt hatte, der Übeltäter richtete sich wenige Tage selbst. Alkoholisiert und voller Zorn nach Maitrenanda rufend, stampfte er durch die Wildnis. Dabei lenkte er die Aufmerksamkeit eines Tigers auf sich, der den wild gestikulierenden Mann für einen angreifenden Feind hielt. Der Tiger stürzte sich auf ihn und verletzte ihn so schwer, dass er einen Arm verlor und auch sonst erhebliche Wunden und Verletzungen, die sein gesamtes weiteres Leben erschwerten, davontrug. Die Gnade eines raschen Todes blieb dem Verbrecher versagt, als Bettler, der niemanden mehr verletzen konnte, musste er noch viele Jahre ein elendes Leben fristen.

Die Begebenheit verbreitete sich wie ein Lauffeuer. Und viele Menschen der Gegend kamen zu der Ansicht, dass vielleicht doch etwas dran sein könnte an Ideen wie die vom Karma und dass man den heiligen Frauen und Männern sowie den Göttern doch mehr Achtung entgegenbringen müsse. Ja, einige entschlossen sich sogar, sich um ein Leben mit weniger Gewalt zu bemühen.

Die junge Frau wurde einige Jahre später Bhikshunî, brachte Frieden und Segen in jene Wälder. Dies war nicht zufällig; bevor er den Wald verließ, hatte sie Maitrenanda noch einmal getroffen. Dieser hatte sie gefragt: »Was hast du in dem Moment erfahren, als deine Situation vollkommen aussichtslos erschien und du absolut nichts machen konntest?« Nach einigen Zögern und Überlegen hatte die Frau geantwortet: »Merkwürdig; wo du es jetzt ansprichst, kommt mir die Erinnerung. Denn nachdem mein Schreien vergeblich erschien, gab es einen Moment absoluter Ruhe und Stille, wo alles von mir abfiel, es gab keine Angst, ja, es bedeutete mir nicht einmal etwas, ob ich nun am Leben bleiben würde oder nicht. Doch dann war das wieder vorbei und ich schrie erneut.« Maitrenanda hatte darauf geantwortet: « In diesem Augenblick hattest du eine Erfahrung der Buddha-Natur. Selbst in der größten Not sind wir in unserem tiefsten Inneren nicht verloren. Bewahre diese Erfahrung im Angesicht aller schweren Ereignisse die du noch erleben wirst. Du weißt jetzt aus eigener Erfahrung – es gibt etwas jenseits von Sein und Nichtsein, jenseits von Geburt und Tod.«

Einen Monat danach war Maitrenanda wieder in der Gemeinschaft von Bhikshus und Bhikshunîs. Er nahm an ihrer Vollmondfeier teil, bei der jeder seine Verfehlungen der vergangenen Zeit bekennt. Und so schilderte er ausführlich den Vorfall. Die Gemeinde war gespaltener Meinung. Einige meinten, Maitrenanda habe einen Menschen schwer verletzt und müsse zeitweilig vom Orden des Erhabenen abgesondert werden. Glücklicherweise habe der Verbrecher dabei nicht den Tod gefunden, sonst hätte Maitrenanda ja für immer vom Orden ausgeschlossen werden müssen. Andere meinten, dass das eine edle Tat gewesen sei; die Absicht, die junge Frau zu retten, sei das Entscheidende gewesen. Schließlich erhob der ehrwürdige Mahâsthavîra Punya seine Stimme: »Deine Tat mag edel gewesen sein und andererseits auch wieder aus ordensrechtlicher Sicht äußerst bedenklich. Doch für mich ist folgendes wichtiger. Inwieweit hast du als Krieger, der du in deinem Vorleben warst, in dieser Situation reagiert. Oder hast du gehandelt als edler Jünger des Erhabenen, andere beschützend. Meditiere in der kommenden Regenzeit über die noch in dir verbliebenen kriegerischen Samskâras. Werde freier von ihnen. Dann kannst du in der Welt handeln, ohne von ihnen getrieben zu sein, rein aus der Notwendigkeit der Situation heraus und zum Heil der Welt «.

In der folgenden Regenzeit meditierte Maitrenanda über seine verbliebenen kriegerischen und zu Aggressivität antreibenden Samskâras, die 18 Jahre geschlummert hatten, um bei der ersten besten Gelegenheit wieder ins Dasein zu treten. Eine zu Aggressivität neigende Bevölkerung, ein Vergewaltiger und eine junge Frau in Not hatten dazu ausgereicht. Wie leicht war es doch gewesen, unter Bhikshus und Bhikshunîs, Sâdhus, Yogis, frommen Laienanhängern und bei seinen Gurus ein friedliches spirituelles Leben zu führen! Alle Erfahrungen des von Meditation, Achtsamkeit und Studium geprägten Lebens hatten nicht ausgereicht, diese Samskâras auszulöschen. Aber vielleicht war das ja auch nicht das Ziel. Galt es doch vielmehr, sich ihrer stets bewusst zu sein und sie auf dem spirituellen Weg zu nutzen. War es nicht ein solcher Akt spiritueller Aggressivität, die den Buddha selbst dazu bewogen hatte, sich unter einen Baum zu setzen und zu geloben: ›Ich stehe nicht wieder auf, bis ich Erleuchtung erreicht habe? ‹

Nach diesen drei Monaten der Meditation wusste er, dass er in einem ähnlichen Fall mutmaßlich wieder so handeln würde, den Übeltäter niederschlagend. Aber er wäre kein von den Samskâras Getriebener mehr, sondern er könnte handeln »aus der Notwendigkeit der Situation heraus und zum Heil der Welt«. Und so war der ehrwürdige Mahâsthavira Punya zu einem weiteren seiner Gurus geworden.

DAS FISCHERDORF UND DER KÖNIG CARVAKIN

Nach längerer Zeit gelangte Maitrenanda in ein kleines Königreich, das dem Großkönigreich tributpflichtig war, aber eine gewisse Eigenständigkeit bewahrt hatte. Hier erschienen ihm die Menschen friedlicher, zufriedener als in vielen anderen Teilen Jambudvipas. Es bestand ein gewisser Wohlstand, niemand schien hier zu verhungern. Vielfältig waren die Religionen, aber es bestand Toleranz gegenüber den Ansichten und Sitten anderer. Sâdhus, Bhikshus, Munis und Yogis wurden weitgehend respektiert und verehrt, zumindest aber nicht ungebührlich behandelt oder verspottet. Meistens erhielten sie ausreichend Essen von der Bevölkerung. Maitrenanda dachte, dass der König eines solchen Landes ein besonders frommer Mann sein müsste.

Umso erstaunter war er zu hören, dass König Carvakin ein Anhänger der philosophischen Schule der Materialisten, der Carvakas war. Er war hoch gebildet und es machte ihm Vergnügen, durchreisende Sâdhus und Bhikshus zu Gesprächen an seinen Königshof einzuladen. Gesprächspartner, die zum Beispiel an einen Schöpfergott glaubten, verwirrte er mit Fragen wie diese: »Wenn ein Gott die Welt geschaffen hat, wer hat dann diesen Gott erschaffen? Warum lässt ein solcher angeblicher Gott so viel Leid in der Welt zu – nicht nur bei den Menschen (die das ja vielleicht selbst verschulden), sondern auch bei den unschuldigen Tieren. – Du stellst ihn dir ja wohl als allmächtig vor?«

Die Carvakas gingen davon aus, dass das Leben – erfreulicherweise – aus einer zufälligen Zusammenballung der Materie entstanden sei. Kein schöpferischer Wille -weder universell noch individuell – stecke dahinter. Vielmehr sei die Entstehung des Lebens wohl eine der Eigenschaften der Materie selbst. Auch das Bewusstsein sei aus der Materie entstanden und verlösche mit dem Tod. Das Leben habe keinen Sinn. Daher sei es das vornehmliche Ziel, nach größtmöglichem, persönlichem Genuss zu streben und dabei weitgehend Leiden zu vermeiden.

Doch waren nicht alle Carvakas egoistische Hedonisten. König Carvakin gehörte zu den »kultivierten« Carvakas. Diese vertraten die Ansicht, dass das größte eigene Glück erreicht werden könne, wenn auch andere glücklich seien und in ihrer Zufriedenheit nicht nach den Gütern anderer trachten müssten. Regeln menschlichen Zusammenleben seien daher erforderlich. Und so entwickelten sie Theorien und Handlungsanweisungen zur Staatskunst und Ökonomie. Andere von ihnen meinten, die bloße grobe Befriedigung der Sinne sei nicht ausreichend, eine Steigerung ließe sich durch Dichtung, darstellende Kunst, Musik, Architektur und Malerei sowie Medizin erreichen.[11]

Einige Wochen hielt sich Maitrenanda in einem Dorf auf, in dem die

Bewohner vorwiegend Mitglieder der Fischerkaste waren. Das Dorf wurde von Sâdhus und Bhikshus gemieden. Denn die Menschen der Fischerkaste hatten im Rahmen des Kastensystems eine niedrige Stellung. Auch wenn nicht alle anderen Menschen in diesem Land Vegetarier waren und von den Fischern den Fang kauften, so wurde deren Beruf verachtet.

Gerade zu diesen Menschen, die ihrer sozialen Würde beraubt waren, zog es Maitrenanda hin; hatte dies nicht auch sein Guru Satya Deva angeraten? Er bemühte sich, den Dorfbewohnern nahezubringen, dass das Töten von Fischen und anderen Lebewesen nicht heilsam sei und auf Dauer den edlen Möglichkeiten des Menschseins schaden würde. Diese seien, Mitleid, Liebe und Mitfreude für die Familie, für das Dorf, für das Land, für alles Leben zu empfinden. Dauerhaftes Töten von Tieren würde sich negativ auf das jetzige und möglicherweise ein kommendes Leben auswirken. Einmal als Gewohnheit verankerte Tendenzen, wie Töten und Gewaltbereitschaft, könnten sich jetzt und auch in weiteren Leben fortsetzen. Es wäre besser, wenn sie andere Berufe wählen würden. Er legte ihnen die Grundregeln der Buddhalehre für ein harmonisches Miteinander nahe – andere nicht zu töten, oder zu verletzen, nicht zu stehlen, in der Sexualität nicht sich und anderen zu schaden, Lügen zu vermeiden und das kostbare menschliche Bewusstsein nicht durch Rauschmittel, wie Alkohol, einzutrüben. Hingegen sei es wichtig, sich in Liebe, Respekt, Achtung und gegenseitigem Helfen zu begegnen.

Der Dorfälteste entgegnete: »Ehrwürdiger Bhikshu, wir sind geehrt, dass nach so langer Zeit wieder einmal ein heiliger Mann in unser armseliges Dorf kommt. Gern würden wir andere Arbeit annehmen, doch es findet sich keine. Niemand gibt uns Arbeit, da wir verachtete Fischer sind, die seit Generationen diesen Beruf ausüben.« Maitrenanda sagte daraufhin: »Ich sehe durchaus die praktischen Schwierigkeiten, einen neuen Beruf zu finden. Wenn es aber glückliche Umstände ergeben sollten, dass ihr einen anderen Beruf ergreifen könntet – würde ihr es tun?« – Die Dörfler versprachen es.

Der Dorfälteste führte den Bhikshu zu einer Hütte am Rande des Dorfes: »Wir haben da einen dreijährigen Jungen, der dauernd in einer fremden Sprache spricht. Wir wissen damit nichts anzufangen«.

Als Maitrenanda die Hütte betrat, warf sich der Dreijährige dreimal vor ihm nieder, wie dies buddhistische Laienanhänger vor Bhikshus und

Bhikshunîs zu tun pflegen. Hier war noch nie ein Bhikshu in den letzten Jahren gewesen, der dem Jungen dies gezeigt haben könnte.

Die beiden setzten sich gegenüber. »Woher kommst du?« fragte Maitrenanda. Dies war eine zutiefst spirituelle Frage, was der Junge sogleich verstand. (Es sind ja alle Fragen nach dem woher wir kommen, wohin wir gehen und was wir im gegenwärtigen Augenblick tun, spirituelle Fragen) – »Ich komme von einer weiten Reise und bin nun hier, in einem Fischerdorf«, antwortete der Kleine. Maitrenanda schaute ihn fragend an. Da begann der Junge, aus dem Saddharma Pundarika Sûtra in Sanskrit zu rezitieren.

Er erzählte die Geschichte eines Mannes, der die Welt erkunden wollte. Bei Beginn der Reise hatte ihn ein Freund einen kostbaren Edelstein in sein Gewand eingenäht, ohne dass er es ihm gesagt hatte. Er hoffte, dass der Reisende das Juwel bei Armut, Not und Gefahr finden würde. Es ihm gleich zu geben, hätte wenig Sinn gemacht; sein Freund sollte ja keine Luxusreise unternehmen, sondern sich mit dem Leben, dem Kreislauf des Werdens und der Vergänglichkeit bekanntmachen. Auf seiner Reise verarmte der Mann, hatte viel Leid zu erdulden. Da begegnete ihm eines Tages sein alter Freund und sagte, er hätte nicht ständig in Armut und Elend leben müssen, denn die ganze Zeit habe er ein kostbares Juwel bei sich gehabt.

Maitrenanda vernahm die Worte des Sûtras ergriffen aus dem Mund des Knaben. Es war die Geschichte, durch die seinerzeit seine Meditationsmeisterin Bhâvanî in den Orden des Erhabenen eingeführt worden war. Ja, jeder Mensch trug bei sich das kostbare Juwel der Erleuchtung, das ihn aus der Not der Welt herausführen konnte. Man musste nicht beim Leben in der Welt spirituell verarmen.

Den Eltern und dem Dorfältesten erklärte Maitrenanda den Sinn der Geschichte. Dem Jungen musste er nichts erläutern, denn er war wohl ein wiedergeborener Mönch oder eine wiedergeborene Nonne. Die Eltern erzählen daraufhin unter Tränen, dass ihre Ehe jahrelang kinderlos geblieben sei. Dann aber sei dieser Knabe geboren worden. Schon bei seiner Zeugung hätten sie das Gefühl gehabt, jemand sei – aus der Luft heranschwebend – in ihre Hütte eingetreten. Und bei seine Geburt habe es nach langer Trockenheit und außerhalb der Monsunzeit geregnet.

Bevor Maitrenanda das Dorf verließ, sagte er zu den Eltern des Knaben: »Passt gut auf ihn auf. Er ist zwar euer Sohn, aber er ist noch viel mehr –

er ist das Geschenk des ewigen Gesetzes an Euch, an dieses Dorf, an die Welt. Nach der Pubertät wird er euch verlassen und Bhikshu werden. Seid dann nicht traurig, denn ihr seid gesegnet.«

Zum Abschied legte nun der Junge seine Hände segnend auf Maitrenandas Haupt:

»Du hattest bisher bereits Einblicke in einige Szenen aus deinen früheren Leben. An meinem Beispiel soll es dir nun zur Gewissheit werden. Es gibt sie, die Wiedergeburt.« Der Knabe hatte mit der Autorität eines Meisters gesprochen. Und so wurde der dreijährige Junge aus dem armen Fischerdorf zu einem weiteren der Gurus Maitrenandas.

Der Ruf des fremden Wandermönchs erreichte auch den Königshof und so erhielt Maitrenanda die Bitte, König Carvakin zu besuchen. (Ja, der König bat um das Gespräch, denn kein indischer König konnte einem Mönch Befehle erteilen).

Carvakin empfing den Mönch in seiner Audienzhalle. Nur der Minister für innere Angelegenheiten, den der König wegen dessen scharfen Verstandes schätzte, war neben ihm noch anwesend. Nach dem Austausch der üblichen konventionellen Höflichkeiten kam der König sogleich zur Sache: »Sag, Mönch, was ist deine Lehre, an was glaubst Du?«

Maitrenanda wollte von seinen Gesprächspartnern stets wissen, an welcher Stelle er sie »abholen« konnte, damit er seine Ansichten gemäß der Verständnisebene des Gegenübers darlegen konnte. Damit folgte er dem Beispiel des Buddhas, der seine Reden und Gleichnisse immer dem Erfahrungshorizont des jeweiligen Zuhörers angepasst hatte. Und so entgegnete er freundlich: « Gern beantworte ich diese Frage. Doch wäre es schön für mich, zunächst die Ansicht ihrer Majestät kennenzulernen.«

Der König war verwundert. Niemand hatte je gewagt, ihm sogleich mit einer Gegenfrage zu kommen. Ja, die meisten Brahmanen, Yogis, Sâdhus und Bhikshus waren begierig gewesen, ihm augenblicklich ihre Überzeugungen darzulegen, wohl in der Hoffnung, dass er ihre Ansichten übernehmen würde. Für seine Meinung hatten sie sich kaum interessiert. Dieser Mönch war anders. Er schien etwas Besonderes an sich zu haben, strahlte Ruhe, Gelassenheit, Frieden und Liebe aus, schien keine Angst zu haben, vor einem König zu stehen. Vielleicht wollte er wirklich wissen, was er dachte und empfand. Daher antwortete er in einer Weise, die es ermöglichen würde, im weiteren Gespräch daran anzuknüpfen: »Dass wir leben, ist einem zufälligen Zusammentreffen von Teilen der Materie, bestimmten Atomen, zu verdanken. Das Leben hat sich in vielen Formen entwickelt und wunderbarerweise sogar Bewusstsein hervorgebracht. Bewusstsein beobachte ich sogar bei Tieren. Neulich war ich an einer Stelle, an der die Elefanten sich offenbar zum Sterben niederlegen. Selbst sie wissen wohl etwas von der Sterblichkeit. Wir leben alle nur einmal, so wie eine Pflanze stirbt, wenn ihre Zeit gekommen ist. Durch das Sterben entsteht Platz für neues Leben. Daher ist das Leben kostbar, für jeden Einzelnen natürlich besonders das eigene. Da das Leben kurz ist, sollten wir es genießen und Leiden so weit wie möglich vermeiden. Allerdings geht das Leben mit einiger Anstrengung daher. Sogar die Tiere müssen sich ja ihre Nahrung suchen. Ich glaube an das, was ich sehe und mit meinen übrigen Sinnen wahrnehmen kann. Auch glaube ich an meinen Verstand, an meine Fähigkeit zu logischen Schlussfolgerungen. Ich freue mich, dass aus der Materie sich auch die wundervollen Fähigkeiten zum Denken und Empfinden entwickelt haben.«

Nun war Maitrenanda an der Reihe: »Majestät, wie ihr wisst, stehe ich in der Nachfolge des Buddhas, bekenne mich zu seiner Lehre, zu seiner Gemeinde. Ich bin beeindruckt, dass Sie an die Bedeutung von logischen Schlussfolgerungen, an die Fähigkeiten zum Denken und zum Fühlen glauben, ja eigentlich darauf vertrauen. Manche Carvakas glauben ja nur an die Wirklichkeit der Sinne als Quelle der Erkenntnis. Dies erschiene mir als Narrenlehre. Wenn etwa ein Mann nachts auf wenig beleuchtetem Wege eine Schlange wahrnimmt und davonläuft, aber am nächsten Tag genau an dieser Stelle eine Schlingpflanze sieht, so wird ja die illusionäre Wahrnehmung aus der Nacht durch die Schlussfolgerung korrigiert, dass wohl auch schon am Abend zuvor eine ungefährliche Schlingpflanze dort gelegen habe.

Ich möchte Ihnen, Majestät, etwas von meinen eigenen Erfahrungen mitteilen, nicht nur in schönen Worten etwas erzählen, was ich nicht selbst erfahren hätte. Als Nachfolger des Buddhas glaube ich nicht blind an das, was er gesagt oder empfohlen hat. Denn ich habe stets die Ermahnung des Erhabenen ernst genommen, nicht ungeprüft an etwas zu glauben, beruhe es nun auf heiligen Überlieferungen oder auf Hörensagen. Jene Lehren aber, die man selbst als richtig erkannt hat, die auch von weisen Menschen gepriesen werden und in der Praxis zu einem Leben voller Frieden, Liebe und weniger Leiden führen, denen solle man nach-folgen. Dazu gehört für mich, nicht nur das eigene Wohl, sondern auch das der anderen im Auge zu haben. Denn alles individuelle Leben hat eins gemeinsam – die Unvollkommenheit, die Mühsal, das Leiden, das der Erhabene »duhkha« nannte. Auch Sie, Majestät, haben ja erkannt, dass das Leben mit viel Mühsal einhergeht. Auch sind Altern, Krankheit und Sterben nicht zu vermeiden. Wenn wir getrennt sind von Liebem oder zusammen sind, was wir nicht mögen, leiden wir. Wenn wir etwas wünschen und es nicht bekommen, leiden wir meistens ebenfalls. Und so sollten wir Menschen uns das Leben nicht gegenseitig noch schwerer machen, als es ohnehin ist. Solidarität mit anderen, ja mit allem Leben ist für mich wichtig.

An die Stelle eines blinden Glaubens setzte ich am Anfang meines spirituellen Weges zunächst ein Vertrauen darauf, dass die Lehre des Er-habenen schlüssig sei, zu Frieden führen könne. Dann machte ich durch eigene Praxis die Erfahrung, dass die Lehre des Erhabenen zu Frieden und Harmonie führt. In meinen Meditationen und Studien erlebte ich die Wahrheit des Bauddha-Dharma, musste sie nicht bloß »glauben« oder »für wahr« halten.

Ich erfuhr in meinem eigenen Leben die Wahrheit über die Gesetzmä-ßigkeiten des Karma, dass aus Worten und Gedanken Taten entstehen, die sich auf den Verursacher, aber auch auf das Leben anderer auswir-ken. In meinen Meditationen meine ich erfahren zu haben, dass es viele Leben vor dem jetzigen gab und das jetzige Leben eine Folge in Abhän-gigkeit von den vorherigen ist. Nicht »Lohn« oder »Strafe« beinhaltet für mich das Gesetz vom Karma, sondern dass aus Gedanken, Worten und Taten sich allmählich Tendenzen ausbilden, die zu Wiederholungen in gleicher Richtung streben. Als geistiger Impuls wirken sie im jetzigen Leben und möglicherweise darüber hinaus in weiteren Existenzen.

In meinem Vorleben als Soldat habe ich die Auswirkungen von Karma bitter erfahren müssen, habe Frau und Kind verloren. Dadurch kam ich zu dem Entschluss, auf ein weltliches Leben zu verzichten und Bhikshu zu werden. Heute benötige ich wenig, bin von materiellen Dingen nicht mehr abhängig, im Gegensatz zu früher, als ich noch viel besaß, Haus, Felder, Diener und Gold. Damals hoffte ich noch, eine gute Soldaten-karriere zu machen, noch reicher zu werden, noch mehr Ansehen bei meinen Verwandten und in der Kriegerkaste zu erlangen. Durch das

Loslassen und Aufgeben hatte ich Frieden und Harmonie erlangt. Als älter gewordener Bhikshu habe ich längere Zeit die jüngeren Mönche und Nonnen unterrichtet. Nach einiger Zeit bemerkte ich, dass ich – trotz aller spiritueller Praxis – Anerkennung und Bewunderung durch meine Schüler suchte. Auch dieses Bedürfnis habe ich nun aufgegeben. Freier bin ich geworden durch das »Aufgeben, Loslassen, nicht mehr daran haften«, wie der Buddha es nannte. Handeln kann ich jetzt aus der Notwendigkeit einer Situation heraus, ohne von Lohn oder Anerkennung abhängig zu sein«.

»Manches was du sagst, gefällt mir«, antwortete der König. »Besonders das Aufgeben von Anhaftung an Ergebnissen erscheint mir einsichtig. Wie oft habe ich Sorgen, ob ich alles als König richtig gemacht habe! Oft kann ich nicht schlafen oder wache mitten in der Nacht schweißgebadet auf. Die Last der Verantwortung liegt schwer auf mir. Vielleicht muss ich lernen, einfach mein Bestes zu geben und dann »loszulassen«, wie du es nennst. Und dass Taten bestimmte Folgen haben, ist für mich selbstverständlich. Aber daraus gleich ein Karma-Gesetz, ja sogar eine Wiedergeburt abzuleiten, erscheint mir doch sehr unwahrscheinlich«.

Das Gespräch wurde nun vertraulicher, Maitrenanda verließ die höfliche und formale Anrede und entgegnete: »All unserem Erkennen sind Grenzen gesetzt. Ich kann dir meine Vorstellungen nicht »beweisen«. Es sind nur meine Erfahrungen, nicht die deinen. Ich kann nicht ausschließen, dass meine Erfahrungen trügerisch sind oder nur einen Teil der Wirklichkeit darstellen. Du selbst aber glaubst an die Wirklichkeit der Materie. Kannst du das mir »beweisen«? Stelle dir zum Beispiel vor, dass du dich in einer Art Traum befindest und du dir in diesem Traum die Materie und dieses Leben als König erträumst. Alles wäre nicht »wirklich« vorhanden – aber in gewisser Weise doch wirklich, weil du es so erlebst.[12]

»Selbst wenn es so wäre«, erwiderte nachdenklich der König, »müsste ich weiter als König handeln, solange ich mich auf dieser Ebene der Wirklichkeit befinde.«

»Meine begrenzte Erfahrung ist«, sagte Maitrenanda, »dass es verschiedene Ebenen von Wirklichkeit gibt – die uns so vertraute Welt der Vergänglichkeit und eine andere, die wir Nirvâna, So-heit oder Leerheit nennen. Beide Ebenen scheinen nicht identisch zu sein, stehen aber in Beziehung miteinander, ja vielleicht durchdringen und bedingen sie sich gegenseitig. Eine hintergründige Ahnung oder Erfahrung jener anderen Wirklichkeit macht uns freier im Handeln und Denken in unserer Welt der Begrenztheit.

Der Buddha hat übrigens davor gewarnt, sich in Spekulationen über die Natur der Wirklichkeit und Fragen wie die, ob die Welt ewig oder vergänglich sei, zu verlieren. Er meinte, es sei unsere vornehmliche Aufgabe uns vom Leiden an der Unzulänglichkeit des Daseins zu befreien. Dennoch haben wir Anhänger des Buddhas immer wieder versucht, das Nicht-Sagbare in Worte zu kleiden. Aber selbst einer unserer größten Denker und Heiligen – Nâgârjuna – kam zum Ergebnis, dass man letztlich jenseits aller Konzepte und Ideen gelangen müsste, damit selbst auch die erhabensten und tiefsten Gedanken zur Ruhe kommen.«

Für längere Zeit trat nun Stille ein. War es vielleicht ein Abglanz jenes Zur-Ruhe-Kommens auf das Nâgârjuna hingewiesen hatte? In diese Stille hinein sagte König Carvakin leise, zögernd, nach Worten suchend: »Neulich war ich frei von königlichen Pflichten. Ohne meinem Hofstaat bewegte ich mich allein in einem einsamen Landstrich des Reiches. Etwas müde geworden, aber frei von Sorgen des Alltags, blickte ich in die Weite der Landschaft. In mir war Ruhe und Stille und die Schönheit meines Landes ergriff mich. Aber es war ja nicht mein Land, es war die Schönheit der Natur selbst, die sich vor meinen Augen ausbreitete. Wie hatte ich das nur als ›mein‹ Land ansehen können. Es war größer, erhabener als ich. Ich fühlte mich als Teil der Landschaft, als Teil der Natur. Ich war nicht mehr der König, ich war Natur selbst. Wenn ich das doch nur öfter erleben könnte!«

»Spontan bist du in einen Meditationszustand geraten«, sagte Maitrenanda. »Du warst frei von Sorgen und Bekümmernissen, die deine Stellung als König mit sich bringt. In diesem Augenblick war dein Geist frei, sich mit der Natur zu verbinden. Du wurdest eins mit ihr. In tiefer Meditation werden wir in unserem Bewusstsein eins mit dem Gegenstand auf den wir meditieren. Die Ausrichtung unseres Bewusstseins auf einen Gegenstand, auf eine Idee, auf ein Bild kann bewusst geübt werden – oder aber spontan auftreten, wenn unser Geist dafür empfänglich ist.«

»Bitte, lehre mich eine Meditation, sodass ich von Zeit zu Zeit innerlich aus meinen königlichen Pflichten aussteigen kann und durch Ruhe und Abstand auch zu Klarheit für mein Handeln als König komme«, bat

Carvakin. Er fügte aber hinzu: »Verschone mich dabei bitte mit Vorstellungen, wie die von Göttern, himmlischen Wesen, Buddhas, oder gar einen göttlichen Schöpfer, denn das kann ich alles nicht glauben.«

»Es ist schon spät geworden«, erwiderte Maitrenanda. »Und wir müssten uns dafür einige Male treffen. Aber könntest du mir bitte für heute noch eine Frage beantworten, die es mir möglich machen wird, die richtige Meditationsform für dich zu finden. Sage mir bitte – der du glaubst, dass jeder nur um sein eigenes vergängliches Glück kämpfen muss – warum du dein Königreich so gut organisiert hast. Die Menschen hier sind meistens glücklicher, zufriedener, friedfertiger als in anderen Teilen unseres gesegneten Jambudvipas. Und es besteht ein gewisser Wohlstand, die Menschen verhungern hier nicht. Warum kümmerst du dich offensichtlich auch um das Glück deiner Untertanen und nicht nur um dein eigenes?«

»Um im Frieden, Sicherheit und glücklich leben zu können, bin ich auch auf andere angewiesen«, erwiderte der König. »Und auch alle anderen Menschen sind aufeinander angewiesen. Nur ihr Sâdhus und Bhikshus seid etwas weniger abhängig von anderen, aber selbst ihr braucht Nahrung und Kleidung. Andere aber werden nur etwas für mich tun, wenn auch ich etwas für sie bewirke. Und da ich nun einmal König bin, kann ich vielfältig meinen Untertanen helfen, bekomme dafür von ihnen Anerkennung, Achtung und Sicherheit. Es macht mir darüber hinaus auch Freude, andere glücklich zu sehen und zu wissen, dass ich dazu beigetragen habe. Das habe ich bereits erfahren, als ich die Königswürde übernahm. Mein Vater hatte die Torheit begangen, sich gegenüber dem Großkönig aufzulehnen. Unser Heer wurde – wie zu erwarten – vernichtend geschlagen und der Großkönig drohte, unser Reich zu verwüsten und die Bewohner zu töten oder zu versklaven. Da habe ich mich als Kronprinz dem Großkönig freiwillig überstellt, habe ihm Treue und regelmäßige Tributzahlungen zugesichert, die er von einem verwüsteten Land nicht hätte bekommen können. Mein Vater war für diese Geste nicht bereit; er war zu stolz gewesen. Er musste abdanken, äußerte dennoch Befriedigung darüber, dass ich das Reich gerettet hatte. Auch die Herzen der Untertanen flogen mir zu. Sie wussten, dass ich meine gefährliche Mission eventuell mit meinem Leben bezahlt hätte. Übrigens war mein Handeln nicht so selbstlos, wie es erscheinen mag. Als Kronprinz aufgewachsen, hätte mir nicht vorstellen können, nicht die Privilegien eines Königs zu genießen und mein Leben als Sklave verbringen zu müssen. Lieber wäre ich gestorben, obwohl ich um die Einmaligkeit menschlichen Lebens weiß.

Als erste Maßnahme meiner Regentschaft verkleinerte ich die ohnehin dezimierte Armee, sodass sie nur noch zu Polizeimaßnahmen taugte. Das beruhigte den Großkönig. Von der Verkleinerung der Armee konnte ich die Tributzahlungen bestreiten. Dann reduzierte ich meinen Hofstaat. Warum sollte ich Dutzende von Pferden, Streitwagen und mehrere Paläste besitzen, wo ich doch nur jeweils einen benutzen konnte. Wozu sollte ich mehrere Frauen haben, wo ich doch meine Frau liebe? Wozu sollte so viel Essen aufgetischt werden, wo ich doch nur einen Magen und eine Zunge habe? Unfähige Beamte entließ ich, zog mir ihre Feindschaft zu – gewann aber umso mehr die Loyalität der anderen.

Ich suchte nun einen Weg, dass in meinem Reich Frieden, Harmonie und ausreichender Wohlstand bestehen möge, sodass meine Herrschaft nicht gefährdet sei und möglichst viele meiner Untertanen ihr Leben zufrieden gestalten konnten. Ich begab mich zu meinem alt gewordenen Lehrer der Staatskunst und sagte zu ihm, dass ich keine Unabhängigkeit vom Großreich anstrebe. Vielmehr wolle ich im Inneren unseres Reiches etwas bewirken. Daraufhin empfahl er mir, mich mit dem Großkönig Ashoka [13] zu beschäftigen, der vor vielen hundert Jahren ein Friedensreich geschaffen hatte. Ich ließ mir Abschriften seiner auf Steinsäulen überlieferter Edikte aus allen Teilen Jambudvipas zukommen. Daraus entwickelte ich den Plan für meine Regentschaft und versuche, diese Prinzipien in meinem Volk immer lebendiger werden zu lassen. Jeder kann das tun, was ihm beliebt. Das darf aber nicht die Freiheit und das Wohlergehen anderer einschränken. Auch sollte man sich möglichst nicht selbst schädigen. Jeder darf seinen eigenen Glauben oder seine Ansicht bewahren, wenn es ihm oder ihr gut erscheint. Jedoch darf man die Ansichten anderer nicht schmähen oder gering achten, sondern sollte gern auch von ihnen lernen und sich darüber austauschen. Notwendige Abgaben an den Staat sind zu entrichten, um ein geordnetes Staatswesen aufrechterhalten zu können. Dabei versuche ich die Abgaben so gering wie möglich zu gestalten. Ferner empfehle ich vegetarische Lebensweise; einerseits wegen meines Mitempfindens für die Tiere und ihr kostbares Leben, andererseits weil ich bemerkt habe, dass Fleischverzehr Menschen aggressiver macht. – Ich will ja möglichst wenig Streit unter meinen Untertanen.

Ethische Grundlage soll sein, anderen und sich selbst möglichst nicht zu schaden, ja sich und anderen Gutes zu tun. Töten, Stehlen, Lügen und sexuelles Fehlverhalten – das anderen und einem selbst schadet – sind zu vermeiden. Auch erscheint es mir angebracht, jene wundervolle Eigenschaft der Materie, menschliches Bewusstsein hervorzubringen, nicht durch Rauschzustände, wie etwa unter Alkohol, einzutrüben und dann vielleicht sogar die menschliche Würde zu verlieren.«

Maitrenanda war beeindruckt: »Unter Rückgriff auf die Edikte des Kaisers Ashoka und aus eigener Einsicht hast du für dich selbst und für dein Volk jene Grundlagen ethischen Verhaltens entdeckt, die auch der Buddha empfohlen hatte. Es wird dir und deinen Untertanen zum Segen gereichen, wenn viele in dieser Weise denken, sprechen und handeln.«

In den kommenden Wochen erlernte König Carvakin die Grundlagen der Achtsamkeitsmeditation. Insbesondere vertiefte er sich in Meditation, die den Atem als Basis hat. Diese Meditation wurde bereits in ihren Grundzügen in dem Kapitel von Maitrenandas Begegnung mit Karunâbhâvana beschrieben. Die genaue Art der Einweisung in die Atemmeditation variiert von Lehrer zu Schüler, sodass der Leser wenig Nutzen davon hätte, die Details des Unterrichts für den König zu erfahren.

Doch eine Instruktion soll hier beispielsweise für Maitrenandas Art, auf seine Schüler einzugehen, erwähnt werden. Er sagte: »So wie du in deiner Audienzhalle ruhig sitzend das Kommen und Gehen der Boten und Bittsteller wahrnimmst, ohne sofort auf ihre Anliegen zu reagieren, so kannst du das Kommen und Gehen des Atems wahrnehmen und auch das Kommen und Gehen von Gedanken und Gefühlen. Mit deinem Einatmen nimmst du die Welt in dich auf. Das Ausatmen aber – und die damit verbundenen Gedanken und Gefühle – sind die Boten deines Lebens an die Welt.«

Maitrenanda machte den König noch aufmerksam auf den dreijährigen Knaben aus dem Fischerdorf, der sich wohl eines früheren Lebens erinnerte. Carvakin ließ den Fall ausgiebig prüfen. Sein Weltbild kam dadurch etwas durcheinander. Doch dann »vergaß« er das Ganze, zumindest in seinem Wachbewusstsein. Er musste sich ja um so viele Dinge kümmern ...

War die Geburt des Knaben aus dem Fischerdorf gerade in diesem

Reich wirklich »zufällig« ? Sollte vielleicht das Ereignis Wurzeln im Unbewussten des so tugendhaften Königs schlagen? Ob er sich wohl in seiner Todesstunde daran wieder erinnert hat?

Es ist aber überliefert, dass der König bis an sein Lebensende fast täglich vor Beginn seiner Amtsgeschäfte die Atemmeditation gepflegt hat. Auch in der Todesstunde stand sie ihm zu Verfügung, sodass er wohl angstfrei sein Leben loslassen konnte. Wohin ging er wohl – ins Nicht-mehr-da-sein – wie er meistens geglaubt hatte, oder vielleicht in eine neue Erscheinungsform?

Die Stunde des Abschieds von Carvakin war gekommen. Der dankbare König sagte: « Ich glaube weiterhin, dass die Materie die einzige Grundlage unseres Lebens ist und alles daraus hervorgeht und dort wieder eingeht. Aber deine Meditation gibt mir Frieden, Ruhe und Übersicht bei meinen königlichen Aufgaben und den Schwierigkeiten dieses einmaligen und kostbaren Lebens. Kann ich dir einen Wunsch gewähren, auch wenn du ein bedürfnisloser Wanderer bist?«

Darauf Maitrenanda: »Es gibt ein Fischerdorf, deren Bewohner gern vom Töten von Tieren ablassen würden, wenn sie denn einen anderen Beruf finden könnten. Würdest du ihnen vielleicht etwas Land geben?

Der König gewährte die Bitte. Er stellte den Fischern ein großes Stück Land zur Verfügung, das sie allerdings urbar machen mussten. Er ließ sie in den ersten zwei Jahren in Landwirtschaft unterrichten, stellte Nahrung und Saatgut bereit.

Jahre später sollte diese Tat Carvakins dessen Königtum, ja vielleicht sein Leben retten. Dem ehrgeizigen Befehlshaber der kleinen Armee – General Simha, dem Löwen – war schon lange die Friedenspolitik des Königs ein Dorn im Auge. Der Moment war günstig. Im Großreich war gerade Thronwechsel, der junge Großkönig unerfahren. Vielleicht könnte man sich nun gegen die Vorherrschaft auflehnen. Doch musste die Armee schnell vergrößert werden. Dazu aber sollte Carvakin gestürzt und getötet werden.

General Simha ließ den Palast umstellen. Die Lage erschien hoffnungslos. Doch es waren einige der Söhne des Fischerdorfs Diener von Offizieren in der Armee. Sie wiegelten ihre Dienstherren auf: »Wollt ihr, die ihr die Großzügigkeit unseres gerechten und geliebten Königs kennt, eure Hände in einem Putsch des ehrgeizigen Generals Simha blutig machen? Dieser General wird uns alle in sinnlose Kriege stürzen, unser

Leben ist ihm egal.« Der Putsch brach zusammen und General Simha wurde dem Großkönig übergeben. Auf Bitten Carvakins wurde er nicht hingerichtet, sondern zum Sklaven gemacht, der bis ans Lebensende niedrige Dienste ausführen musste.

Gegenüber seinen Schülern hat Maitrenanda später stets mit Hochachtung von König Carvakin gesprochen: »Dieser König ist in gewisser Weise auch einer meiner Gurus geworden. Er hat mir gezeigt, dass es Menschen gibt, die auch ohne einen Glauben an Karma und Wiedergeburt – aber aus eigener Einsicht heraus – Ethik, Liebe, meditative Vertiefung und Weisheit entwickeln können. Wie viel lieber ist mir Carvakin, als so mancher religiöse Heuchler. Scheinbar fromme Menschen, die Gutes tun, sind manchmal spirituelle Egoisten. Sie vermeiden Verfehlungen aus Angst vor schlechtem Karma und sie geben ihre Gaben, um Verdienste zu erwerben, so wie man für Geld Kühe kauft. Aber sie sind ohne Liebe. In ihrem Egoismus werden sie karmisch zwar ausreichende Lebensumstände erringen können, doch niemals jene spirituelle Freiheit, die der Buddha gelehrt hat. Denn diese besteht unter anderem ja gerade darin, die Illusion eines unveränderlichen und für sich bestehenden »Ichs« zu überwinden.

Auch wenn König Carvakin es herunterspielte, er war bereit, als Kronprinz sein Leben zu opfern, nur für den Versuch, sein Volk vielleicht vor der Rache des Großkönigs zu bewahren. Dies wiegt für mich schwerer als eine ähnliche Tat eines religiösen Menschen. Denn er glaubte ja nur an dieses eine Leben, konnte nicht auf eine gute Wiedergeburt hoffen. Ein »religiöser« Mensch hätte sich vielleicht nur geopfert, um »Verdienste« für ein weiteres (noch großartigeres) Leben zu erwerben!«

»Es könnte sein«, fuhr Maitrenanda dann fort, « dass König Carvakin eine Wiedergeburt eines Ministers von Kaiser Ashoka ist. Er könnte durch das Massaker im Reich der Kalingas eine schwere Mitschuld auf sich geladen haben. Trotz seiner Reue und späteren guten Taten hat es vielleicht hunderte von Jahren gedauert, bis er als Königssohn wiedergeboren wurde. Vielleicht ließ er sich nicht nur zufällig an die Edikte des weise gewordenen Ashokas erinnern.«

Maitrenanda sprach öfter im Konjunktiv, wenn es um Zusammenhänge zwischen Karma und Wiedergeburt ging. Möglicherweise war dies seine Art, anderen nicht den Grad seiner Einsicht in die Karma-Gesetze deutlicher zu zeigen.

Sundarî, die schöne Bäuerin

Wieder war eine Regenzeit angebrochen. Maitrenanda war nun weniger als 200 Kilometer von den Höhlen entfernt, die das äußere Ziel seiner Reise waren. Er beschloss, die Regenzeit in Meditation und ohne die Gemeinschaft anderer Bhikshus zu verbringen.

Am Rande eines Dorfes fand er einen Schuppen, der einmal als Vorratsspeicher gedient hatte. Er gehörte Sundarî, einer Bäuerin, die mit ihren beiden 10 und 11 Jahre alten Jungen in einer Hütte in der Nähe wohnte. Die junge Frau hatte Maitrenanda gebeten, ihn mit täglicher Speise versorgen zu dürfen. Das habe sie auch im Jahr zuvor getan, als ein anderer Wandermönch hier gewesen sei. Schweigend hatte Maitrenanda zugestimmt.

Geeignet war dieser Platz zur Meditation. Der Monsunregen fiel rhythmisch auf das Dach und übertönte den Lärm des weiter entfernt liegenden Dorfes. Die vor ihm liegende Landschaft ergrünte rasch nach der langen vorausgegangenen Trockenheit. Und in den Regenpausen erhoben sich Nebelschwaden, die die Natur in einen geheimnisvollen Schleier hüllten.

Schön erschien ihm die Natur in diesem Schleier. Das, was zuvor als hässlich empfunden worden war, wurde nun von den Nebeln verdeckt. Und alles war der scharfen Konturen beraubt, schien sich aufzulösen und ineinander zu fließen, war miteinander verbunden. In diesem In-einander-fließen offenbarten die Dinge eine Größe, die über ihre ursprüngliche Erscheinungsform hinauswies.

War das nicht auch so mit der Natur der Wirklichkeit? Der Buddha hatte unermüdlich auf die schrecklichen Seiten des Daseins wie Alter, Krankheit, Tod und Vergänglichkeit hingewiesen, die von den Schleiern der Unwissenheit verdeckt wurden. Diese Schleier der Illusion mussten unerschrocken durchdrungen werden.

Dennoch aber war in diesem Leib, in dieser Welt, ja gerade in einem zweiten Aspekt dieser Schleier auch die Möglichkeit der Erleuchtung enthalten. Die Dinge und alles Geschehen konnten auch miteinander verbunden erlebt und nicht mehr bloß scharf voneinander getrennt gesehen werden. Dann aber offenbarte sich eine Schönheit, die weit größer war als die der begrenzten Sicht auf einzelne Dinge. Samsâra – die Welt der Erscheinungen – war durchdrungen von Nirvâna und der alles umfassenden Leerheit.

Satya Deva – sein Guru aus der shivaitischen Tradition – hätte es etwas anders ausgedrückt: ›Das göttliche Sein, Shiva, durchringt die ganze Welt, so wie die Nebel des Monsun alle Dinge einzuhüllen vermögen‹.

Während der Nachmittag und die Nacht der Meditation gewidmet waren, ging Maitrenanda morgens zur Hütte Sundarîs, erhielt Speise und sprach mit ihr und ihren Kindern. Doch sie führten keine konventionellen oberflächlichen Gespräche. In der Hütte fand sich in einer Ecke eine kleine Statue des Buddhas, vor der stets ein Licht brannte.

Zur damaligen Zeit war es noch nicht überall üblich, dass Anhänger des Buddhas eine Buddha-Figur verehrten. Viele meinten, der Buddha sei zu erhaben gewesen, als dass man ihn als Menschen darstellen könne. Doch Menschen brauchen Symbole für das, was über die Welt der Erscheinungen hinausweist. Und so wurde es allmählich gebräuchlich, die Verehrung und Dankbarkeit gegenüber den Erleuchteten aller Zeiten in Form von Andachten vor einer Statue des Erhabenen zum Ausdruck zu bringen. Sundarî hatte ihre Statue von einem Bhikshu während der letzten Regenzeit erhalten.

Schon bald erkannte Maitrenanda, dass Sundarî eine außergewöhnliche Frau war. Stets war sie voller Liebe gegenüber ihren Kindern, aber auch gegenüber gelegentlichen Besuchern, die kamen, um den fremden Mönch zu sprechen. Immer wahrte sie Ruhe und Gelassenheit. Dennoch konnte sie rasch und tatkräftig wirken, wie zum Beispiel beim teilweisen Einsturz des Hüttendachs durch den heftigen Regen. Was war das Geheimnis dieser schönen Bäuerin, die keinen Mann an ihrer Seite hatte? Und so fragte er Sundarî nach deren Lebensgeschichte. Daraufhin berichtete sie: »Ich war das einzige Kind meiner Eltern. Bald nach meiner Hochzeit starben sie und ich erbte diese Hütte und Ackerland. Und auch von meinen Schwiegereltern erhielten wir ein fruchtbares Reisfeld. Wir lebten glücklich und zufrieden. Jeden Morgen verehrten wird die Götter, mein Mann besonders Shiva, ich die Erdgöttin Bhûdevî. Unsere Ernten waren reichlich und uns wurden zwei Söhne geboren.

Als meine Schwiegereltern ebenfalls gestorben waren, wurde mein Mann zunehmend grüblerisch. Er meinte, das weltliche Leben mit seiner Endlichkeit sei für ihn nichts mehr. Er suche Moksha, die Befreiung aus dem Kreislauf des Werdens und Sterbens. Er meditierte viel, erfüllte aber zunächst noch seine Pflichten als Ehemann, Vater und Bauer. Vor reichlich zwei Jahren, als unsere Kinder alt genug waren, um in der Landwirtschaft mit anzupacken, verließ er uns und schloss sich einer Gruppe von Sâdhus an, die zu den Bergen des Himalaja wollten. Er meinte, ich sei ihm eine gute Frau gewesen, auch liebe er seine Söhne und er werde täglich für uns beten. Dann verließ er ohne weiteren Abschied unser Haus. Ich war traurig, verletzt und wütend. Mich und die Kinder allein zurückzulassen und das auch noch kurz vor der Regenzeit, in der die Felder vorbereitet werden müssen! Von meinen beiden Schwagern erhielt ich keine Unterstützung, im Gegenteil, sie forderten auch noch das Reisfeld meines Mannes als »Familienerbe« zurück.

Ich fühlte mich nicht nur von meinem Mann und der Schwiegerfamilie verlassen, sondern auch von den Göttern. Shiva hatte mir meinen Mann genommen, Bhûdevî hatte nicht den Raub meines Reisfeldes verhindert. Ich verehrte die Götter nicht mehr. Wenn Sâdhus und Bhikshus vor mein Haus traten, verweigerte ich Ihnen Speise, beschimpfte sie. Ich geriet in zunehmende Verbitterung, vernachlässigte auch unsere verbliebenen Felder. Nur meinen verstörten Söhnen versuchte ich, Liebe zu geben, soweit dies einem verwundeten Herzen möglich ist. Die Ernte des ersten Jahres reichte kaum zum Überleben. Lag das an meiner Vernachlässigung der Felder oder strafte mich Bhûdevî?

Am Beginn der letzten Regenzeit trat ein Bhikshu von ehrwürdiger Erscheinung vor mein Haus. Wieder begann ich meine üblichen Beschimpfungen. Doch als ich ihn anblickte, konnte ich nicht weiter reden. Unruhe und Beschämung erfüllten mich. Nach einer längeren Zeit des Schweigens sagte er mit liebevolle Stimme: »Schwester, ich nehme deine Beschimpfungen nicht an. Sie würden daher wie ein zurückgegebenes Geschenk auf dir lasten. Lass das nicht geschehen, tue sie zur Seite. Aber sage mir, was ist dein Kummer, dein Schmerz?«

Tief getroffen berichtete ich von den Ereignissen des vergangenen Jahres. In seine Anteilnahe an meinem Leid gewann er mein Vertrauen, sodass ich ihn fragte, ob er mir einen Weg zum Frieden zeigen könne. Er willigte ein, mich in Meditation zu unterrichten und verblieb die Monate der Regenzeit in jener Hütte, die du jetzt bewohnst.

Zunächst lehrte er mich die Atembetrachtung. Und er unterwies mich in der Meditation über Mitleid mit allen Wesen. Ausgehend von meinem eigenen Leid erkannte ich Anteil nehmend auch das Leid anderer, begann meinen Kummer als weniger bedeutsam zu sehen. Der Meister zeigte mir, wie ich dieses Gefühl der Anteilnahme bis an die Grenzen der Welt ausdehnen konnte, ohne im Leiden zu versinken. Schon nach kurzer Zeit gelang es mir, in der Stille der Nacht meinen Geist völlig auf die beiden Meditationen auszurichten. Sorgen und Verzweiflung konnte ich für Stunden ablegen, das anfänglich überschäumende Glücksgefühl bei der Atembetrachtung wich einer zunehmenden Klarheit und Stille. In anderen Worten, ich erreichte die Stufe der Einspitzigkeit des Bewusstseins, die vierte Stufe der Meditation.

Da sagte der ehrwürdige Bhikshu, ich könne nun die Befreiung von den Fesseln des Daseins erreichen, wenn ich so gesammelten Geistes Einsichtsmeditation üben würde. Für den Anfang schlug er vor, die Vergänglichkeit jeden Atemzuges wahrzunehmen, um so zur Erkenntnis der Vergänglichkeit allen Geschehens in der Welt zu gelangen.

Erschrocken erwiderte ich: « Ehrwürdiger, ich will mich in diesem Leben nicht von der Welt ablösen, wie es mein ehemaliger Mann versucht. Offenbar seit vielen Leben sind mir meine beiden Kinder vom Karma anvertraut. In diesem Leben will ich sie beschützen, später als alte Frau ihre Kinder. Nicht geziemt es mir, Nonne zu werden. Aber ich will immer wieder in die Stille der Meditation eintauchen, um Ruhe und Kraft für ein sinnvolles Leben in der Welt zu finden. Nach vielen weiteren Leben möchte ich den kommenden Budha Maitreya erleben und dann entweder ins Nirvâna eingehen oder noch verstärkt zum Heil der Welt wirken. Deine bisherigen Anweisungen zur Meditation haben mir schon sehr geholfen. Doch hast du eine besondere Meditation für meine Absichten?«

Daraufhin unterrichtete er mich in den vier »formlosen« Stufen vertiefter Meditation. Er sagte, diese dürften nur von Menschen geübt werden, die ein hinreichend stabiles Bewusstsein hätten, sodass sie sich selbst nicht in diesen Meditationen verlieren. Die »formlosen« Meditationen würden nicht zur Erleuchtung, aber zu tiefen inneren Frieden führen können.

Und so zeigte er mir die Stufen der ›Raumunendlichkeit‹, der ›Bewusstseins-unendlichkeit‹ der ›Nicht-etwas-heit‹ und die ›Grenzen mögliche Wahrnehmung‹. Er legte großen Wert darauf, dass ich dies mit gesammeltem und klarem Bewusstsein übte, ausgehend von der vierten Versenkungsstufe. Er zeigte mir, wie man die Stufen der formlosen Meditation wieder verlässt, nicht übermäßig lange darin verweilt, wieder in unsere gewöhnliche Welt zurückkommt. Seitdem übe ich jede Nacht, wenn die Kinder schlafen, nach Erreichen der vierten Versenkungsstufe, die Meditation über Raumunendlichkeit. Das macht es mir dann am nächsten Tag möglich, meine Arbeit in Ruhe und mit dem Bewusstsein einer großen inneren Weite anzugehen.«

Das, was Maitrenanda bereits gespürt hatte, war nun Gewissheit. Sundarî, die Bäuerin und Laienanhängerin des Erhabenen, war eine vollendete Yoginî! Und das nach nur wenigen Monaten der Meditation in diesem Leben. Sie war auf dem spirituellen Weg weiter als so mancher seiner Mönchsschüler nach vielen Jahren.

Schloss sich hier der Kreis seines eigenen spirituellen Wachstums? Viel von der Lehre des Erhabenen hatte er verwirklicht, es in vielen Meditationsformen zur Meisterschaft gebracht. Aber die Meditation über Raumunendlichkeit hatte er nur in Ansätzen unter Bhâvanî geübt. Und doch, am Anfang seiner spirituellen Reise hatte ein Sâdhu eine erste Erfahrung ähnlicher meditativer Zustände mit den Worten ausgelöst: ›Unendliches hier ... Unendliches dort ...‹ Sollte er Sundarî bitten, ihn bei dieser Meditation anzuleiten?

In den drei Monaten der Regenzeit und unter Anleitung von Sundarî verwirklichte er die Meditation über Raumunendlichkeit. Was hatte sein alter Meister Dharmarakshita gesagt? – In der Weite des Alls gäbe es möglicherweise so viele Weltsysteme wie Sandkörner am Ganges ...

Und so wurde Sundarî – eine Frau, eine Laienanhängerin, eine Bäuerin – zur letzten Guru des ehrwürdigen Maitrenanda. Bereit war er nun für die drei Felsenhöhlen in der Nähe des heutigen Ortes Lonavla. Als er dort ankam, war er 20 Jahre im Orden des Erhabenen und damit ein Ältester, ein Mahâsthavîra, geworden.

DIE HÖHLENKLÖSTER BEI LONAVLA

In den Sahyadri-Bergen, in der Nähe des heutigen Ortes Lonavla gibt es drei aus dem harten Vulkangestein herausgeschlagene Höhlenanlagen, die über Jahrhunderte als Klöster der Bauddhas dienten. Sie liegen in einer Entfernung voneinander, die es zuließ, dass ein Bhikshu oder eine Bhikshunî innerhalb eines Tages zur benachbarten Klosteranlage gelangen konnte. Die Höhlen liegen jeweils auf einer Anhöhe, sodass man von dort in die Weite der Landschaft blicken kann. Zisternen, die sich in der Regenzeit füllen, sorgen für Wasservorrat. Die brütende tropische Sommersonne ist hier abgemildert durch eine Höhenlage von etwa 700 Metern über dem Meeresspiegel. Zu jeder Anlage gehört eine Versammlungshalle, die von kleineren Höhlen als Wohnstätten für Mönche und Nonnen umgeben ist. In der Versammlungshalle befindet sich ein großer Stûpa als Symbol für den Buddha, links und rechts davon eine Wandelhalle zur Gehmeditation. Der zentrale Stûpa diente als Verehrungsgegenstand für Andachten (Pûjâs) und konnte und kann in Gehmeditation umwandelt werden.

Jahrhundertelang hatte man den Buddha aus Ehrfurcht vor seiner Erhabenheit nicht figürlich dargestellt. In jener Frühzeit des Bauddha-Dharma waren die Höhlen (2. Jahrhundert vor Chr. bis 1. Jahrhundert nach Chr.) entstanden. Jedoch kamen zu Maitrenandas Zeit Buddha-Darstellungen auf. Auch Maitrenanda trug eine kleine BuddhaStatue bei sich. Neben einigen Manuskripten, zweiter Robe und Bettelschale war dies sein einziger Besitz.

Nicht viele Mönche und Nonnen lebten noch in den Felsenhöhlen. Interessanterweise hatte aber jede der klösterlichen Gemeinschaften einen besonderen Schwerpunkt. In der größten und ältesten Anlage – Karla – hatten sich diejenigen zusammengefunden, die ausgedehnte Rituale und Rezitationen liebten. In den Bhaja-Höhlen fand ein reger Austausch zwischen verschiedensten philosophischen Richtungen des Buddhismus statt. Hier wurde heftig diskutiert, in einer Atmosphäre, die von Toleranz geprägt schien. In den in Bedsa-Höhlen aber lebten jene, die sich vorwiegend einem Leben der Meditation gewidmet hatten.

Maitrenanda lebte zunächst jeweils zwei Monate in den drei Gemeinschaften. Überall war er als weitgereister älterer Mönch herzlich willkommen. Seine offene Art und Herzlichkeit machten ihn beliebt. Viele hofften, dass er sich in ihrer Gemeinschaft niederlassen würde. Jedoch gab es auch immer einige prominente Mitglieder, die eifersüchtig argwöhnten, dass ihr Ansehen und Stellung durch den liebevollen und weisen Neuling geschmälert werden könnte.

Auf ersten Blick schien es friedlich und harmonisch zuzugehen, jedenfalls wenn Maitrenanda in der Nähe war. Doch Unschönes lässt sich nicht auf Dauer verbergen – besonders gegenüber einem intuitiven und mit yogischen Kräften ausgestatteten Mann, wie es Maitrenanda war. Deutlich bemerkte er den beginnenden Verfall der spirituellen Traditionen des Bauddha-Dharma. Eine hintergründige Atmosphäre des Neides, des Stolzes und der Besserwisserei zog sich durch die drei Sanghas, auch wenn alles durch eine äußerliche Freundlichkeit verdeckt war.

In den Karla-Höhlen war man mächtig stolz auf die »wirksamen Rituale«, die denen der Brahmanen weit überlegen seien. Sie würden gegen Krankheiten, Armut, Schicksalsschläge helfen, schlechtes Karma auflösen und zur Wiedergeburt in einem der Himmel führen. Freilich müssten dafür die Laien heftig spenden, die Mönche und Nonnen mit allem bestens versorgen. Den Laien machte man zum Beispiel weiß, dass der große Bodhisattva Avalokiteshvara mit seinen tausend Armen weit mehr helfen könne als jeder Gott, der nicht so viele Arme habe. Aber dafür müsste man die vermittelnde Hilfe der Mönche und Nonnen in Anspruch nehmen. Ja, « wirksam« waren die Rituale. Man sah es an den dicken Bäuchen und den prächtigen Gewändern dieses Sangha. Die Laien spendeten reichlich, aus Furcht vor Wiedergeburt in Höllenbereichen und Schicksalsschlägen. Die Mönche und Nonnen pflegten eine große Nähe zu den Laien, nahmen an deren Festen teil in einem Maße, wie es vielleicht nicht immer den Mönchs- und Nonnenregeln entsprach.

In Bhaja hatten sich die Intellektuellen versammelt, die auf die beiden Nachbargemeinden mit einiger Verachtung blickten. Den Mitgliedern dieses Sangha war ein Hochmut gemeinsam gegenüber denen, die sich angeblich nicht hinreichend um »Weisheit« bemühten. Sie glaubten, dass ihr erlerntes Wissen tiefe Weisheit sei. Lebendige spirituelle Erfahrung – das kannten sie wenig. Ihr Wissen mit den Laien zu teilen kam ihnen nicht in den Sinn. Daher erhielten sie auch deutlich weniger Zuwendungen aus den Dörfern. Ihre Roben waren zerschlissen, ihre Nahrung kärglich. Immerhin folgten sie wenigstens so einer bedürfnislosen Lebensführung. Es machte ihnen nicht allzu viel aus, denn sie berauschten sich an ihren intellektuell-philosophischen Höhenflügen. Ihr größtes Vergnügen empfanden sie, wenn sie ihre Diskussionsgegner mit Vielwisserei und logischen Argumenten besiegten.

Da empfand es Maitrenanda doch inspirierender in Bedsa. Zwar stritt man sich um den richtigen Weg der Meditation. Einige meinten, nur Achtsamkeit sei zielführend. Andere glaubten, dass vertiefte Stadien der Meditation nicht für die Gewinnung von Einsicht erforderlich seien und versuchten Einsicht, in die Natur aller Dinge und allen Geschehens durch analytische Meditation zu erreichen. Die Dritten vertrauten auf die Kraft von Mantras, die Vierten versuchten, sich in die Gegenwart erhabener Bodhisattvas durch Hingabe zu versetzen. Die Fünften bemühten sich darum, das Bewusstsein von allen Inhalten zu entleeren und einen Zustand der Auslöschung der Geistestätigkeiten zu erreichen. Die Sechsten versuchten – nach langer Praxis – jenseits aller Meditationsmethoden in einen Zustand des »offenen Gewahrseins« zu gelangen. Die Siebenten vertieften sich in die Praxis der vier Brahmavihâras – der Kultivierung der universellen Gefühle des Mitleids, der Mitfreude, der Liebe und des Gleichmuts. Schließlich gab es auch einige, die die einzelnen Methoden miteinander verbanden.

Wenig wurde in Bedsa gesprochen. Und wenn auch jeder seine Meditationsart als die Beste empfand, so war doch Achtung vor den anderen vorhanden, deren spirituelle Verwirklichung man wenigstens erahnte, wenn nicht spürte.

Doch eine Schwäche wies auch dieser Sangha auf. Man hatte sich soweit es eben ging, völlig von der äußeren Welt zurückgezogen, nahm nur widerwillig zur Außenwelt Kontakt zum Nahrungserwerb auf. Meditationsanleitung für die Laien – das war hier eher die Ausnahme. Glücklicherweise musste jedoch niemand im Sangha verhungern. Den Meditierenden wurden von der Dorfbevölkerung Wunderkräfte zugeschrieben und man brachte Nahrung vorbei aus Ehrfurcht, vielleicht aber auch aus Angst vor den heiligen Männern und Frauen.

Maitrenanda entschied sich, auf Dauer in Bedsa zu bleiben, jedoch die beiden anderen Gemeinschaften regelmäßig zu besuchen. Die Meditierenden standen ihm doch am nächsten, auch wenn er die gewisse Beschränktheit ihrer einseitigen Praxis begriff. Man konnte nicht ein Jünger des Erhabenen sein, ohne seine Lehre auch verstandesmäßig begriffen zu haben. Nicht umsonst beginnt der edle achtfache Weg zur Befreiung mit (auch intellektueller) Einsicht in die Gesetzmäßigkeiten allen Lebens, die im Laufe der spirituellen Entwicklung immer vollkommener wird. Auf dem Hintergrund von Einsicht bekam Meditation eine spirituelle Ausrichtung. Und ein Element der Hingabe – wie sie durch Andachten erweckt wird – gibt einer Meditation Inspiration, Freude und Kraft. Wenn Meditation jedoch nur zum Zwecke der Ruhigstellung des Gemütes geübt wurde, konnte sie nicht zur Erleuchtung, sondern eben nur zur Ruhe führen. Solche Ruhe wäre aber nichts anderes als spiritueller Egoismus, eine Bauchnabelschau mit Abkapselung gegenüber der leidenden Welt.

DIE JAHRE ALS LEHRER (GURU)

Mehr als 30 Jahre blieb Maitrenanda bei den Felsenhöhlen und entwickelte eine unauffällige, beharrliche und sanfte Lehrtätigkeit, die sich als äußerst fruchtbar für die drei Sanghas auswirken sollte. Nie hat er ein offizielles Amt (wie Abt, Lehrer von philosophischen Richtungen oder Zeremonienmeister) angenommen, auch wenn er des Öfteren dazu gedrängt wurde. Stets vermied er die Attitude eines von sich selbst überzeugten Gurus. Er betonte unermüdlich, dass er zwar etwas vermitteln, anregen und gern um Rat gefragt werden könne, jedoch jeder Schüler daraus seinen eigenen spirituellen Weg formen müsse. Er vermied jegliche Unterweisung, Belehrung oder Ermahnung von einem Sockel der Unfehlbarkeit herab. Wenn er etwas ihm Wichtiges sagte, leitete er dies oft mit den Worten ein: »Wenn ihr möchtet, könnt ihr vielleicht folgendes bedenken oder versuchen ...«

Obwohl liebevoll im Umgang mit Menschen, scheute Maitrenanda klare Worte nicht, wenn er etwas als falsch empfand. In solchen Situationen pflichteten ihm oft viele bei, während andere seine Ansichten ablehnten – selbst wenn sie keine Argumente dagegen setzen konnten. Die Macht von eingefleischten Meinungen und Gewohnheiten ist ja bekanntlich nicht zu unterschätzen.

Jeweils am Ende der zweimonatigen Gastzeiten in den drei Sanghas war Maitrenanda nach seinen Eindrücken gefragt worden. An dieser Stelle sollen seine drei Reden in gekürzter Form wiedergeben werden, als Beispiele für seine klaren und engagierten Worte.

DIE REDE IN KARLA

»Liebe ehrwürdige von Hingabe erfüllte Freunde, ich bin tief bewegt, mit welcher Hingabe ihr Andachten zelebriert, zum Lob der Drei Juwelen (Buddha, Dharma, Sangha), den Erleuchteten aller Zeiten und der großen Erleuchtungswesen. Bei einigen sah ich Tränen der Ergriffenheit, der Liebe und Freude, wenn sie der Erhabenen gedachten und sie verehrten. In diesen Augenblicken der Ergriffenheit ward ihr gleichsam in der ewigen Gegenwart aller Erleuchtungswesen, habt die engen Schranken bloßer Ichbezogenheit durchbrochen und habt den Wunsch verstärkt, den Weg der Erleuchtung selbst zu gehen. Und das alles mühelos, ohne Anstrengung, in der Ergriffenheit Eurer Herzen. Auch wenn diese Ergriffenheit nicht andauert, so ist sie doch ein Ansporn auf Eurem inneren Weg.

Wenngleich Buddha Shâkyamuni unermüdlich betont hat, dass wir uns selbst aus eigener Kraft um Befreiung und Erleuchtung bemühen müssen, so sind es doch Liebe und Hingabe, die ungeheure Kräfte in uns freisetzen. Und vielleicht kommt uns auch die Hilfe der großen Bodhisattvas zu Hilfe, wenn wir uns den Kräften des Lichtes gegenüber empfänglich machen.

Manchmal habe ich aber auch leider gesehen, wie die Zeremonien eher wie Routine wirkten; gelangweilt – so erschien es mir – wurden Texte rezitiert. Andere Male, wenn Laienanhänger dabei waren, wurde vielleicht etwas zu sehr auf eine prächtige Ausgestaltung der Pûjâs hingearbeitet, als wenn man den Laienanhängern imponieren müsse. Allerdings hat mir bei den öffentlichen Feien sehr gefallen, dass ihr die Laienanhänger mit einbezogen und euch nicht auf die klösterliche Gemeinschaft beschränkt habt.

Versucht aber nicht, von den Laienanhängern mehr Almosen zu bekommen indem ihr behauptet, dass eure Zeremonien wirksamer seien als die Opferrituale der Brahmanen! Verachtet die Götter nicht! Vielleicht existieren die Götter nicht in der Art, wie man sich das im Allgemeinen vorstellt. Doch empfinden viele Menschen Kraft und Zuversicht, wenn sie sich an die Götter wenden.

Auch wenn ihr nicht die Götter anruft – viele unserer Laienanhänger bedürfen des Trostes und Hilfe der uralten Rituale in den Schwierigkeiten und Gefahren des weltlichen Lebens. Der Buddha hat diese Opferrituale nicht verurteilt, jedoch angeregt, das Opfern von Tieren dabei aufzugeben. Und dem sind die meisten Brahmanen gefolgt. Unter den Anhängern des Bauddha-Dharma ist es aber heute üblich geworden, nicht auf die Götter zu vertrauen; man glaubt, diese griffen wohl nicht in das Schicksal der Menschen ein. Hat man hier vielleicht den Buddha etwas falsch verstanden, weil er immer betont hat, dass der Mensch selbst handeln müsse? Aber auch nach unserer Überlieferung hat ja der erhabene Gott Brahma persönlich den Buddha gebeten, seine Lehre zu verkünden, auch wenn nur wenige sie begreifen würden. Gibt es ein größeres Eingreifen ins Weltgeschehen als dieses? Und hat nicht sogar einer der unteren Götter den Buddha gebeten, ihm grundlegendes ethisches Verhalten zu erläutern? – Das Ergebnis hiervon ist das wundervolle Mangala-Sûtra, das sich Ânanda als Zeuge gemerkt hat und das ihr alle kennt. Bedenkt auch, dass die Erdgöttin Bhûdevî hilfreich eingegriffen haben soll, als Mâra dem Buddha vor seiner Erleuchtung den Platz unter dem Bodhi-Baum streitig machen wollte.

Es wäre hilfreich, wenn ihr euch neben euren wundervollen Ritualen stets auch um ethisches Verhalten, Entwicklung von Weisheit und Meditation bemüht. Ich habe allerdings den Eindruck, dass die meisten von euch das bereits tun.

Regt auch die Laienanhänger an, ihre Tage mit einer kurzen Andacht zu beginnen. Macht ihnen nicht weiß, nur Mönche und Nonnen könnten hilfreiche Rituale vollziehen! Mit einer morgendlichen Hingabe an die Drei Juwelen und die Erleuchtungswesen aller Zeiten werden sie ihre Arbeit in der Welt mit Gelassenheit und Zuversicht vollbringen und sich dabei um ethisches Verhalten bemühen. Und warum sollten die Laienanhänger/-innen nicht auch noch zusätzlich die Hilfe der Götter in den Nöten und Gefahren des Lebens erbitten?

Die Rede in Bhaja

»Liebe ehrwürdige gelehrte Freunde, Euer Schatz an Palmblattmanuskripten aller Schulrichtungen des Bauddha-Dharmas beeindruckt mich sehr. Eure Sammlung ist weit umfassender als das, was mein Meister Dharmarakshita in den Bergen des Himalajas zusammentragen ließ.

Auch ich habe über Jahre nicht nur die Lehrreden des Buddhas, sondern auch die Abhandlungen der großen Lehrmeister fast aller Schulen studiert, konnte begreifen, wie sich die Lehrmeinungen in ihren Aussagen ergänzten – selbst da, wo sie sich scheinbar widersprachen. Bei Euch ist mir aufgefallen, dass sich fast jeder nur einer Schulrichtung verschrieben hat und versucht, die anderen zur eigenen Meinung zu bekehren. Dabei ist es Euch gelungen, logisches Denken zu immer größerer Perfektion zu bringen. Manchmal meinte ich, einen gewissen Stolz über diese hoch entwickelten Fähigkeiten wahrzunehmen.

Hilfreich ist die Schulung des Geistes, gibt sie uns doch eine Anleitung für die Richtung, in der wir auf unserem spirituellen Weg gehen! Es ist für den individuellen spirituellen Weg keinesfalls gleichgültig, ob wir glauben:

- Die Welt sei eine Realität;
- Die Welt sei wie ein Zaubertrug, bestehe nicht in Wirklichkeit;
- Die Welt bestehe nur in unserer Vorstellung, im Geist;
- Unser Erleben der Welt sei geprägt von unseren Vorstellungen;
- Die Welt – und auch der in Worten formulierte Weg des Buddhas – hätten nur eine relative Realität, hätten nur relativen Wahrheits- und Wirklichkeitscharakter;
- Neben der relativen Wahrheit gäbe es eine höhere Wahrheit, die über Worte hinausgehe, zugleich die relative Wahrheit durchdringe und in der Erleuchtung erfahrbar sei.

Unsere spirituelle Praxis wird von den jeweiligen Überzeugungen beeinflusst sein! Aber jeder Weg mündet schließlich in Bodhi, der Erleuchtung. Vergesst daher nicht das Ziel der Erleuchtung bei allem Diskutieren. Das Denken muss sich schließlich selbst überschreiten. Selbst einer unserer größten Denker – Nâgârjuna – sagte, dass schließlich alle Vorstellungen, alle Konzepte zur Ruhe kommen müssten. Und der Buddha selbst hat immer wieder darauf hingewiesen, dass man sich nicht im Dickicht von Meinungen und Theorien verfangen sollte.

Liebe Freunde, bitte vergrabt euch nicht so tief in eure Studien, dass ihr die Laienanhänger völlig vergesst. Schließlich halten sie euch mit ihren Gaben am Leben und ermöglichen so erst eure Studien. Auch sie sollten wenigstens die vier heiligen Wahrheiten, das Entstehen in Abhängigkeit und die Gesetzmäßigkeiten von Karma und Wiedergeburt verstehen. Wer könnte ihnen dies besser begreiflich machen als ihr!«

DIE REDE IN BEDSA

»Liebe ehrwürdige meditierende Freunde, Ihr alle habt begriffen, dass der Achtfache Weg des Buddhas in Samâdhi mündet – in vollkommene Meditation, die schließlich in das befreiende Erleben und Erfahren der Lebensgesetze und Zusammenhänge mündet. Nicht allein meditieren wir um Ruhe und Frieden zu finden, sondern vor allem, um Einsicht in die Natur aller Dinge und allen Geschehens zu gewinnen.

Mir erscheint es, dass fast alle von euch auf dem meditativen Weg fortgeschritten sind. Daher will ich euch keine direkten Ratschläge geben. Ich möchte euch aber ein wenig von meinen eigenen meditativen Erfahrungen berichten.

Für mich begann der Weg der Meditation mit Achtsamkeit. Nicht umsonst hat der Erhabene die Achtsamkeit als 7. Stufe noch vor die vertiefte Meditation gestellt, Achtsamkeit in Bezug auf den Körper einschließlich des Atems, auf die Gedanken, auf die Gefühle, auf die von uns wahrnehmbaren Gegebenheiten des Lebens. Achtsamkeit dient nicht einer bloßen Selbstkontrolle, wie manche meinen. Sie ist vielmehr das offene, vorurteilsfreie, liebevolle, staunende und engagierte Wahrnehmen und Erleben dessen, was ist – einschließlich unseres eigenen Bewusstseins.

Aus dem Wahrnehmen der Gegebenheiten des Lebens kann sich vielleicht eine Form analytischer Meditation über die Gesetzmäßigkeiten der Welt entwickeln. Es reicht dabei jedoch nicht, sich nur intellektuell mit Begriffen, wie »Vergänglichkeit«, auseinanderzusetzen. Es ist vielmehr wichtig, zum Erleben zu gelangen. So etwa bei der Atemmeditation, bei der wir unmittelbar begreifen können, wie gerade aus der »Vergänglichkeit« eines Atemzugs ein neuer Atemzug möglich wird. In anderen Worten, wir gewinnen unmittelbare Einsicht in die Dynamik des Lebens.

Verwandt mit der Achtsamkeitsmeditation ist der Versuch, den Geist offen und weit zu halten, kein Meditationsobjekt im Zentrum des Bewusstseins zu haben, dabei in klarer Bewusstheit zu verbleiben. Diese Methode wird oft als »objektfreie« Meditation bezeichnet, die kein Meditationsobjekt habe. Ich empfinde, dass dies nicht ganz so ist, denn hier ist das Erleben des eigenen Bewusstseins, des eigenen Seins, das Zentrum der Meditation.

Wenn ich mit Mantras meditiere, ist es mir immer wichtig zu wissen, in welche Tradition es eingebettet ist und was es beim Übenden bewirken soll. Vertrauen in den Guru, der das Mantra vermittelt, ist notwendig. Doch es enthebt mich nicht von der Notwendigkeit, mich zu fragen, ob ich bei meinem spirituellen Hintergrund damit meditieren kann. Als ich vor Jahren bei einem erleuchteten Meister der shivaitischen Tradition in die Lehre ging, gab er mir für einige Zeit ein Mantra, das dem Gott Shiva gewidmet war. Ich konnte damit intensiv üben, als ich für mich »Shiva« begriff als meine eigene Kraft zu Veränderung und Umwandlung. Dies brachte ich in Zusammenhang mit meinem Verständnis der Buddhalehre von der Dynamik allen Seins und allen Geschehens.

Mantras sind für mich nicht »Zauberworte«, um etwas Äußerliches zu bewirken; sie sind Mittel, um das Bewusstsein auf eine höhere Stufe zu heben. Ich wiederhole sie langsam in meinem Geist, mit Augenblicken der Stille dazwischen, in denen der Geist zur Stille und Freiheit von Gedanken gelangt. Jene, die Mantras rasch und zahlreich wiederholen, wollen durch die große Anzahl von Wiederholungen »Verdienste erwerben«. Dieses magische Denken ist weit verbreitet, entspricht aber nicht meinem Verständnis vertiefter Mantra-Praxis.

Meine eigene Hauptpraxis der Meditation ist die Hinwendung zu den Erleuchtungswesen, den Buddhas und Bodhisattvas, und der Versuch, sich ihnen zu nähern, sich mit ihnen zu identifizieren, durch Erweckung des Erleuchtungs-Bewusstseins im eigenen Herzen. Hierzu sind mir die Mantras unserer Mahâyâna-Tradition sehr hilfreich. Nicht umsonst wird diese Tradition oft als »Mantra-yâna«, Mantra-Fahrzeug bezeichnet. Meine Übung ist in besonderer Weise mit dem kommenden Buddha Maitreya verbunden – dem Großen Liebenden. Daher ist mir auch Maitrî-bhâvanâ, die Entfaltung weltumspannender Liebe, zur Gewohnheit geworden – auch in Alltagssituationen.

Meine Meditationsmeisterin – die ehrwürdige Bhâvanî – lehrte mich, den Grad der Aufmerksamkeit auf das Meditationsobjekt dem jeweiligen Gemütszustand anzupassen. In Zeiten von Ablenkung durch äußere oder innere Einflüsse müsse man sich stärker auf das Meditationsobjekt konzentrieren. Wenn jedoch die Anspannung zu groß sei, solle man fast »absichtslos«, mit wenig Einsatz des Willens üben. Bei Ermüdung könne man die Augen offen halten, eventuell auch in die Weite der Landschaft schauen. Bei Wachheit und Ruhe und bei Entfaltung innerer Bilder sei hingegen die Meditation mit geschlossenen Augen hilfreicher.

Liebe Freunde, vergesst nicht die in der Welt lebenden Menschen, die uns durch ihre Spenden unterhalten! Auch sie sind trotz ihrer Alltagssorgen fähig zu vertiefter Meditation. Dies habe ich mehrfach feststellen können. Auch erfuhr ich, dass Meditation ihnen eine Hilfe zur besseren, ethisch höheren und sinnvolleren Bewältigung ihres Lebens bietet. Leitet auch sie an zur Meditation. Seid nicht übermäßig stolz auf Euer Mönchs- und Nonnentum. Bedenkt, dass die ersten Anhänger des Buddhas nach seiner Erleuchtung nicht Mönche, sondern zwei Kaufleute waren. Auch hat es unter den ersten Laienanhängern des Buddhas einige gegeben, die hohe Grade spiritueller Verwirklichung erreichten. Warum sollten wir den Laienanhängern die Praxis vertiefter Meditation vorenthalten?«

Die Jahre des Wirkens in den Sahyadri-Bergen

Mehr als 30 Jahre blieb Maitrenanda in Bedsa und in Kontakt mit den beiden anderen Felsenklöstern. Er erhielt weitgehend Wertschätzung und Anerkennung. Vielen war er ein Lehrer und Berater in spirituellen Krisen und bei Konflikten innerhalb der Sanghas.

Einigen war jedoch sein spirituelles Engagement für die Bewohner der Dörfer ein Dorn im Auge. Sie meinten, wenn jemand wirklich ein heiliges Leben führen möchte, so könne er oder sie doch jederzeit Mönch oder Nonne werden. Maitrenanda erwiderte, dass es viele Menschen gäbe, die nicht nur wegen ihrer Leidenschaften, sondern auch aus Liebe und Verpflichtungsgefühlen gegenüber ihren Familien, Freunden oder ihren betagten Eltern im weltlichen Leben verblieben. Sie dürfe man nicht spirituell im Stich lassen. Aber die eingefleischten Verfechter eines Klosterlebens ließen das nicht gelten, meinten, es wäre edler, sich aus »weltlichen Verpflichtungen« zu lösen. Laien könnten sich ja »Verdienste« für besseres Karma erwerben durch Unterstützung der Mönchs- und Nonnengemeinden.

Manche fanden es befremdlich, dass Maitrenanda sich häufig mit Sâdhus anderer Traditionen traf. War ihm denn der Bauddha-Dharma nicht gut genug? Namentlich mit einem shivaitischen Sâdhu namens Anantânanda traf er sich häufig, schien mit ihm befreundet zu sein. Man sah sie häufig zusammen meditieren, manchmal übernachtete Anantânanda sogar in Bedsa. Ging Maitrenanda da nicht doch ein bisschen zu weit?

Jeweils am Ende der Regenzeit verließ Maitrenanda für drei Monate das sichere Klosterleben und zog als Wandermönch durch die Wälder und Dörfer des Sahyadri-Gebirges und des angrenzenden Dekkhan-Plateaus. Die Begegnung mit in der Welt lebenden Menschen, aber auch die Meditation in der Natur, war ihm wichtig.

Im Anschluss an diese Wanderzeiten rief Maitrenanda zu vierwöchigen gemeinsamen Üben in einem mächtigen Banyan-Wald auf. Heute würde man dies « Winterretreat« nennen, für die damalige Zeit war es aber wohl etwas Neues. Denn nicht nur Nonnen und Mönche, sondern auch die Bevölkerung der Dörfer konnte daran teilnehmen. Man übernachtete im Wald – Laienanhängerinnen, Laienanhänger, Mönche und Nonnen jeweils in Gruppen. Nahrung kam von den umliegenden Dörfern, sodass keine Zeit für die Zubereitung von Essen erforderlich war. Eine Quelle versorgte die Gruppe mit dem nötigen Wasser. Das Quellwasser war kurze Zeit nach der Ankunft Maitrenandas in den Sahyadri-Bergen hervorgetreten und schien unerschöpflich zu sein. Man vermutete, dass Maitrenanda das Hervorquellen des Wassers bewirkt habe. Ähnliches hatte man ja auch schon anderen Yogis nachgesagt.

Nur einige Nonnen und Mönche aus den drei Klöstern folgten Maitrenandas Ruf. Es waren diejenigen, die sich als Schüler Maitrenandas fühlten. Dafür kamen im Laufe der Jahre mehr und mehr Laienanhänger zu diesen Wochen gemeinsamen Übens. Während Maitrenanda anfänglich den Vorsitz führte – gelegentlich behutsam eingreifend – unterrichteten die Mönche und Nonnen sich gegenseitig sowie auch die Laien. Die letzteren boten durch ihre Fragestellungen hilfreiche und bedeutsame Anregungen. Manches, das traditionell überliefert war, wurde nun wohlwollend-kritisch hinterfragt und neu bewertet. Dies entsprach den Anweisungen des Buddhas, Dinge nicht einfach unbesehen zu übernehmen, bloß weil es den Traditionen entsprach.

Einen großen Teil des Tages verbrachten die Übenden in Meditation. Und es zeigte sich auch hier wieder, dass Laien ebenso zu vertiefter Meditation fähig waren wie Nonnen und Mönche – wenn sie nur dafür Zeit und Ruhe fanden und für eine Weile ihre Sorgen und Nöte zurücktraten.

Nachdem ihre Söhne erwachsen geworden waren, nahm auch Sundarî an den Versammlungen teil. Sie scheute nicht die beschwerliche Anreise über viele Tage und war ein leuchtendes Vorbild. Oft verblieb sie zwei Tage hintereinander in immerwährender Meditation.

Befremden bei manchen der Klosterbewohner löste aber die Einladung Maitrenandas an Sâdhus anderer Traditionen aus. Zwar hatte es bereits zuvor solche gegenseitigen Einladungen zum Diskutieren gegeben. Doch hier sollte ja gemeinsam geübt und gelebt werden. Könnten dadurch vielleicht auch fromme Spendengeber den Klöstern verlorengehen, wenn sie sich den Sâdhus mehr zuneigten?

Anantânanda war inzwischen tatsächlich zu einem spirituellen Freund Maitrenandas geworden. Auch er rief seine Anhänger und Sâdhus auf, an dem gemeinsamen Lernen und Üben teilzunehmen. Beide Freunde waren nun bei den Übungswochen anwesend, sie waren Ratgeber und Vorbilder.

Und so entwickelte sich über die Jahre eine spirituelle Bewegung in den Sahyadri-Bergen, die bei aller Verschiedenheit der Traditionen doch das Einende deutlich machte: Es gibt die Möglichkeit, die Enge eines nur ich- und egozentrierten Bewusstseins zu übersteigen – hin zu einem Erleben der liebenden Verbundenheit mit allem Sein. Und daraus ergab sich eine selbstverständliche Ethik und Lebensweise. Deren Essenz aber ist es, sich und andere nicht zu schädigen, sich vielmehr gegenseitig in Liebe und Respekt zu begegnen und in der Mühsal des Lebens sich gegenseitig zu unterstützen und beizustehen.

Am Ende der Übungswochen konnten die Teilnehmer Fragen an Maitrenanda und Anantânanda stellen. Daraus entwickelten sich Gespräche, in denen die Unterschiede, aber auch die Gemeinsamkeiten der Traditionen sichtbar wurden. Im dritten Teil dieses Buches sollen einige Ergebnisse dieser Gespräche wiedergeben werden.

Zunächst aber soll über die Lebensgeschichte Anantânandas berichtet werden. Nicht zufällig war er shivaitischer Sâdhu geworden. Und nicht zufällig wurden beide Meister spirituelle Freunde. Sie sprengten das übliche Rollenverständnis, das darin bestand, nur die eigene Tradition ihren jeweiligen Schülern zu vermitteln.

Teil II: Das Leben des Sâdhu Anantânanda

Personen

Shravas (»Der Ruhmreiche«), Brahmane und Opferpriester, Vater des Anuvasha

Mâyâ (»Die Wunderkräftige«), Mutter des Anuvasha

Anuvasha (»Der Gehorsame«), Sohn des Shravas, später wird er ...

Anantânanda (»Die Wonne des Unendlichen«), Sâdhu der shivaitischen Tradition

Mîmâmsâjnânin (»Der Kenner der Opferrituale«), Lehrer des Anuvasha in dessen Jugendzeit

Shîlâ (»Die Tugendsame«), die dem Anuvasha zugedachte Braut

Shivadûta (»Der Bote Shivas«), shivaitischer Sâdhu (= Shaiva-Sâdhu)

Satya Deva (»Der Gott der Wahrheit«), Shaiva Sâdhu, Guru des Anantânanda

Viveka (»Der Unterscheidende«), ein Kaufmann

Atîccha (»Der Sehnsüchtige«), ein unglücklicher Shaiva-Sâdhu

Padminî (»Die Lous-Frau«), später Frau des Atîccha

Smriti (hier: »Die Erinnernde«), eine Sâdhvî (Nonne) und Yoginî, die Mahâdevî verehrt

Prîya (»Der von allen Geliebte«), Anantânanda in seinem vorherigen Leben

Dharmarakshita (»Der Bewahrer des Bauddha-Dharma«), bekannt aus Teil I

Bhâvanî (»Die Hervorbringende«), bekannt aus Teil I

Lipika (»Der Schreiber«), Oberbuchhalter am Königshof in Pataliputra

Jhanamitra (»Freund vertiefter Meditation«), ein Mahâthera von Lanka

KINDHEIT

Große Freude herrschte im Haus des Brahmanen Shravas. Nach zwölf Jahren Ehe gebar seine Frau endlich einen Sohn. Wie sehr hatte sich das Paar ein Kind gewünscht! Er, der bekannte Brahmane, hatte mit seinen Ritualen und Opferzeremonien vielen Frauen zu glücklicher Schwangerschaft verholfen. Sein Ruhm war so groß, dass seine Familie von den Ritualen ein reichliches Einkommen hatte. Das Vermögen wurde noch durch fruchtbare Felder und Milchkühe ergänzt, die er von Dienern versorgen ließ. Doch seine Gebete und Opfer bezüglich des eigenen Kindswunsches hatten die Götter nicht erhört.

In dieser Notlage hatten er und seine Frau sich schließlich an den noch berühmteren Brahmanen Mîmâmsâjnânin gewandt, der vier Tagesreisen entfernt in den SahyadriBergen lebte. Dieser hatte offenbar erfolgreiche Rituale vollzogen, denn innerhalb einer Jahresfrist wurde ein Knabe geboren. Mîmâmsâjnânin hatte allerdings eine Bedingung an die Rituale geknüpft. Falls ein Sohn geboren werden würde, solle dieser ab dem 6. Lebensjahr bei ihm in die Lehre gehen, damit er ihn selbst ausbilden könne. Freudig willigte Shravas ein. Möge sein Sohn bei einem so berühmten Meister noch mehr lernen als er selbst beherrschte! Dann würde auch die Versorgung im Alter für ihn und seine Frau gesichert sein.

Seine Frau Mâyâ hatte allerdings einige Bedenken. Wusste sie doch, dass sie ihren Sohn nach der frühen Kindheit für 12 lange Jahre nur selten sehen würde, wenn er im Haus seines Gurus lebte. Doch wagte sie nicht, ihre Bedenken laut zu äußern. Mit den Göttern konnte man nicht verhandeln, nicht umsonst hatte wohl Mîmâmsâjnânin diese Bedingung genannt. Die große Mahâdevî ließ sich nicht zwingen, man konnte sie nur bitten.

Mit dieser Überzeugung stand Mâyâ im Widerspruch zur Auffassung ihres Mannes. Er war der Meinung, dass ein richtig durchgeführtes Ritual die Götter regelrecht zum Handeln nötigen würde. Als lebenskluge Frau hatte Mâyâ öfter ihren Mann darauf aufmerksam gemacht, dass nicht alle seine Rituale zum gewünschten Erfolg geführt hätten, so auch nicht seine Rituale zur Geburt eines Kindes in der eigenen Familie. Shravas meinte dazu, dass er wohl irgendeinen Fehler bei den Zeremonien gemacht habe. Jedenfalls habe sein eigener Guru das gelegentliche Versagen von Ritualen so erklärt.

Mâyâ hatte daher die Rituale um Fruchtbarkeit ihres Mannes in ihrer tiefen Frömmigkeit mit eigenen täglichen Gebeten an Mahâdevî ergänzt:

»O große Göttin, Mutter aller Wesen. Schenke uns bitte ein Kind. Doch nicht nur für uns, sondern auch zum Segen der Welt. Welchen Lebensweg du auch diesem Kind geben willst – ich werde es annehmen und begrüßen.«

Tatsächlich gebar Mâyâ einen Sohn innerhalb Jahresfrist. Waren es nun die Rituale oder die Gebete Mâyâs, die die Schwangerschaft ermöglicht hatten? Hatten die Götter geholfen, war es das Karma des Ehepaares oder war es bloßer Zufall? – Wir heutigen rationalen Menschen würden vielleicht vermuten, dass der Glaube an Rituale und Gebete einen positiven Einfluss auf die Empfängnisfähigkeit genommen haben könnte. Doch was wissen wir wirklich über diese Dinge?

Der Junge erhielt den Namen Anuvasha, der Gehorsame. Nach dem Willen von Shravas sollte er gehorsam seine Pflicht als Sohn erfüllen, erfolgreicher und berühmter Ritualpriester werde und ihn und seine Frau im Alter versorgen. Für ihn stand das Leben seines eben erst geborenen Sohnes klar vor dem inneren Auge. Dieses Bild verfestigte sich bei ihm im Laufe der Jahre immer mehr, besonders da keine weiteren Kinder geboren wurden. Auf Anuvasha ruhten alle seine Hoffnungen und Überlegungen, auch für die eigene Zukunft.

Anuvasha war ein außergewöhnliches Kind. Vorzeitig lernte er sprechen, Sitzen und Laufen. Offen, freundlich und zugewandt war er gegenüber den Eltern, später auch gegenüber den zahlreichen Mitgliedern der Großfamilie und den Spielkammeraden. Bei Streit unter seinen Kammeraden war er vermittelnd und ausgleichend. Aber er war nicht nur extravertiert, oft setzte er sich abseits mit gekreuzten Beinen und aufrechter Position und war dann für Minuten nicht ansprechbar. Gefragt, was er da mache, antwortete er: « Anuvasha ist bei sich selbst«.

Dem Vater war diese Antwort etwas unheimlich. Sein Sohn sollte sich nicht von der Welt zurückziehen! Die liebevolle Mutter war jedoch nicht beunruhigt. Sah sie doch, dass ihr Sohn nach diesen Minuten der Stille wieder ein fröhliches, aufgeschlossenes und der Welt zugewandtes Kind war. Wie kraftvoll wirkte er immer nach der Versenkung! Hatte Mahâdevî ihr vielleicht die Reinkarnation eines Yogis zugedacht?

Dankbar lehrte Mâyâ schon früh ihrem Kind Gebete an Mahâdevî und an Shiva. Und sein Vater ließ ihn an den Ritualen der Morgenstunde und der Abenddämmerung teilnehmen. Mit melodischer Stimme begleitete Anuvasha seinen Vater bei der Rezitation der Mantras. Shravas war stolz. Mit dieser Stimme würde sein Sohn nicht nur die Götter, sondern auch die Herzen der Menschen erreichen.

Als Anuvasha vier Jahre alt wurde, ließ der Vater ihn auch bei den großen Opferritualen für seine Kundschaft teilnehmen. Mit Erstaunen und Freude merkte er, dass sein Sohn die Ritualtexte oft nach einem einzigen Mal des Hörens behalten hatte. Ja, der Junge war offenbar begabt, Ritualpriester zu werden. Wie schön, dass er bald in die Lehre des berühmten und erfahrenen Meisters Mîmâmsâjnânin gehen würde.

Zwei Jahre später kam der Abschied vom Elternhaus. Schwer fiel dem Jungen die Trennung, besonders von der Mutter und den Spielkammeraden. Es flossen einige Tränen. Der Schmerz war groß, auch wenn er wusste, dass die kommende Lehrzeit sein Sva-dharma, seine ganz persönliche Pflicht war. Glücklicherweise hatte er wenigstens seinen Guru Mîmâmsâjnânin bereits im letzten Jahr kennengelernt. Er schien ein weiser und gütiger Mann zu sein. Und so mischte sich in Anuvashas Abschiedsschmerz auch Neugier und Erwartung auf das Kommende.

DIE LEHRZEIT BEI MÎMÂMSÂJNÂNIN

Mîmâmsâjnânin hatte bereits das 60. Lebensjahr überschritten, als Anuvasha in seine Lehre kam. Vor sieben Jahren hatte er mit einem erfolgreichen Ritual eine Schwangerschaft bei Mâyâ, der Frau von Shravas, bewirken können. Damals hatte er den Göttern gelobt, den Knaben selbst auszubilden.

Doch hatten sich die Lebensumstände des alten Ritualpriesters in der letzten Zeit verändert. Seine Frau war vor kurzem verstorben und er hatte eine Hütte am äußersten Rand des Dorfes bezogen, wo er das Leben eines Waldeinsiedlers führte. Dabei wurde er unterstützt von seinen Kindern, die das Notwendigste zum Leben vorbeibrachten und ihn gelegentlich auch um Rat fragten.

Der Tod seiner Frau hatte ihn sehr getroffen. Hatte er doch gehofft, mit ihr zusammen das Leben im Alter zu gestalten und gemeinsam aus dieser Welt zu scheiden. Mit seinen Kindern wollte er seinen Schmerz nicht teilen; sie waren selbst belastet genug. Und so wandte er sich in seinem Schmerz an einen Bekannten. Es war ein alter Bhikshu aus dem Höhlenkloster von Bedsa, ein Meister der Meditation. Das Kloster lag nur wenige Gehstunden von seinem Dorf entfernt. Lange sprachen sie über Mîmâmsâjnânins Frau, die der Bhikshu ebenfalls gekannt hatte, denn sie hatte ihm bei seinen Almosengängen des Öfteren Speise geboten.

Dann versanken beide in Schweigen bis der Bhikshu das Wort ergriff: »In dieser Welt hat nichts Bestand, wir alle sind der Vergänglichkeit, dem Alter und dem Tod letztlich ausgeliefert. Deine Frau besaß Weisheit, war dir eine ebenbürtige und liebevolle Gefährtin, spendete – ohne Unterschiede zu machen – Speise an Sâdhus, an Bhikshus, an Yogis. Ihre Wiedergeburt wird gesegnet sein. Deine Rituale sind über viele Jahre segensreich gewesen, haben den Menschen Trost und Hilfe gegeben. Ein tugendhaftes Leben hast du geführt, deine Pflichten als Ritualpriester und Brahmane erfüllt. Deine Kinder sind erwachsen. Wäre es da nicht an der Zeit, dass du dich zunehmend von den weltlichen Pflichten zurückziehst? Du kennst ja die Wege der Meditation. Bisher hast du sie vorwiegend geübt, um gesammelten Geistes deine Rituale durchzuführen. Nun aber ist es Zeit, dass du dem Todlosen entgegengehst, dem Ungeborenen, dem Grenzenlosen, dem Ungewordenen, dem Ungestalteten.

Deine Meditationen könnten nunmehr eine andere Zielrichtung haben als bisher.«

Ähnliche Erwägungen hatte Mîmâmsâjnânin bereits selbst gehabt. Vertraut mit den Lehren der Upanischaden hatte er sein ganzes Leben eine Sehnsucht nach dem göttlichen Urgrund, dem Brahman. Doch seine Pflichten hatten es ihm nur teilweise erlaubt, den Weg der Meditation, den Weg der Selbsterkenntnis, den Weg hin zum Brahman zu gehen. Nun erinnerte er sich auch des Gurus seiner Lehrzeit. Auch dieser hatte ihm geraten, gegen Ende des Lebens die weltlichen Pflichten hinter sich zu lassen und ein Vanaprashtin – ein Waldeinsiedler – zu werden. Und so zog er in eine Hütte am Rande des Dorfes.

Rituale zum Zweck äußerlicher Erfolge waren nun für ihn weitgehend bedeutungslos geworden. Konnte er in dieser Situation überhaupt noch einen Ritualpriester ausbilden? In der ihm verbleibenden Zeit auf der Erde wollte er sich zunehmend hinwenden zum Brahman, dem Urgrund allen Seins. Jenseits von Wiedergeburten wollte er gelangen.

Auf sein Leben zurückblickend stellte er fest, es war schön, aber auch mühevoll gewesen. Er war in das Schauspiel des Lebens hineingezogen worden wie ein Theaterbesucher, der ein Drama auf einer Bühne erlebt und sich mit der Handlung identifiziert. Das Drama des Lebens mochte nun allmählich zu Ende gehen. Heimkehren wollte er wie ein Theaterbesucher, der nach der Aufführung nach Hause geht. So wie Flüsse ins Meer münden, so wollte er eingehen ins Brahman.

Mit dem Rückblick auf sein jetziges Leben konnte er zufrieden sein. Er hatte seine Plicht, sein Sva-dharma erfüllt, war allen Aufgaben eines Brahmanen nachgekommen, hatte eine gute Ehe geführt, war ein erfolgreicher Ritualriester und hatte zusammen mit seiner Frau drei Kinder erzogen. Zudem hatte er jahrelang drei weitere Ritualpriester ausgebildet. Alle waren erfolgreiche Priester geworden. Doch eins bewegte Mimâmsâjnânin nunmehr. Keiner seiner bisherigen Schüler war bereit, über die Welt der Erscheinungen hinauszugehen und sich dem Ewigen und Unvergänglichen tiefer zu widmen. Hatte es vielleicht daran gelegen, dass er selbst noch nicht bereit genug gewesen war? Nur Anfänge des Yoga und der Meditation hatte er selbst praktiziert und weitergegeben. Seine Schüler und Söhne hofften offenbar, nach einem Leben der Pflichterfüllung in den Himmeln Reinkarnation zu finden.

Eigentlich war er nun zu alt, um nochmals über Jahre einen Schüler anzunehmen. Auch war er nun im Stand eines Waldeinsiedlers, der sich allmählich von der Welt zurückzog. Aber er hatte es den Göttern gelobt. Würde es ihm gelingen, diesem letzten Schüler die Sehnsucht nach dem Grenzenlosen, dem Unendlichen, dem All-umfassenden mit auf den Weg zu geben? Konnte dieser Schüler mehr als nur ein einfacher Ritualpriester werden? Vor einem Jahr hatte er den Jungen im Kreis von dessen Familie besucht. Er schien begabt zu sein, hatte ein mitfühlendes Herz, war wohlerzogen und fleißig. Ein solcher Schüler würde ihn wohl auch nicht behindern auf seinem Weg hin zum Brahman, dem höchsten Ziel allen Lebens.

Anuvashas Lehre in der Hütte des Meisters begann mit einer Zeremonie. Beim heiligen Opferfeuer wurden die Götter angerufen, Anuvasha verbeugte sich tief vor seinem Guru, berührte dessen Füße. Daraufhin legte Mîmâmsâjnânin segnend seine Hände auf den Kopf seines Schülers: »Sage immer die Wahrheit. Erfülle stets deine Pflichten. Vernachlässige nie das Studium der heiligen Überlieferungen.«

Viel hatte der junge Schüler bereits am Anfang zu lernen, das Morgen- und Abendritual eines Brahmanen, die dazugehörigen Waschungen, die Essenszubereitung für den Meister und sich. Feuerholz und Wasser mussten geholt werden, die Hütte war zu reinigen, das Feuer zu entzünden. Mîmâmsâjnânin lehrte ihn Lesen und Schreiben, machte ihn mit Grammatik und Wortschatz des Sanskrits vertraut. Sein Schüler sollte nicht nur die heiligen Texte auswendig lernen, sondern auch ihren Inhalt verstehen.

Zwar ließ sich die Tiefe der heiligen Veden nur in der Sanskrit-Ursprache erahnen, jede Übersetzung musste unvollkommen bleiben. Die Sprache der Veden bestand nicht nur aus Worten; sie waren darüber hinaus heilige Laute, die zu weltlichem und spirituellem Erfolg führen konnten. Dennoch war es dem Meister wichtig, dass sein Schüler den Sinn erfassen konnte, soweit es in der Sprache der Gegenwart ausdrückbar war.

Nicht alle Ritualpriester hielten das für erforderlich. Manche waren der Auffassung, dass man in einem Ritual nur die richtigen Mantras und Hymnen korrekt rezitieren müsse, damit der gewünschte Erfolg eintrat. Ein Verständnis der Worte schien ihnen nicht notwendig. Man solle nur wissen, zu welchem Anlass die Mantras und Hymnen rezitiert werden mussten.

Nur drei Jahre später beherrschte Anuvasha Lesen, Schreiben und den

Formenreichtum der Sanskritsprache. Er war ein stets aufmerksamer, gelehriger Schüler, der seinen Meister liebte und verehrte. Zur Übung unterhielten sich Meister und Schüler auch im Alltag in Sanskrit. In den nächsten drei Jahren ging es an das Auswendiglernen der wichtigsten Texte – insbesondere der Ritualtexte – der Veden. Das »Ende der Veden«, die 108 Upanischaden, wurden zunächst noch nicht gelehrt. Dies sollte erst einige Zeit nach dem 14. Lebensjahr geschehen, wenn Anuvasha dafür die nötige geistige Reife erlangt hatte.

Mit 12 Jahren erhielt Anuvasha in feierlicher Zeremonie seine Brahmanenschnur. Damit war er zu einem Vollmitglied der Brahmanenkaste geworden und somit seiner Kindheit entwachsen. Hin und wieder durfte er nun für jeweils einige Tage seine Eltern besuchen. Der Vater war stolz über die Fortschritte seines Sohnes. In manchem wusste sein Sohn bereits mehr als er selbst. Insbesondere konnte Anuvasha sich in Sanskrit deutlich besser ausdrücken. Der liebevollen Mutter fielen die Abschiede immer sehr schwer. Auch Anuvasha trennte sich von ihr mit Mühe, auch wenn er andererseits gern zu seinem Guru zurückkehrte.

Bei der weiteren Ausbildung zum Ritualpriester ergab sich nun eine praktische Schwierigkeit. Mîmâmsâjnânin übte weiterhin die religiösen Rituale eines Brahmanen und vermittelte sie an Anuvasha, jedoch nahm er keine Aufträge an. Berühmt war er gewesen für seine Rituale zur Lebensverlängerung, Gesundheit, Kinderreichtum, Vermehrung von Vermögen und Viehherden. Wie sollte er diese und andere Zeremonien seinem Schüler praktisch vermitteln? Die Hymnen, Mantras und theoretischen Anweisungen konnte er ihm beibringen, jedoch nicht die praktische Durchführung.

An dieser Stelle sei angemerkt, dass Mîmâmsâjnânin während seiner ganzen Zeit als Ritualpriester in einem konsequent geblieben war. Nie führte er ein Ritual durch, durch das andere zu Schaden kommen sollten. Zwar gab es in den heiligen Veden Zeremonien zum Besiegen von Feinden, zum Schwächen der Viehherden eines Gegners. Nichts im Leben war ja den heiligen Texten fremd. Doch immer hatte er seine Auftraggeber vor den karmischen Konsequenzen für Rituale gewarnt; er selbst wollte damit nichts zu tun haben. Er war stets unbestechlich geblieben, selbst wenn ihm großer Lohn angeboten worden war.

Der Meister fand schließlich einen Ausweg für die praktische Ausbildung von Anuvasha. Einer seiner ehemaligen Schüler wohnte nur wenige Dörfer entfernt. Er bat ihn, Anuvasha an seinen Ritualen teilnehmen zu lassen. Mîmâmsâjnânin würde Anuvasha jeweils auf die entsprechende Zeremonie vorbereiten. Und so geschah es, denn der ehemalige Schüler konnte seinem alten Guru eine solche Bitte nicht abschlagen. Etwa jeden 2. Monat war Anuvasha nun für einige Tage im Haus des Ritualbrahmanen. Gern wurde er dort gesehen, denn er ging dem Ritualpriester bei komplizierten und längeren Ritualen kompetent und gut vorbereitet zur Hand.

Im 14. Lebensjahr Anuvashas geschah aber etwas, was sein Leben dauerhaft verändern sollte. Ohne sich weitere Gedanken zu machen, hatte er bis dahin ein Ritual nach dem anderen fehlerfrei erlernt und bei den Zeremonien des Ritualbrahmanen assistiert. Es war ja seine Pflicht.

Zum Ritualpriester kam nun ein junger Kaufmannssohn, der gerade ein reiches Erbe angetreten hatte. Der Kaufmann hatte sich unsterblich in eine junge Frau von außergewöhnlicher Schönheit verliebt. Allerdings war sie von niedriger Kaste und hatte den zweifelhaften Ruf, sich mit mehreren Männern eingelassen zu haben. Doch das kümmerte den Jüngling nicht. Er begehrte sie, wollte sie besitzen und heiraten. Seinen Antrag hatte sie zunächst abgewiesen.

Der Kaufmann bestellte nun beim Ritualbrahmanen einen Liebeszauber, um die Frau doch noch für sich zu gewinnen. Im Rahmen der aufwändigen (und teuren) Zeremonie musste der junge Kaufmann die alten Liebezauberformeln selbst rezitieren. Der Ritualbrahmane hatte sich geweigert, die Verse für ihn zu sprechen. In diesen Zaubersprüchen heißt es unter anderem: »Wie der Adler beim Abfliegen die Schwingen gegen die Erde drückt, so drücke ich deinen Geist nieder, o Frau, sodass du mich liebst und mir geneigt bist«.

Von diesem Erlebnis tief verstört kam Anuvasha zu Mîmâmsâjnânin zurück: »Meister, ist es denn recht, dass wir mit unseren Ritualen dabei helfen, dass ein Mensch einem anderen seinen Willen aufzwingt?« Und er schilderte die Begebenheit in allen Einzelheiten.

»Auch zweifle ich immer mehr an dem langfristigen Sinn jener Rituale, die Reichtum und Gesundheit bewirken«, fuhr Anuvasha fort. »So kam vor etwa 2 Jahren ein armer Kaufmann, der ein Opfer zur Erlangung von Reichtum bestellte. Nun ist er tatsächlich reich geworden, bleibt aber unzufrieden, weil er noch reicher werden will. Ein anderer hatte eine schwere Krankheit, von der er nach einem aufwändigen Ritual genesen ist. Doch jetzt ist er unglücklich und meint, das Leben sei ihm eine Last, er wäre doch besser gestorben.«

Mîmâmsâjnânin antwortete: »Mein Sohn, die uralten Überlieferungen – hier die des Atharvaveda – sind zu respektieren. Die heiligen Veden enthalten durchaus auch Hilfen für das irdische Leben – schätze diese Hilfen nicht gering ein! Was ein Mensch aber mit seinem Reichtum und seiner Gesundheit macht, ist entscheidend. Gesundheit und Reichtum allein sind tatsächlich bestenfalls nur eine Basis für ein sinnvolles und hoffentlich auch spirituelles Leben. Gerade hierfür aber geben die heiligen Veden Anleitung und enthalten höchste Weisheit. Sie führen auf den Weg des Yoga. In gewisser Weise freue ich mich daher über deine Zweifel bezüglich eines tieferen Sinns unserer Opferzeremonien. Denn alle Rituale, die sich auf das weltliche Leben beziehen, tragen eine Begrenztheit in sich, da sie nur vorübergehend wirken.

Ich habe dir neulich das Natshiketa-Ritual erklärt. Es ist das Höchste, was wir mit unseren Opferzeremonien erreichen können – die Reinkarnation in einer der Himmelswelten. Doch selbst ein Leben dort ist vergänglich und der Mensch kehrt wieder in das Dasein auf der Erde zurück.

Übrigens hätte ich den Liebeszauber nicht durchgeführt; er wird wirksam sein, aber schwerwiegende karmische Folgen nach sich ziehen«.

»Meister, ich möchte die allerhöchste Weisheit der heiligen Überlieferungen erlernen und erfahren – das Geheimnis von Leben, Tod und Unsterblichkeit« – »Warte noch ein wenig, Anuvasha«, kam die Antwort.

Der Meister sollte Recht behalten. Der Liebeszauber war erfolgreich. Allerdings hatte die Frau bei der Hochzeit die Bedingung gestellt, dass sie die Hälfte des Vermögens erhalte. Dies gab sie nun großzügig aus. Unter anderem gewann sie damit die Gunst der weitläufigen Verwandtschaft zurück, die sie wegen ihres Lebenswandels verachtet hatte. Sie wurde eine Weile hofiert – bis das Vermögen verbraucht war. Gleichzeitig erlitt der Kaufmann einen herben Verlust, weil eine von ihm finanzierte Karawane ausgeraubt worden war. So war sein Reichtum weitgehend dahingeschmolzen und es folgten Zank und Streit in der Familie des Kaufmanns. Er wurde seines Lebens nicht mehr froh und war schließlich erleichtert, als seine Frau ihn wegen eines anderen Mannes nach nur kurzer Ehe verließ.

All dies erfuhr Anuvasha. Das ganze Dorf verspottete den armen Kaufmann, der sich schämte und erst nach vielen Jahren zu einem einigermaßen glücklichen Leben zurückfinden sollte. Und so fragte Anuvasha seinen Meister erneut: »Was nützt Reichtum und Ruhm, den ich als Priester vielleicht erwerben werde, wenn er doch so vergänglich ist und zu keinem dauerhaften Glück führt? Bitte lehre mich die höhere Weisheit der Veden, Meister.« Und wieder kam die Antwort: »Warte noch ein wenig, Anuvasha«.

Als Anuvasha 16 Jahre alt geworden war, fasste er allen Mut zusammen und trat vor Mîmâmsâjnânin: »Meister, wenn ich ein schönes Mädchen sehe, regt sich in mir sexuelle Lust. Ich kann nun sehr wohl jenen unglücklichen Kaufmann verstehen, der sich mit seiner Lust ins Verderben stürzte.

Aber da ist noch etwas anderes, was mich noch mehr bewegt. Ich kann es nur unvollkommen ausdrücken. Wenn wir morgens die Sonne mit unserem GâyatrîMantra begrüßen, weitet sich mein Herz und ich fühle, wie ich verbunden bin mit der Welt die uns umgibt. Und wenn wir abends mit dem Triyambaka-Mantra darum bitten, uns von der Verhaftung an die Welt abzulösen, wie eine reifgewordene Gurkenfrucht, die ihres Stils zum Wachstum nicht mehr bedarf, dann spüre ich eine Stille in der Abendstunde, die mich bis in die Nacht begleitet. Und ich erinnere mich jetzt auch daran, dass ich als Kind oft in mich versunken war, erfüllt von Glück und Stille.

Sage mir, was geschieht, wenn wir uns noch tiefer ablösen von der Welt der Erscheinungen und was geschieht nach dem Tod? Gibt es nur die Himmelswelten, in die wir hineingeboren werden können, wie ich es in einigen der Rituale gelernt habe? Bitte, was ist die höchste Weisheit unserer heiligen Überlieferungen? Und wie kann ich sie selbst erfahren?«

Der Meister war hoch erfreut. Hatte er in Anuvasha jenen Schüler gefunden, den er sich so sehr ersehnt hatte? In den letzten Jahren seines Lebens als Waldeinsiedler mit vertiefter Meditation war er seinem innersten Wesen näher gekommen und damit zugleich auch dem Urgrund allen Seins. Die Weisheit der Upanischaden war nunmehr für ihn nicht bloßes intellektuelles Wissen sondern lebendige Erfahrung. Die Ahnung vom Ewigen, Grenzenlosen, Allumfassenden, die er in der Jugend gehabt hatte, war ihm zur Gewissheit geworden.

»Mein Sohn Anuvasha«, begann er, »ist dir in den letzten Jahren etwas an mir aufgefallen?«

Anuvasha entgegnete: »Ja, Meister. Einerseits seid ihr älter geworden. Andererseits geht von euch mehr und mehr eine Ruhe und Strahlkraft aus, wie ich sie noch bei keinem Menschen erleben durfte. Ihr redet weniger, alltägliches findet nicht mehr euer Interesse. Doch jedes Wort das ihr sagt, berührt mein Herz. Und da ist noch etwas anderes. Als ich vor einigen Monaten in tiefer Nacht aufwachte, sah ich euch in Meditation versunken. Ein Glanz umgab eure Gestalt, erhellte die Dunkelheit. Unsere Hütte war erfüllt von tiefem Frieden. Seitdem wache ich immer wieder in der Nacht auf, setze mich hinter euch und gelange mühelos in einen Zustand der Ruhe. Die Gedanken stehen still, so wie ein Ochsenkarren zum Stillstand kommt wenn die Zugochsen abgeschirrt sind. Doch ich bin dann nicht ermattet – nein, ich fühle, dass ich da bin, hellwach und erfüllt von tiefer Freude. Auch aus diesen nächtlichen Stunden kommt meine Frage nach der höchsten Weisheit unserer heiligen Überlieferungen.«

Darauf Mîmâmsâjnânin: »In der Tat habe ich mich in den letzten Jahren zunehmend der Meditation und dem Weg der Erkenntnis zugewandt. Wenig bedeuten mir noch Äußerlichkeiten. Die höchste Weisheit der Veden findet sich in den Upanischaden. Damit will ich dich in den letzten Jahren deiner Lehrzeit vertraut machen. Doch du sollst die Upanischaden nicht nur auswendig lernen, sie mit dem Verstand erfassen, sondern ihre Wahrheit begreifen und erfahren.

Alles kann richtig sein zu seiner Zeit, auch das Leben eines Schülers, der Ritualpriester wird. Verdienstvoll ist es nämlich, anderen mit unseren Ritualen in den Schwierigkeiten des Lebens beizustehen, ihnen Trost und Zuversicht zu spenden. Noch verdienstvoller ist es, wenn Rituale zu den Himmelswelten führen, in denen für lange Zeit Freude herrschen wird, bis eine neue Inkarnation auf Erden infolge alten Karmas erfolgt. Auch die Rituale zugunsten verstorbener Verwandter sind verdienstvoll – sowohl für den Opfernden wie auch für die Verstorbenen.

Nicht umsonst hast du vor Jahren das aufwändige Natshiketa-Opferritual erlernt, das zu den Himmelswelten führt. Es ist ein Ritus, den einst Natshiketa direkt vom Todesgott Yama erlernte. Die Katha – Upanischade beschreibt, wie es dazu kam. Natshiketa hatte seinen Vater heftig kritisiert, denn dieser hatte aus Geiz ein Opfer mit minderwertigen Opfergaben vollzogen. Der Jüngling befürchtete, dass diese Knausrigkeit negative karmische Folgen für seinen Vater haben könne. Der Vater war jedoch wegen Natschiketas Vorhaltungen zutiefst erzürnt, verfluchte ihn, schickte ihn sogar zum Todesgott! Traurig und ergeben machte sich der Jüngling auf den Weg zum Haus des Todesgottes Yama. Der Hausherr war jedoch drei Tage nicht zu Hause (wie sollte Yama auch Natshiketa erwartet haben, wer geht denn schon wirklich freiwillig zum Tod?). Als Brahmane hatte Natshiketa aber ein Anrecht, als Gast vom Hausherrn persönlich bewirtet zu werden. Selbst der Todesgott ist diesem Gesetz verpflichtet. Als Sühne für die Verletzung des Gastrechts bot Yama daraufhin an, dem Jüngling drei Wünsche zu erfüllen.

Der erste Wunsch war eine Kleinigkeit für Yama, aber bedeutsam für Natshiketa. Der Zorn seines Vaters möge vergehen und dieser sich freuen, wenn er wohlbehalten nach Hause zurückkehren würde (wie bedeutsam, dass der Jüngling nicht in der Wut auf den Vater stecken blieb, der ihn immerhin zum Todesgott geschickt hatte!).

Als zweites wünschte sich Natshiketa die Einweihung in ein Ritual, das zu den Himmelswelten führt. Auch dieser Wunsch wurde ihm gewährt, es ist eben jenes Opferritual, das ihm zu Ehren benannt ist.

Als drittes aber fragte der Jüngling den Todesgott – so wie du jetzt mich fragst – was das Geheimnis von Leben und Sterben sei, was noch jenseits der Himmelswelten läge. Ob es etwas gäbe, das unvergänglich und unsterblich sei. Und Yama weihte ihn ein. Jenseits der Welt der Erscheinungen und doch in ihr verborgen und sie belebend ist der Âtman, das Selbst, die tiefste Tiefe in jedem Wesen – gestaltlos, unsterblich, anfanglos, endlos, unwandelbar. Und dieser Âtman ist eins mit dem Urgrund, dem Brahman. Wer das Selbst im Herzensgrund erfährt, der gelangt jenseits von Tod und Wiedergeburt, jenseits von Ursache und Wirkung.«

Ergriffen hatte Anuvaysha den Worten des Meisters gelauscht. Hatte er nicht in den Stunden nächtlicher Meditation eine Ahnung von jener inneren Tiefe erfahren? Hatten vielleicht auch jene Augenblicke der Kindheit, in denen er in sich versunken und für die Außenwelt nicht erreichbar gewesen war, etwas damit zu tun? Kaum sprechen könnend hatte er damals gesagt, ›Anuvasha war bei sich selbst‹. Und so fragte er: »Wie gelange ich zur Erfahrung des Âtman, des Brahman? Offensichtlich kann der Verstand mit Hilfe der heiligen Überlieferungen es begreifen – doch ich möchte es erfahren, was bis jetzt mir nur eine Ahnung ist.«

Lange schwieg der Meister. Doch in diesem Schweigen geschah wortlos eine erste Einweihung in die Beziehung des Âtman zum Brahman, in die Beziehung des individuellen Wesenskerns zum Urgrund des Seins. Nur weit spirituell fortgeschrittenen Gurus ist diese Form der wortlosen Einweihung möglich. Über Stunden verblieb Anuvasha in einem entrückten Zustand. Hätte jemand ihn angesprochen oder angestoßen – er hätte es nicht bemerkt.

Als Anuvasha langsam in sein Alltagsbewusstsein zurückkehrte, warf er sich zu den Füßen des Meisters. Liebevoll betrachtete Mîmâmsâjnânin seinen Schüler. Ja, Anuvasha hatte im Augenblick der Einweihung eine tiefgehende Erfahrung gemacht. Aber es würde nun eine lange Zeit des Übens erfordern, damit sein Schüler von sich aus diese Bewusstseinsstufe erreichen konnte. Die Einweihung hatte das Ziel eines langen spirituellen Weges aufgezeigt. Doch der Weg selbst musste noch gegangen werden.

Nach einiger Zeit bat Mîmâmsâjnânin seinen Schüler, sein Erleben in Worten auszudrücken, auch wenn Worte es nicht völlig ausdrücken könnten. Der Guru wollte, dass von der Einweihung nicht nur ein nebulöses Gefühl zurückblieb. Echte spirituelle Erlebnisse waren sehr wohl beschreibbar und konnten zwischen Guru und Schüler besprochen werden.

Langsam, leise, nach Worten suchend, antwortete Anuvasha: »Zunächst übte ich das Eintreten in die Stille, wie in vielen Nächten zuvor. Doch plötzlich entstand etwas anderes. Da war kein Körper, kein Atem, keine Gedanken. Dann kam Angst auf, vielleicht vor dem Nicht-mehr-da-sein. Als diese abebbte, entwickelte sich ein intensives Bewusstsein, erfüllt von stiller Freude. Doch das war kein Ichbewusstsein, wie ich es sonst kenne, sondern ein ›Da-Sein‹. Dieses ›Da-Sein‹ berührte nun etwas, das grenzenlos war. Es hatte keine Form, keine Farbe, keine uns sonst bekannte Eigenschaft, war unbegrenzt. Das was ich ›Da-Sein‹ nenne, war nun in ihm enthalten, bestand weiterhin als Teil des Unermesslichen. Gleichzeitig aber hatte das ›Da-Sein‹ die Natur des Unermesslichen, des Grenzenlosen, des Unendlichen, war nicht verschieden von ihm.

Und so war das ›Da-Seins-Bewusstsein‹ einerseits ein Teil des Unendlichen und zugleich das Unendliche selbst. Es war mit allem verbunden und doch gab es keinen Ort und keine Zeit.

Das Zurückkommen in das gewöhnliche weltliche Ichbewusstsein geschah unvermittelt, war schmerzlich. Und auch mein Köper will noch nicht so recht gehorchen. Wenn ich jetzt aufstünde, würde ich wohl wie ein Betrunkener taumeln.«

»Mein lieber Sohn«, sagte Mîâmsâjnânin, »dein Erlebnis entspricht meinen Erwartungen an dich. Doch du wirst nun eine Weile brauchen, bis du an dieses Stadium der Erfahrung wieder anknüpfen kannst. Morgen Abend werde ich dir eine Meditation geben, die dein Erlebnis weiterentwickeln wird. Doch lass uns jetzt ein wenig schlafen. Es ist spät geworden und die Begegnung mit dem Unendlichen erschöpft unsere Kräfte.«

Bald versank Anuvasha in Schlaf, der schließlich in einen Traum überging. Er schwamm ins Meer hinaus, bis sich die Küstenlinie am Horizont verlor. Er fühlte sich frei und glücklich in dem ihm grenzenlos erscheinenden Meer. Er war Teil des Meeres, das ihn umhüllte und trug.

Am nächsten Morgen erinnerte sich Anuvasha an seinen Traum. Zugleich fiel ihm ein Ereignis seiner Kindheit ein, ein Erlebnis das seinerzeit intensiv gewesen war, das er aber vergessen hatte. Jetzt kam die Erinnerung daran wieder hoch, verbunden mit den Gefühlen, die er damals gehabt hatte. Kurz vor Beginn seiner Lehrzeit bei Mîmâmsâjnânin hatte sein Vater mit ihm eine Pilgerreise ans Meer gemacht. Dort stand ein Tempel, der dem Ganesha geweiht war – dem Gott, der um Beistand am Anfang schwieriger Unternehmungen gebeten wird. Shravas hatte dort eine aufwändige Pûjâ zelebriert und anschließend seinem Sohn das Meer gezeigt.

Anuvasha war zuvor noch nie am Ozean gewesen. Sein Vater erklärte ihm, dass das Meer Jambudvipa (den indischen Subkontinent) von Westen, Süden und Osten umgibt, während im Norden die mächtige Gebirgskette des Himalaja aufragte, auf dessen höchsten Gipfeln die Götter wohnten. Doch das hatte Anuvasha nur wenig interessiert, wenngleich er seinem Vater höflich zuhörte. Etwas anderes ergriff ihn. Er war überwältigt vom Anblick des Meeres. Es schien keine Grenzen zu haben, erschien an – anta (ohne Ende). Wie er auf den Ozean schaute, empfand er es wie eine Zwiesprache seines eigenen Seins mit dem Unendlichen, das vor ihm lag. (Als Kind hätte er dies nicht so formulieren können, aber genau das war sein Erlebnis gewesen). Und als er mit seinem Vater in sein Heimatdorf zurückkehrte, trug er die Weite des Meeres in sich. Ja, Ganesha hatte offenbar den Beginn seiner zukünftigen Ausbildung gesegnet.

Sein jetziger Traum ging offenbar noch über das damalige Erleben hinaus. Er war nicht nur Zuschauer, der von der Größe und Erhabenheit des Meeres tief bewegt war – nein, er war im Traum in dieses Große eingetaucht, wurde getragen, war Teil des Meeres – wenngleich auch nicht ganz identisch mit ihm, da er sich als Individuum in diesem Unendlichen befand.

›War dies‹, dachte er, ›ein Gleichnis für das, was die Upanischaden versuchten, in ihren heiligen Worten auszudrücken? In welcher Beziehung zueinander standen das Tiefste im Menschen und der unermessliche Urgrund, Âtman und Brahman? – Im Moment der Einweihung hatte er von dieser Beziehung eine gewisse Ahnung erhalten, doch wie konnte er zu dauerhafter und vertiefter Erfahrung kommen?‹

Und so wandte er sich nach den Morgenritualen an Mîmâmsâjnânin, seine schon früher gestellte Fragen präziser wiederholend: »Was ist die Beziehung zwischen Âtman und Brahman? Ist der Âtman absolut identisch mit Brahman? Oder wesensgleich und doch etwas verschieden, da er nicht so unermesslich sein kann wie das Unermessliche selbst? Oder zwar aus dem Brahman hervorgegangen, aber doch verschieden, wenngleich mit den Qualitäten des Brahman weitgehend ausgestattet? Und geht unsere Individualität verloren, wenn der Âtman erkannt wird?« [1]

»Mein Sohn«, antwortete Mîmâmsâjnânin, »deine Fragen erinnern mich an die von Maitreyî, der wundervollen Frau des Rishis Yajnavalkya. Mit ihren Fragen trieb sie Yajnavalkya zu den höchsten und schönsten Formulierungen, soweit es in Worten sagbar ist. (Leider sind uns nicht alle Gespräche der beiden überliefert). Am Ende aber konnte Yajnavalkya nur noch sagen: ›net – neti‹ – nicht so und nicht so! Denn Âtman und Brahman gehen über jede Begrifflichkeit hinaus. Hier endet das Denken und die Möglichkeiten der Sprache. Dieser Dialog ist in der Brihadharanyaka Upanischade überliefert; wir werden uns damit in der nächsten Zeit eingehend beschäftigen. Übrigens ist Maitreyî für mich ein Beispiel dafür, dass auch Frauen selbstverständlich Mukti (Erleuchtung) erreichen können. Unter uns Brahmanen soll es ja noch immer einige geben, die glauben, dass nur Männer Mukti verwirklichen und Frauen erst noch einmal als Männer inkarniert werden müssen!

Dein spontanes Erlebnis als Kind im Angesicht des Ozeans, deine nächtlichen Meditationen mit mir, deine Einweihung in die Upanischaden und dein gestriger Traum weisen in die richtige Richtung, sind erste Erfahrungen des Unendlichen im eigenen Sein.

Doch es waren einmalige erhabene Ereignisse, wenngleich sie tiefe Spuren in dir hinterlassen haben. Durch Yoga aber kann es dir gelingen, fortwährend Zugang zu jener Tiefe des Seins zu gewinnen, sodass du ein bewusstes Kind des Unendlichen wirst. Daher will ich dir nun eine Meditation zeigen, die dich auf deinem inneren Weg weiterbringen wird«.

Mîmâmsâjnânin lehrte ihn nun eine Meditation mit dem Mantra »aham brahmâsmi« (= aham brahma asmi, ich brahma ich bin). Hierbei handelt es sich um eines der »Großen Worte« (mahâvâkyas) der vedischen Tradition, die die Verbundenheit von Âtman und Brahman andeuten. Der Guru erklärte: »Wiederhole das Mantra wieder und wieder. Wiederhole es aber nicht nur mechanisch. Auch rede dir nicht bloß ein, dass du Brahma bist. Es geht darum, das Mantra zum Erleben werden zu lassen. So wie das Samenkorn eines Baumes bereits den ganzen Baum enthält – aber noch kein Baum ist – so hat dieses Mantra die Potentialität, dich zu höchstem Erwachen zu führen. Das Samenkorn benötigt Erde, Licht, Wärme und Wasser um zum Baum zu werden. So auch benötigt dein spirituelles Erwachen durch das Mantra stetes Üben, klares Bewusstsein, Hingabe und Freude.

Verbinde dein Einatmen mit ›aham‹, ich. Indem du die Luft aufnimmst, ohne die dein Körper nicht bestehen kann, nimmst du zugleich aus dem Unendlichen universelle Lebensenergie (Prâna) auf. Damit entwickelt und stabilisiert sich dein Ich-bewusstsein. Es ist die Erfahrung, ein einzelnes Wesen zu sein, das sich von dem Rest der Welt unterscheidet, sich ihr gegenüber behauptet und zugleich von ihr abhängig ist. Verachte dieses begrenzte ›Ich‹ nicht. Es ist notwendig in unserer Welt der Relativität.

In der Ausatmung aber gebe dich und dein Ich-Bewusstsein hin an die Welt und an DAS, was darüber hinausgeht. Mit deiner Ausatmung strömst du gleichsam in die Welt und das Grenzenlose hinein. Dabei kann dir zunehmend die Verbindung mit dem Unermesslichen bewusst werden. Dies verbindest du mit dem zweiten Teil des Mantras ›brahmâsmi‹. Doch dies teilt sich wiederum in ›brahma‹ und ›asmi‹. Beide Worte sind durch die Verschmelzungsregeln unseres Sanskrits zu einem Wort vereint, mit einem langen â an der Verbindungsstelle.

Denke am Beginn der Ausatmung ›brahma‹, das am Ende der Ausatmung unmerklich in ›asmi‹ übergeht ...

Diese Praxis hat eine tiefe Bedeutung. Während du dich mit dem Wort ›brahma‹ in das Unermessliche hineinbegibst, nimmst du im ›asmi‹ die Berührung mit dem Unermesslichen in dich selbst hinein – im Augenblick der Stille vor der erneuten Einatmung. In diesem Moment entsteht ein neues, anderes ›ICH BIN‹, ein Seins-Bewusstsein das sich nicht mehr begrenzt, sondern durchdrungen ist vom Unendlichen. Dieser Vorgang geht fließend ineinander über, was durch die Verschmelzung der beiden Worte zu ›brahmâsmi« angedeutet wird. Dieses ICH BIN hat in seiner Vollendung die Qualität von Sein, Bewusstsein und Glückseligkeit.

Doch warum heißt es nicht »brahman asmi‹, warum nicht direkt ›Ich bin der Urgrund‹?

Du weißt, dass in unserer Brahmanen-Tradition der schöpferische Aspekt des Brahman mit dem Schöpfergott Brahma gleichgesetzt wird. Gott Brahma ist also die schöpferische Manifestation des Brahman.

Soweit es in Worten ausdrückbar ist, bedeutet ›aham brahmâsmi‹ daher, ›Ich – in meinem tiefsten Wesen – bin ein Teil (oder eine Manifestation) der schöpferischen Kraft des Brahman‹. Es geht darum, dass wir bei allem was wir sind, erleben, denken und tun im Hintergrund Brahmans Sein erkennen.

So enthalten ein einziger Atemzug und eine einzige Wiederholung des Mantras schon den gesamten Übungsweg – vom abgrenzenden Ich-Bewusstsein zur Erfahrung der All-Verbundenheit und schließlich das Hineinnehmen dieser Erfahrung in das sich wandelnde Bewusstsein. ›Ich‹ und das ›Unermessliche‹ werden nun als Einheit erlebt ohne dass du dich – solange du als Einzelwesen lebst – im Unendlichen auflöst.

Doch hast du natürlich diesen Weg noch nicht vollendet mit einem Mantra, mit einem Atemzug. Doch wie aus einem Samenkorn wird aus der Mantra-Praxis der Baum der Erkenntnis wachsen, Blüten und Früchte tragen.

Das Mantra selbst und seine Schwingungen werden dein Bewusstsein wandeln. Wiederhole es wieder und wieder im Rhythmus deines natürlich fließenden und nicht durch deinen Willen beeinflussten Atems. In einem solchen Atem spiegelt sich der Rhythmus deines Seins und damit auch der Rhythmus der Schöpfung, der Rhythmus des Urgrundes ... Übe das Mantra in der Meditation im Yoga-Sitz, aber auch wenn du Tätigkeiten verrichtest, die nicht deine volle Aufmerksamkeit erfordern ...

Ich habe versucht, dir in Worten etwas anzudeuten, von Dingen, die jenseits aller Worte liegen. Lass uns nun schweigen ...«

Der Guru berührte mit beiden Händen das Haupt seines Schülers. Licht durchflutete Anuvasha – nein, er war selbst Licht im Licht. Dieses unermessliche Licht war heller als die Sonne, doch es blendete nicht, denn es gab kein Auge, das hätte geblendet werden können. Da war Sein, Bewusstsein und unermessliches Glück. Wie lange diese Erfahrung anhielt? Das spielt keine Rolle, denn das Erleben war unermesslich und daher frei von jeder Zeit.

Und doch kehrte Anuvashas Bewusstsein schließlich in die Welt von Zeit und Raum zurück. Aber er war ein Verwandelter. Nie würde er das Erlebte je vergessen können, nie mehr sich völlig an die Welt der Erscheinungen verlieren. Erfüllt von tiefem Frieden verblieb er in Meditation, bis sein Guru das Wort ergriff: »Heute Nacht konnte ich an deinem Erleben teilhaben. Es mag dich erstaunen, dass ich selbst bisher diese Stufe der Verwirklichung nicht erreicht hatte. Als ich meine Hände segnend auf dein Haupt legte, empfand ich, wie ein göttliches Licht aus dem Grenzenlosen durch mich zu dir hinüberfloss. Ich war nicht die Kraft und das Licht. Ich war nur ein Diener, ein Spiegel, der das Licht auf dich lenkte.«

»Aber ohne dich, ohne deine Güte, deine Lehren, deine Gnade hätte es nicht geschehen können. Du, mein Guru, bist die Verkörperung des Göttlichen für mich. Du weist mir den Weg über den Abgrund des Samsâra«, erwiderte Anuvasha.

Monat um Monat übte nun Anuvasha mit dem Mantra. Tiefer Frieden, tiefe Ruhe erfüllten ihn mehr und mehr – doch das vorherige erschütternde Erleben stellte sich nicht wieder ein, so sehr er sich auch bemühte. Und so war er trotz allen Friedens, trotz aller Ruhe dennoch voller Sehnsucht nach dem göttlichen Licht.

Mîmâmsâjnânin tröstete ihn: »Die Sehnsucht nach dem unermesslichen Licht wird dich nie wieder verlassen. Wichtig ist dein Üben, dein Yoga-Weg, dein Mantra. Doch alles menschliche Bemühen hat auch seine Grenzen.

In diesen Tagen muss ich immer wieder an einen alten Freund denken, der vor kurzem seinen Leib verlassen hat. Er war ein Meditationsmeister in den Bedsa-Höhlen, ein Anhänger des Buddhas, ein Meister von hoher spiritueller Verwirklichung. Er hat mir einst geholfen, meinen Weg im höheren Alter zu finden. Er sagte mir, dass der Buddha in einer Zeit gelebt habe, in der die Menschen sich auf Rituale und die Gnade der Götter verlassen hätten. Mit übermäßiger Askese hätten sie sich gequält. Darüber hinaus seien sie in sinnlose philosophische Anschauungen verstrickt gewesen, anstatt sich um Erleuchtung zu bemühen. Der Buddha habe in dieser Situation die Würde des Menschen wiederhergestellt und gelehrt, dass der Mensch selbst sein Erwachen herbeiführen müsse und könne. Aber mein alter Freund sagte, dass er selbst bei seinen eigenen Bemühungen an einen Punkt gekommen war, an dem er keine weiteren Fortschritte habe machen können. Da habe er die Hilfe der Buddhas und der Erleuchtungswesen, der Bodhisattvas, angerufen. Und durch ihre Hilfe und Gnade habe er seinen Weg zum Erwachen fortsetzen können. An diese Worte des alten Meditationsmeisters denkend glaube ich, dass vielleicht auch du eine eigene persönliche Gottheit auf deinem weiteren Weg benötigen wirst. Die Vielzahl der höheren Götter sind Manifestationen des Göttlichen, des Brahman. Denn mit vielen Namen bezeichnen die Weisen die Eine Höchste Wirklichkeit. Welcher nun dein persönlicher Gott ist, wird sich noch zeigen.«

»Meister, welchen der Götter soll ich wählen und verehren«, fragte Anuvasha. »Nicht du wählst deine persönliche Gottheit, sondern der Gott oder die Göttin wird zu dir kommen. Habe Geduld« ; kam die Antwort.

ENDE DER LEHRZEIT UND EINTRITT IN DEN ORDEN DER SHAIVA-SÂDHUS

Das Ende der Lehrzeit als Brahmanen-Schüler kam unaufhaltsam näher. Ein Kenner der Veden war Anuvasha geworden. Er beherrschte die wichtigsten Rituale, verstand auch die Wortbedeutung der heiligen Texte. Und er hatte tiefe Einblicke in die Lehre der Upanischaden bekommen. Er hatte sie nicht nur mit dem Verstand begriffen, sondern auch im Herzen erlebt. Sein Meister hatte ihn gelobt und gesagt, dass er der Beste seiner Schüler gewesen sei. Anuvasha hätte zufrieden sein können.

Dennoch erfüllte ihn Unruhe und Ratlosigkeit, die selbst in den Stunden der Meditation nicht ganz abebbte. Wie würde sich sein weiteres Leben gestalten, was war sein Lebensweg?

Vor kurzem hatte er seine Eltern besucht. Sein Vater Shravas hatte erklärt, dass ja alles klar sei. Anuvasha würde ihm zunächst bei allen Ritualen zur Seite stehen, sie dann zunehmend übernehmen und weitere Kundschaft gewinnen. Der Vater und seine Mutter würden eine passende Braut für ihn suchen. Bald würde die Hochzeit sein. Zahlreiche Enkelkinder würden dann hoffentlich geboren werden. Und im Alter solle er seine Eltern zusammen mit seiner Ehefrau liebevoll versorgen. Dies, so hatte der Vater gesagt, sie die heilige Pflicht eines Brahmanen-Sohnes und führe als Belohnung nach dem Tode in die Himmelswelten. Höflich hatte Anuvasha zugehört.

Doch es regte sich in ihm Widerspruch, den er zunächst nicht offen auszudrücken wagte. Und so hatte er zunächst nur leise – für den Vater kaum hörbar – gemurmelt, « Ich begehre nicht die Himmelswelten ...« In gewisser Weise hatte der Vater ja recht: Es war seine heilige Pflicht, die sich herleitete aus seiner Geburt in der BrahmanenKaste, aus seiner Ausbildung und aus seinen Verpflichtungen gegenüber seinen Eltern. Dies wog umso schwerer, als er der einzige Sohn war. Und hatte nicht sein Lehrer Mîmâmsâjnânin gesagt, es gäbe auch den Weg des Karma-Yoga, seine weltlichen Pflichten zu erfüllen ohne Bindung an die Ergebnisse des Tuns. Dies könne direkt zu Brahman führen. Denn nur das Begehren, das Anhaften an die Ergebnisse der Handlungen, das Streben nach

Ruhm, Erfolg und die Erwartung eines himmlischen Lohns, binde den Menschen an die Welt der Relativität, an den Samsâra.

War dieser Karma-Yoga nun sein Weg? Durch seinen Guru war er berührt worden von der Erfahrung des göttlichen Lichtes. Tiefe Sehnsucht hatte ihn ergriffen, wieder dorthin zu gelangen. Die Welt der Erscheinungen war für ihn wenig bedeutsam geworden. Er hatte die begrenzte Bedeutung jeglicher Rituale erkannt, die sich auf vergängliche Ziele bezogen. Barg das Leben und Handeln in der Welt mit der Verantwortung für Eltern, Ehefrau, Kindern, Dienern und Klienten nicht die Gefahr in sich, sich in den Banalitäten des Alltags zu verstricken und das göttliche Licht aus den Augen zu verlieren?

Unbestritten war für Anuvasha, dass er als einziger Sohn für seine Eltern im Alter irgendwie Vorsorge treffen müsse. Doch war es auch noch sein Weg, sich an Frau und Kinder zu binden? Für die meisten Menschen mochte das völlig richtig sein und deren Wünsche nach Liebe, Sexualität, Heimat und Geborgenheit befriedigen. Sein eigenes sexuelles Begehren aber hatte sich nach kurzem Aufflackern in der Spätpubertät unter dem Eindruck mystischer Erfahrungen weitgehend reduziert. Und seine Geborgenheit empfand er zunehmend als ein Verbunden-sein mit allem Leben, das dem Urgrund entströmte. Frauen erschienen ihm als Schwestern, Männer als Brüder.

Gern wäre er einer jener Sâdhus geworden, die ungebunden von Ort zu Ort zogen, sich von Bettelspeise ernährten und aus der Tiefe ihrer spirituellen Verwirklichung heraus die Menschen und das Land segneten. Doch das erschien ihm nicht möglich, wegen seiner Verpflichtungen gegenüber den Eltern. Auch wollte er seinem Vater und seiner Mutter nicht wehtun, nicht ungehorsam sein. Dankbarkeit empfand er gegenüber dem Vater, der ihm die Lehre bei Mîmâmsâjnânin ermöglicht hatte. Liebe verspürte er gegenüber der Mutter. Sie hatte ihm in der Kindheit Geborgenheit und Liebe geschenkt, die er nun wie eine Vorbotin der Geborgenheit im göttlichen Licht empfand.

In seinem Konflikt, was sein weiterer Lebensweg sein könne, wandte sich Anuvasha an seinen Guru. Tagelang sprachen sie miteinander, wochenlang meditierten sie zusammen. Dann sagte Mîmâmsâjnânin: »Ich sehe nun, dass du ein Kind des Ungesicherten Lebens bist. Dein Weg wird der eines Sâdhu sein. Lass uns zu deinen Eltern gehen, damit wir dies mit ihnen besprechen können.«

Die Besprechung mit Anuvashas Eltern gestaltete sich schwierig, trotz aller Autorität des Gurus. Schließlich aber sagte die Mutter Mâyâ mit tränenerstickter Stimme: »Als ich die große Göttin Mahâdevî um ein Kind bat, gelobte ich ihr, dass der Lebensweg dieses Kindes sich nach ihrem Willen gestalten sollte. Doch will Mahâdevî wirklich, dass Anavasha ein Sâdhu wird? Wenn ja, bitte ich dich, Mahâdevî, um ein Zeichen«. Kaum hatte sie die Worte ausgesprochen, traf ein Blitz den alten Nîm-Baum vor dem Haus – und das außerhalb der Regenzeit. Mâyâ verstand dies als deutliches Omen der Göttin und versprach, es zu akzeptieren, falls ihr Sohn ein Sâdhu werden sollte.

Ganz anders jedoch reagierte Shravas. Wenig zeigte er sich von dem Geschehen beindruckt und murmelte: »Das soll ein Zeichen der Mahâdevî sein? Zwar kommt es selten zu Blitzen in dieser Jahreszeit, doch ungewöhnlich ist es wiederum nicht. Ich bestehe darauf, dass Anuvasha heiratet und mein Nachfolger wird.«

Die Reaktion des Vaters mag auf erstem Blick verwunderlich erscheinen, glaubte er doch sonst an Rituale und Zeichen der Götter. Doch sein Wunsch, seinen Sohn bei sich zu behalten, ließ ihn nun eine sachliche Erklärung für den Blitzeinschlag finden.

Mîmâmsâjnânin wies darauf hin, dass Anuvasha einer der wenigen Menschen zu sein schien, die für ein Leben als Sâdhu bestimmt seien. Neben der Plichten, die durch Geburt in einer Kaste bestimmt waren, gäbe es noch eine andere, höhere Pflicht, dem Ruf des Göttlichen zu folgen und das weltliche Leben zu verlassen, wenn man dazu bestimmt war. Die Pflicht der meisten Menschen sei es hingegen, sich erst im höheren Alter völlig aus dem weltlichen Leben zurückzuziehen und dem Unendlichen entgegenzugehen. Er selbst werde dies jetzt tun und daher keine weiteren Schüler mehr annehmen.

Doch Shravas blieb in seinem Willen unerbittlich. Er hielt Ausschau nach einer Braut für Anuvasha. Schon bald hatte er eine geeignete Kandidatin gefunden. Es war eine junge Frau aus der Brahmanen-Kaste, die mit ihrer Familie in der Nachbarschaft wohnte. Shîlâ – so hieß sie – war schön und klug. Als kleines Mädchen hatte sie oft mit Anuvasha gespielt. Die Nachbarsfamilie war geschmeichelt, eventuell mit Anuvasha einen so erfolgversprechenden Schwiegersohn mit hervorragender Ausbildung zu erhalten. Allerdings blieb Shîlâ merkwürdig reserviert, als sie von den Verhandlungen mit Anuvashas Familie erfuhr.

Horoskope wurden erstellt. Diese zeigten, dass beide Partner einen untadeligen Charakter hatten. Jedoch wurden in Anuvashas Horoskop Tendenzen deutlich, die mehr einem mönchischen Leben zu entsprechen schienen.

Anuvashas Mutter beteiligte sich nicht aktiv an der Brautsuche, legte aber auch keinen offenen Widerstand gegen die Aktivitäten ihres Mannes ein. In ihren täglichen Gebeten an Mahâdevî sagte sie: »Dein Wille, große Göttin, möge geschehen.«

Es wurde vereinbart, dass Shîlâ und Anuvasha sich beim Nîm-Baum vor dem Haus treffen sollten. Beide Familien würden aus einer gewissen Entfernung das Paar beobachten; nicht Unschickliches sollte geschehen, aber es war sicher gut, wenn sich beide etwas kennenlernen würden. Viele Jahre waren ja seit ihrer Kindheit vergangen.

Förmlich begrüßten sich die beiden. Anuvasha war erstaunt, wie schön seine Freundin aus Kindertagen geworden war. Er freute sich, sie wiederzusehen. Doch es regten sich weder Anzeichen der Liebe noch ein sexuelles Begehren. Und er meinte zu sehen, dass Shîlâ voller Kummer war. »Was ist mit dir?«, fragte er voller Anteilnahme. »Ich bin traurig«, erwiderte sie. »Wir sollen heiraten und mein Herz gehört einem anderen.«

»Auch ich möchte dich nicht heiraten, liebe Shîlâ«, entgegnete Anuvasha, »obwohl du schön bist wie eine Lotusblüte im Sonnenlicht des Morgens. Denn ich möchte am liebsten ein freier und ungebundener Sâdhu werden, nur dem Göttlichen verpflichtet, ohne Bindung an die Welt. Meine Lehre bei Mîmâmsâjnânin hat mich weit aus dem weltlichen Leben herausgeführt.«

»Schon als Kind warst du anders als andere«, meinte Shîlâ. »In der Kindheit hatte ich zwei Freunde, dich und Rahula. Du warst der Sanfte, Rahula der Wilde. Ihm gehört jetzt mein Herz, wir haben uns in letzter Zeit öfter heimlich getroffen. Er ist so stark und mutig. Neulich hat er eine große Schlage, vor der ich Angst hatte, mit einem Stock vertrieben. Er setzte sich der Gefahr aus, gebissen zu werden, um mich zu beschützen. Gäbe es dich nicht als Heiratskandidaten mit hervorragender Ausbildung als Ritualpriester – meine Eltern würden sich einer Heirat mit Rahula wohl nicht entgegenstellen.«

»Dann lass uns gemeinsam einen Weg finden«, meinte Anuvasha. »Meine Mutter wäre wenn auch schweren Herzens – einverstanden mit meiner Neigung, ein Sâdhu zu werden. Doch mein Vater ist dagegen, nicht einmal mein Guru konnte ihn überzeugen. Was kann ich nur tun?«

Nach längerem Nachdenken hatte Shîlâ eine Eingebung: »Ich kenne einen Sâdhu von außergewöhnlichen yogischen Kräften, von ihm werden Wunder berichtet. Er kam vor kurzem aus dem fernen Himalaja in unsere Sahyadri-Berge. Vielleicht kann er uns helfen. Ich werde versuchen, Kontakt mit ihm aufzunehmen. Das wird möglich sein, weil auch meine Eltern von ihm beeindruckt sind und er von unserer Familie schon öfter Nahrung erhielt«.

Schon wenige Tage später konnte Shîlâ den Sâdhu treffen. Er war ein Shaiva – ein Mönch in einem Orden, der Shiva geweiht war. Viele Jahre hatte er in den Bergen des Himalajas gelebt, war durch den großen Yogi Satya Deva initiiert und ausgebildet worden. Enes Tages hatte er den Ruf verspürt, nach dem westlichen Mittelindien zu wandern und war so in die Sahyadri-Berge gekommen. Sein Name war Shivadûta – der Bote Shivas. Seine große Gestalt, seine Gesichtsbemalung, sein Dreizack und das Feuer in seinen Augen machten ihn zu einer Ehrfurcht gebietenden Erscheinung, die bei einigen sogar eine gewisse Furcht auslöste. Aber er war ein zutiefst gütiger Mann, der segensreich wirkte. Er versöhnte im Streit liegende Familien durch seine Gegenwart, er schien Felder armer Bauern durch seinen Segen fruchtbarer zu machen, gab Menschen Antworten auf ihre spirituellen Fragen, noch bevor sie etwas geäußert hatten.

Als Shîlâ den Sâdhu traf, wollte sie ihm von ihrem Kummer berichteten. Doch noch bevor sie das Wort an Sâdhu Shivadûta richten konnte, sagte dieser mit gütiger Stimme: « Ich weiß, du möchtest Rahula heiraten! Bereits in kurzer Zeit werden deine Eltern einverstanden sein. Und dein Jungendfreund Anuvasha wird wohl ein Mönch werden. Denn heute Nacht habe ich im Traum eine Botschaft Shivas vernommen. Sage Anuvasha dies – er soll sich an eine Begebenheit aus seiner frühen Kindheit erinnern und darüber mit seinem Vater sprechen, dann wird auch sein Vater mit seinem Weggang in die Heimatlosigkeit einverstanden sein müssen.« Shîlâ erschauderte. Wie konnte der Sâdhu dies alles wissen, noch bevor sie etwas gesagt oder gefragt hatte? Und was für eine seltsame Botschaft er für Anuvasha hatte!

Unter einem Vorwand gelang es Shîlâ noch am gleichen Tag, Anuvasha zu treffen und ihm die Botschaft des Sâdhu zu überbringen. Anuvasha ging in Meditation, um sich dann gesammelten Geistes seiner frühen Kindheit zu erinnern. Es dauerte einige Zeit, bis eine Szene aus Kindertagen aufstieg, die vielleicht von Bedeutung war. Er war damals etwa drei Jahre alt gewesen. Sein Onkel – der jüngere Bruder seines Vaters – war schwer erkrankt, man erwartete seinen baldigen Tod. Sein Vater hatte über Tage ununterbrochen das Triyambaka-Mantra rezitiert, nur wenige Stunden Schlaf hatte er sich gegönnt. Auch Anuvasha und seine Mutter hatten das Mantra unaufhörlich wiederholt. Das Mantra war dem Shiva gewidmet und sollte helfen, den Onkel gesund werden zu lassen.

Doch das Mantra und damit verbundene Rituale führten zunächst zu keiner Besserung. Schließlich wurde der Sterbende unter einen Ashvatha-Baum gelegt, sodass sein Körper die Wurzeln des Baumes berührte. Alle begannen, vom Onkel Abschied zu nehmen. In seiner Verzweiflung griff Shravas zu einem letzten Mittel, um den Bruder nicht zu verlieren. Er sprach ein Gelübde aus, das an Shiva gerichtet war. Die Worte waren Anuvasha nicht mehr erinnerlich. Vielleicht hatte er als kleiner Junge auch nicht alles verstanden. Denn der Wahrheitsspruch wurde in Sanskrit rezitiert. Nur an das Ende des Gelübdes erinnerte er sich noch: › ...möge er durch diesen Wahrheitsspruch alsbald genesen! ‹ Und tatsächlich! Schon nach kurzer Zeit richtete sich der Onkel von seinem vermeintlichen Totenbett auf, wurde nach Hause gebracht und wurde innerhalb weniger Tage gesund.

Die Begebenheit hatte Shravas berühmt gemacht als Ritualpriester, der auch in verzweifelten Fällen möglicherweise zur Heilung Kranker beitragen konnte. Shravas aber meinte, dass er nie in seinem Leben ein so intensives Ritual durchgeführt habe, wie das für seinen geliebten Bruder. Es habe ihn für Wochen alle Kraft genommen, nur langsam habe er sich von der Anstrengung erholt.

Anuvasha empfand Erleichterung, ihn ergriff ein tiefes Glücksgefühl und eine Gewissheit. In dem damaligen Gelübde seines Vaters war wohl der Schlüssel zu seiner Freiheit verborgen. Der Vater hatte einen »Wahrheitsspruch« gegenüber Shiva getan. Was immer der Inhalt gewesen war – man konnte ein solches Gelübde nicht ignorieren, ohne Unheil heraufzubeschwören.

Am nächsten Tag bat Anuvasha seinen Vater um ein Gespräch: »Als ich ein kleines Kind war, erkrankte mein Onkel schwer. Du hast viele Mantras gesprochen, ein aufwändiges Opfer für seine Genesung vollzogen. Zunächst hatte alles nicht geholfen. Doch dann hast du ein Gelübde, einen Wahrheitsspruch, an Shiva gerichtet. Es war erstaunlich, dass sich der Onkel daraufhin so rasch erholte. Alle haben dich bewundert, auch ich. Doch eigentlich war es ja Shiva der geholfen hat, du warst lediglich der Mittler zur heilenden Kraft des Shiva. Sage, Vater, was hast du damals gelobt?«

Shravas zögerte etwas mit der Antwort. Es fiel ihm offensichtlich schwer, an die alte Dankensschuld gegenüber Shiva erinnert zu werden. Er hatte seit langem nicht mehr daran gedacht. Die Erinnerungen an die damalige Zeit stieg in ihm lebhaft auf und so antwortete er: »Damals habe ich gelobt, ein noch größeres Opfer zu bringen, als das damalige, wann immer Shiva es verlangen würde. Wir alle waren glücklich, dass mein Bruder überlebte und danach in rascher Folge noch zwei Söhne bekommen hat. Zuvor hatte er – wie du weißt – bereits zwei Töchter. Mit deinen Cousinen hast du als Kind oft gespielt; sie sind nur wenig älter als du und werden demnächst auch heiraten. Es ist erstaunlich, dass du dich an das damalige Ritual noch erinnerst.«

Während nun die Hochzeitsverhandlungen zwischen den Familien weitergingen, versuchte Anuvasha seinem Vater immer wieder zu sagen, dass er eigentlich ein Sâdhu werden wolle. Doch Shravas tat so, als wenn er das alles nicht hörte. Er dachte sich, dass die schöne Shîlâ seinem Sohn diese Idee wohl austreiben würde.

Sein Sohn würde sicher ein guter Familienvater und erfolgreicher Ritualpriester werden, der auf seine Weise zum Welterhalt beitragen könne. Das war doch wohl wirksamer, als aus der Welt wegzulaufen und sich vor den Verpflichtungen gegenüber Eltern und Kaste zu drücken. Und hatte nicht auch die Isha-Upanischade betont: ›Wer nur für die materiellen Bedürfnisse lebt, vergeht mit dem Leib. Wer aber seinem Geist nur lebt, verwehe mit dem Geist. Nur wer beides in seinem Leben vereint und versteht, der erlangt Unsterblichkeit! ‹ Das Leben eines Asketen erschien Shravas als einseitig, lebensfremd. Man konnte sich ja schließlich auch im hohen Lebensalter aus der Welt zurückziehen, wenn die Verpflichtungen gegenüber der Welt und der Familie erfüllt waren. Man sollte nicht schon in jungen Jahren ein Sâdhu werden.

Inzwischen hatte Sâdhu Shivadûta sein Wanderleben teilweise aufgegeben. Wusste vorher niemand, wo er zu finden war, oder wo er unvermittelt auftauchte, so hatte er sich jetzt unter einem mächtigen Banyan-Baum niedergelassen. Oft war er für Stunden in Meditation versunken, doch wenn Besucher kamen, war er für sie da. Viele suchten den verehrungswürdigen Mann auf, von dem Ruhe und Frieden ausging. Den meisten Menschen genügte es, ihn anzusehen und in seiner Gegenwart zu verweilen, um gestärkt und ermuntert sich wieder ihren Lebensaufgaben zu widmen. Den Darshan, die Segnung durch die Gegenwart des Heiligen, empfanden viele wichtiger und inspirierender als ein Gespräch. Ohnehin klärten sich die meisten Fragen in der Präsenz des ehrwürdigen Sâdhu, auch wenn sie nicht ausgesprochen wurden. Denn durch die Ruhe, die von Shivadûta ausging, kamen die Menschen selbst zu innerer Stille und konnten eigene Antworten zu ihren Fragen finden.

Anuvasha suchte jetzt täglich Shivadûta auf, berichtete vom Gelübde seines Vaters. Immer wieder äußerte er den Wunsch, ein Sâdhu zu werden. Und immer wieder prüfte der Sâdhu Anuvashas Wunsch und seine Eignung zum Mönchstum, ließ ihn von der Zeit bei Mîmâmsâjnânin erzählen, meditierte mit ihm. Nach zwei Wochen willigte Shivadûta schließlich ein, ihn als Schüler anzunehmen. Er hatte sich von Anuvashas Eignung überzeugt. Aber eigentlich war dies für Shivadûta von Anfang an klar gewesen, denn hatte Shiva ihm nicht eine klare Botschaft übermittelt, war er nicht letztlich dem Aufruf Shivas gefolgt, den weiten Weg vom Himalaja bis hierher zu wandern?

Und so erfüllte sich die Prophezeiung von Anuvashas altem Guru. Er würde für seinen weiteren spirituellen Weg eine persönliche Gottheit benötigen. Doch nicht er könne sich eine Gottheit nach Belieben aussuchen – vielmehr würde die Gottheit ihn wählen und zu ihm kommen. Ja, Shiva würde sein Ishta-Deva, sein persönlicher Gott sein, in dem das Namenlose, Grenzenlose, Ungestaltete eine Form angenommen hatte, mit der er in Beziehung treten konnte.

Als aber die Nacht nahte, in der Shiva besonders verehrt wird, sagte der Sâdhu zu Anuvasha: « Halte dich heute Abend bereit. Denn es ist Mahâ – Shivarâtri, die große Nacht Shivas. Ich werde am Abend zu deinen Eltern und dir kommen. Sage ihnen, dass ich kommen werde.«

Anuvasha informierte seine Eltern, dass der ehrwürdige Sâdhu das Haus mit einem Besuch in der kommenden Nacht des Shiva segnen würde. Während die Mutter darüber erfreut war, das Haus säuberte, Öllampen zu Ehren Shivas entzündete, war der Vater etwas beunruhigt. Was wollte wohl dieser Mönch ausgerechnet an Mahâ – Shivarâtri? Man hatte ja schon so manches von diesen Sâdhus mit ihren Zauberkräften gehört.

Kurz nachdem Shravas mit seinem Sohn die Riten der Abenddämmerung vollzogen hatte, erschien der Mönch. Nach höflicher Begrüßung, nach Darreichung von Erfrischungen und Segnung des Hauses und seiner Bewohner durch Shivadûta setzte man sich zum Gespräch zusammen.

Der Sâdhu begann: »Mein Name ist Shivadûta, der Bote Shivas. Nicht umsonst hat mir einst mein Meister diesen Namen gegeben. Denn ich scheine besonders dafür empfänglich zu sein, die Botschaften Shivas an uns Menschen zu empfangen. Wie rätselhaft, wie unbegreiflich sind für uns die Wege des Göttlichen; auch ich benötige oft lange, bis ich den Willen Shivas erkenne! So ging es mir wieder vor einiger Zeit. Vor zwei Jahren empfand ich den Auftrag, aus dem Frieden der Berge des Himalajas nach dem mittleren Jambudvipa, zu den Sahyadri-Bergen zu reisen. Es fiel mir schwer, meinen Meister und jenes Gebirge zu verlassen, auf dem die Götter wohnen. Ich hatte gehofft, bis an das Ende dieses Lebens dort verbleiben zu können. Durch meine Meditation wollte ich – von den Höhen des Himalajas – Segen und Frieden in die Welt ausstrahlen, wie so viele andere Sâdhus und Bhikshus, die dort ständig leben.

Doch die Botschaft war klar – zu den Sahyadri-Bergen zu wandern, jedoch ohne Eile. Überfall wo ich hinkam, sollte ich Frieden verbreiten, den Menschen in den Schwierigkeiten des Lebens beistehen, ihnen die Liebe Shivas bringen. Und so kam ich erst vor einigen Monaten hierher. Aber warum sollte ich gerade hierher kommen?

Erst vor einigen Wochen wurde mir durch eine Botschaft im Traum klar, was meine Aufgabe war. Shiva hatte einen Jüngling aus dieser Gegend erwählt, ein Sâdhu zu werden. Es würde aber Probleme geben, da seine Familie ihn nur ungern in die Hauslosigkeit entlassen würde. Aber ein Gelübde aus längst vergangenen Tagen könnte als deutliches Zeichen Shivas verstanden werden, sodass die Schwierigkeiten sich auflösen würden.

Damals kannte ich euren Sohn noch nicht persönlich. Dann aber begegnete mir Shîlâ, jene wundervolle Frau, die ihr gern als Schwiegertochter hättet. Sie berichtete mir, dass sie Anuvasha heiraten solle, er aber ein Sâdhu werden möchte. Da wurde mir klar, es ist Anuvasha, nach dem Shiva ruft! In langen Gesprächen und Meditationen mit Anuvasha habe ich erkannt, wie sehr er geeignet ist, wie sehr ihn auch die Lehre bei Mîmâmsâjnânin darauf vorbereitet hat.

Nur wenige Menschen sind dazu berufen, das Leben eines Mönches oder einer Nonne zu führen. Für die meisten ist es angebrachter, ein Leben in der Welt unter Beachtung der heiligen Weltgesetze – des Dharma – zu führen. Menschen in der Welt sollten lernen, die ihnen durch ihr altes Karma zugefallenen Pflichten im gegenwärtigen Leben zu erfüllen. Dabei ist es aus spiritueller Sicht erforderlich, nicht allzu sehr an den Ergebnissen von Handlungen und Bemühungen zu hängen. Ein solches Handeln, ohne sich von den »Früchten« abhängig zu machen, befreit uns von den Bindungen des Karmas. Es führt – oft über viele Leben hinweg – zu Moksha – der Befreiung aus den engen Banden individueller Existenz, zur Befreiung im Göttlichen Licht. Es ist nicht das Handeln selbst, das uns an die Welt bindet und letztlich unglücklich macht, sondern das Anstreben eines persönlichen Erfolgs. Denn das macht uns zu Sklaven eines Ergebnisses und stürzt uns ins Unglück, wenn wir mit unseren Bemühungen scheitern. Selbst wenn er Erfolg hat, bleibt der gewöhnliche Mensch unzufrieden und will noch größeren Erfolg erringen. Wer aber handelt, um dem Weltganzen zu dienen, ist frei und wächst selbst im vermeintlichen Scheitern über sich selbst hinaus.

Es gibt aber noch einen anderen Weg, den Weg der Entsagung gegenüber dem Leben in der Welt. Ein solcher Mensch strebt entweder die Befreiung aus dem ewigen Kreisen individueller Existenz und deren Begrenzungen an, durch aufgeben, loslassen des Begrenzten, nicht mehr daran haftend, durch Begierde-losigkeit und Einsicht in die Weltgesetze. Oder er findet Erlösung durch völlige Hingabe an das Göttliche. Es sind die Wege der Sâdhus, der Bhikshus, der Jaina-Munis, der weltabgewandten Yogis. Doch diese Wege sind nur wenigen vergönnt, nur für wenige möglich. Es ist wie eine Gnade, die von den großen Göttern ausgeht, wie Shiva, Brahma, Vishnu oder Mahâdevî. Sie alle sind Erscheinungsformen des göttlichen Urgrundes, den ihr Brahmanen »Brahman« nennt.

Euer Sohn ist erwählt worden. Lasst ihn Sâdhu werden. Ich werde ihn zu meinem Meister Satya Deva in den fernen Himalaja-Bergen führen. Dort wird sein spirituelles Erwachen soweit fortschreiten, das er als Sâdhu mehr Segen in die Welt bringen wird, als es ihm als Ritualpriester und Familienvater möglich sein würde.

Du, Shravas, hast vor fast 20 Jahren gelobt, dass du eines Tages ein noch größeres Opfer vollziehen würdest als das Damalige, wenn Shiva es verlange. Hier bin ich nun, Shivadûta, der Bote Shivas!«

Der Sâdhu hatte mit sanfter, freundlicher Stimme gesprochen, fast so, als wenn er eine Bitte geäußert hätte. Doch seine Worte waren von höchster Autorität und ähnelten einem Wahrheitsspruch. Shravas war klar, dass er sich dem nicht widersetzen konnte. Es war offensichtlich der Wille Shivas, dem zu folgen war. Er konnte nicht umhin, seinen Sohn in die Hauslosigkeit gehen zu lassen, obwohl er 20 Jahre lang andere Pläne gehabt hatte. Zögerlich stimmte er zu, wenngleich mit einem gewissen Groll gegen die Gottheit. Denn was mochte wohl im Alter aus ihm und seiner Frau werden?

Obwohl sie ihren Sohn über alle Maßen liebte und ihn gern bei sich behalten hätte, konnte sich Mâyâ leichter dem Willen Shivas fügen: »Als ich lange Jahre nicht schwanger wurde, habe ich mich an Mahâdevî gewandt. Falls ich ein Kind bekäme, sollte sein Lebensweg bestimmt sein durch den Willen der Götter und nicht durch meine Wünsche. Du, Anuvasha, warst schon als Kind etwas Besonderes. Ich habe gesehen, wie du bereits meditiertest als du gerade erst sitzen konntest. Schon damals glaubte ich, dass du die Reinkarnation eines Yogis seist. Aber auch wenn du nun Familie und Kaste hinter dir lassen willst, so habe ich doch eine Bitte: Komme zu mir noch einmal als Sâdhu, bevor ich diese schöne und zugleich schmerzlich-grausame Welt verlasse, um in neuer Gestalt zu erscheinen.«

»Auch mir fällt es nicht leicht, euch zu verlassen«, sagte Anuvasha. »Aber in mir brennt das Feuer Shivas, dem Herrn aller Yogis und Yoginîs. Es ist die Sehnsucht nach dem Unendlichen Licht, das hinter allen Erscheinungsformen dieser Welt steht, diese Welt durchdringt. Bisher ahne ich es nur, habe nur einen Abglanz wahrnehmen können. Doch wenn ich einst in diesem Licht stehe, werde ich zu dir, Mutter, und in die Sahyadri-Berge zurückkehren, um anderen ein Licht in der Dunkelheit des Samsâra zu sein.«

Shivadûta hatten die Verzweiflung des Vaters, der Wunsch der Mutter und die Erwiderung von Anuvasha angerührt und so sagte er: »Euer Schmerz als Eltern – und besonders dein Schmerz, Mâyâ – bewegt mich zutiefst. Nicht gefühllos gegenüber dem Leiden der Welt sind wir Sâdhus. Nein, wir nehmen Anteil an der Welt – auch wenn wir uns darin nicht verstricken wollen. Mag auch vom Standpunkt höchster Weisheit jedes Leid letztlich eine Illusion sein, so gilt dies nicht für uns noch in der Welt der Relativität gefangenen und leidenden Menschen.

Ich kann euren Schmerz auch deshalb nachempfinden, weil auch ich meinen Eltern ein gewisses Leid angetan habe, als ich in die Hauslosigkeit ging. Auch ich kam noch einmal vor ihrem Tod nach Hause, sodass sie sehen konnten, dass mein Weg der Richtige gewesen war. Und so sind sie mit Frieden im Herzen gestorben und gingen einer glücklichen Wiedergeburt entgegen.

Immer wenn zu mir jemand kam, der Mönch oder Nonne werden wollte, habe ich versucht, die Angehörigen zu trösten. Stets war es mir auch ein Anliegen, dass für die Zurückbleibenden gesorgt wird. Nun, in eurem Fall dürfte das nicht so schwierig werden. Shravas, dein jüngerer Bruder hat dir gegenüber noch eine gewaltige Dankesschuld abzutragen. Durch deine Rituale, deinen Wahrheitsspruch und die Gnade Shivas ist er seinerzeit von schwerer Krankheit genesen. Er muss sich dir gegenüber, aber auch Shiva gegenüber, erkenntlich und dankbar zeigen.

Lasse deinen Bruder mit seiner Frau und den vier Kindern am Abend des nächsten Vollmondes zu euch kommen. Wir werden gemeinsam alles Notwendige für eure Versorgung im Alter besprechen. Erst wenn alles geklärt ist, wird Anuvasha von mir als Sâdhu angenommen werden.«

Als nun alle in der Nacht des nächsten Vollmonds zusammengekommen waren, ergriff Shivadûta das Wort: »Wie ihr wisst, hat Anuvasha beschlossen, dem Weltleben zu entsagen und ein Sâdhu zu werden. Daher kann er seine Eltern im Alter nicht versorgen. Zwar haben Shravas und Mâyâ gerade erst das 55. Lebensjahr überschritten – doch was wird in 10 oder 15 Jahren sein? Wer wird sich um sie kümmern, wer wird ihnen liebevoll zur Seite stehen?«

Nach längerem Schweigen entgegnete der jüngere Bruder von Shravas: »Ich bin meinem Bruder zu großem Dank verpflichtet. Daher werden sich meine Söhne später um ihn und seine Frau kümmern. Sie sind jetzt zwar erst 15 und 16 Jahre alt, werden dann aber sicher dazu in der Lage sein. Ich selbst werde dann ja auch älter sein und es nicht hinreichend können.«

Doch seine Frau widersprach. Sie war eine harte und egoistische Frau, die ihre Söhne ihren Töchtern stets vorgezogen hatte. Ihre beiden Töchter hatten sich daher mehr zu ihrer Tante und zum Onkel hingezogen gefühlt, waren auch von Shravas selbst mit den Veden vertraut gemacht worden. In scharfem Ton sagte die herrische Frau: »Meine geliebten Söhne werden mit der Versorgung von mir und meinem Mann vollauf zu tun haben. Sie können nicht auch noch für Shravas und dessen Frau sorgen.«

Dem Bruder von Shravas war dies äußerst peinlich, doch gegen seine durchsetzungsstarke Frau wagte er keine Einwände. Und auch seine beiden halbwüchsigen Söhne unterstützten ihre Mutter in ihrer Ansicht. Doch da kamen ihm seine beiden Töchter zu Hilfe: »Onkel und Tante waren stets für uns da. Ja, Onkel Shravas war wie ein Guru für uns. Und Tante Mâyâ hat uns die Liebe und Verehrung für Mahâdevî gelehrt. Daher werden wir beide stets umsorgen. Und auch unsere Bräutigame werden wir einbeziehen; wir werden sie nur heiraten, wenn sie damit einverstanden sind!«

Nun kam Anuvasha zu Wort: »Als Sâdhu werde ich die Erbschaft meiner Eltern nicht benötigen. Daher schlage ich vor, dass ihr – meine lieben Cousinen – einstmals das Erbe meiner Eltern zu gleichen Teilen erhalten sollt – die Viehherde, die Felder und das Haus.«

Shravas und Mâyâ waren mit dieser Reglung einverstanden, zumal die Nichten wie eigene Kinder für sie waren. Die Söhne des Bruders waren zwar wütend, dass sie nichts bekommen sollten, doch es regte sich kein offener Widerstand; sie hatten ja abgelehnt, Onkel und Tante einst zu versorgen. Und so wurde alles so beschlossen, wie es Anuvasha vorgeschlagen hatte.

Zum Abschied von Anuvasha aus dem weltlichen Leben wurde ein großes Fest gefeiert. Die Großfamilie, Mîmâmsâjnânin sowie Freunde und Bekannte wurden eingeladen. Auch den Sâdhus, Bhikshus, Bhikshunîs und Jaina-Munis, die in der Umgebung lebten, wurde vegetarische Speise gereicht; sie gaben Anuvasha und allen Anwesenden ihren Segen.

Die Aufnahme in den Orden der Shaiva-Sâdhus war mit geheimen Riten und Segnungen verbunden. Das Ritual war dem Kreis der Eingeweihten vorbehalten. Es waren wenige Sâdhus, die sich gerade in der Gegend aufhielten, die daran teilnahmen. Aber auch wenn der Ordinationsritus geheim war, so kann wenigstens etwas darüber gesagt werden, wie Anuvasha seinen Ordensnamen erhielt. Shivadûta gab Anuvasha die Anweisung, Shiva um einen Traum in der Nacht vor der Ordensaufnahme zu bitten. Der Traum würde dann einen Hinweis auf den neuen Namen geben.

Und Anuvasha träumte. Er saß auf einem Hügel, vor sich eine weite Ebene, die sich in der Ferne mit dem Himmel vereinte. Überall regte sich Leben – Menschen, Tiere, Pflanzen. Und auch die Berge und der Himmel schienen belebt. Alles war durch ein goldenes Licht beleuchtet. Dort, wo Himmel und Erde sich berührten, war die Quelle allen Lichts. Der Träumer war überwältigt von dem Anblick. Doch was mochte noch jenseits davon liegen, fragte er sich. Da spürte er, wie etwas hinter ihn trat. Es war eine gewaltige Präsenz, die zugleich Liebe ausstrahlte und Ehrfurcht gebot. Anuvasha wagte nicht, sich umzuschauen. Das »Etwas« sagte sanft, aber eindringlich: « Hinter allem steht das Unendliche, das Nicht-Begrenzte – Ananta. Von den weisen Rishis und den vollendeten Yogis wird es wahrgenommen als Unendliches Licht, als Urgrund (Brahman) oder als alles umfassende Leerheit (Shunyatâ), So-heit (Tathatâ). Shiva und andere Götter – aber auch die Natur und alle Wesen – sind Erscheinungsformen jenes Unbeschreiblichen, Erhabenen, Nicht-bedingten, das jenseits aller Eigenschaften liegt.« Tiefes Glück, tiefe Ruhe empfand der Träumer, bis der Traum in Tiefschlaf überging.

Nachdem Shivadûta den Traum vernommen hatte, sagte er: « Du wirst jemand sein, der jenseits der Welt der Erscheinungen blickt – ins Unendliche, ins Namenlose. Wir Shaiva-Sâdhus nennen dies »Nirguna-Shiva«, also Shiva jenseits aller beschreibbaren Eigenschaften. Daher gebe ich dir den Namen Anantânanda – Wonne des Unendlichen.

Und so wurde aus Anuvasha – der Gehorsame – der Sâdhu Anântânanda – die Wonne des Unendlichen. Vorbereitet war er nun für die Reise zu seinem künftigen Guru Satya Deva im Himalaya. Shivadûta bestand auf sofortigen Aufbruch.

DIE REISE ZUM HIMALAYA

Die Reise nach Nordosten sollte länger als ein Jahr betragen. Eigentlich aber war es weniger eine Reise als vielmehr eine Pilgerfahrt, die Anantânanda auf die Schülerschaft bei Satya Deva vorbereiten sollte. Durch sein Beispiel lehrte Shivadûta die grundlegenden Praktiken der Shaiva-Mönche. Langsam wanderten die beiden von Ort zu Ort. Die meiste Zeit war das Mantra »OM NAMAH SHIVÂYA« [2]) in ihren Herzen, ihrem Geist, auf ihren Lippen, oft im Takt des Gehens. Jede heilige Stätte, an der sie vorbeikamen wurde zu einem Ort der Meditation – unabhängig davon welcher Gott, Göttin, Tîrthankara, Bodhisattva oder Buddha dort verehrt wurde. Auch wenn sie manchmal nur kurz verweilten – immer bezeugten sie ihre Verehrung.

Beim Reisen senkte Anantânanda den Blick nicht zu Boden, wie es manche Mönche tun. Mit offenen Sinnen blickte er in die Weite der Landschaft, nahm ihre Schönheit in sich auf, lies seinen Geist zugleich beim Mantra und im Unendlichen verweilen. Und er lernte von Shivadûta, wie man in dieser Offenheit des Geistes Menschen begegnen kann, ihnen liebevoll hilft, ihr Lebensproblem zu bewältigen, ohne sich in deren Angelegenheiten zu verstricken. Doch zuweilen kam es auch zu Situationen, in denen Anantânandas Gelassenheit und Menschenliebe auf eine harte Probe gestellt wurde. Wie viel konnte er gerade dann von Shivadûta lernen! Ein solcher Vorfall ereignete sich in der Nähe des heutigen Nashik. Von ihm soll – beispielhaft für andere – berichtet werden.

DER WÜTENDE KAUFMANN

In dieser Gegend lebte ein reicher Kaufmann, der von heftigem Zorn auf Brahmanen und alle Mönche und Nonnen jedweder Glaubensrichtung ergriffen war. In seiner Kindheit hatte er bittere Armut erlitten, nachdem sein Vater fast das ganze Vermögen eingebüßt hatte. Aufwändige Opferrituale und Gebete hatten die Not nicht gewendet, ebenso wenig die vermeintlich »verdienstvollen« reichlichen Speisegaben an Sâdhus, die ja angeblich ein ungünstiges Karma aufheben konnten. Erst als er die

Geschicke der Familie übernommen hatte, konnte er mit viel Fleiß und Mut das Blatt wenden. So wurde er schließlich reich aus eigener Kraft, verspottete und beschimpfte Götter, Brahmanen, Sâdhus und Bhikshus. Den »faulen Nichtstuern« warf er vor, sich auf Kosten der armen Menschen zu bereichern.

Seine Frau aber hatte Angst vor der Rache der Götter und vielleicht auch vor einem Fluch von Mönchen oder Nonnen. Es hieß nämlich, dass die Sâdhus Menschen verfluchen konnten. Darüber konnte ihr Mann nur lachen. Sie spendete daher heimlich an Götter und Sâdhus und war überzeugt, dass ihre Familie nur dadurch von Unglück verschont blieb.

Als nun eines Morgens unsere beiden Sâdhus vor das Haus des Kaufmanns traten, gab seine Frau ihnen reichlich Speise und fügte ängstlich hinzu: « Bitte segnet unser Haus, tut uns nichts zuleide«. In diesem Augenblick kam zufällig ihr Mann aus dem Dorf zurück. Ungeheure Wut ergriff ihn: « Mit dir, Frau will ich später reden. Aber für euch, ihr heiligen Männer, habe ich noch ein besonderes Geschenk. Wartet.« Er verschwand im Haus und kehrte nach kurzer Zeit mit zwei riesigen Kotstücken zurück, die er auf zwei Stöckchen aufgespießt hatte.

Mit merklichem Sarkasmus näherte er sich den Mönchen: « Euch Heiligen ist alles gleich, ihr unterscheidet nicht. So will ich der Gabe meiner Frau noch diese Kotstückchen hinzufügen, sie unter die Nahrung unterrühren. Ich hoffe, dass es euch schmecken wird.«

Anantânanda verspürte eine ihm ungewohnte Regung. Er wurde von Zorn ergriffen, hatte sich von der Wut des Kaufmanns anstecken lassen. In der Erregung wollte er dem Kaufmann den ungenießbaren Brei vor die Füße kippen. Doch Shivadûta wehrte dies ab mit einer sanften Geste.

Zum Kaufmann aber sprach er: »Wir danken für deine Gabe. Ich hoffe, dass daraus Segensreiches erwachsen wird.« Seelenruhig setzte er sich vor die Tür des Hauses und bedeutete Anantânanda, es ihm gleich zu tun. Beide Sâdhus aßen nun den Inhalt ihrer Bettelschalen vollständig auf. Allerdings hat Anantânanda später seinen Schülern berichtet, dass ihm dies nur mit großer Mühe gelang. Die alten Reinheitsvorstellungen eines in der Brahmanen-Kaste geborenen Menschen machten sich bemerkbar, neben dem natürlichen Ekel, den wohl jeder empfinden würde. Auch seine bisherigen meditativen Erfahrungen halfen in dieser

Lage nicht wirklich. Shivadûta hingegen aß alles mit offensichtlichem Gleichmut auf.

Inzwischen war die Ehefrau des Kaufmanns zu den Nachbarn mit lautem Wehgeschrei gelaufen. Alle kamen aus ihren Häusern und begannen den Kaufmann zu beschimpfen.

Doch da griff Shivadûta ein und wandte sich an ihn: »Du hast eine ärmliche Kindheit gehabt. Götter und Menschen haben nicht geholfen. Da hast du dein Herz verschlossen und nur noch auf deine eigene Kraft vertraut. Ich vergebe dir, denn für deine bisherige Hartherzigkeit kannst du nichts. Doch du musst nicht länger ihr Sklave bleiben. Überwinde dein altes Karma. Und im Namen Shivas gebe ich dir ein Geschenk und einen Namen, den du auch als Kaufmann und Haushälter tragen sollst – Viveka, der Unterscheidende. Ab heute wirst du die Gabe besitzen, zwischen Heuchlern und Heiligen zu unterscheiden. Diejenigen unter uns Sâdhus, die keinen heiligen Wandel führen, wirst du entlarven. Und im weltlichen Leben wirst du fähig sein, zwischen Lügnern und Betrügern einerseits und ehrlichen Menschen andererseits zu unterscheiden.«

Tiefe Reue ergriff Viveka. In den drei Tagen, in denen die beiden Sâdhus bei ihm verblieben, gewann er tiefere Einsichten in ein spirituelles Leben. Hinfort wurde er von so manchem Scheinheiligen gemieden, denn seinem fragenden Blick konnte kein Heuchler und Betrüger ertragen. Und weil er auch als Kaufmann Betrüger und Lügner erkannte, liefen seine Geschäfte hervorragend, sodass er ein noch reicherer Mann wurde. Den größten Teil seines Reichtums aber gab er an unverschuldet in Not geratene Arme sowie an alle Nonnen und Mönche, die sich um ein heiliges und meditatives Leben bemühten.

Seine Dankbarkeit gegenüber seiner Frau war grenzenlos. Oft sagte er zu ihr, dass ihre Gabe an Shivadûta und Anantânanda wahrlich verdienstvoll gewesen sei, denn sie habe ihn zu einem neuen Menschen gemacht, der nicht mehr behindert sei durch die Schatten seiner Kindheit und entbehrungsreichen Jugend.

Viele Jahre später hieß es, dass das Ehepaar vollendete Yogis geworden seien. Sie hätten immer wieder betont, dass man von altem Karma nicht durch gute Taten allein frei werde, sondern vielmehr durch Veränderung des eigenen Bewusstseins. Dies ermögliche Viveka, die befreiende

Kraft der von Liebe und Verständnis getragenen Unterscheidung, die wie von selbst zum Ablösen von unheilsamen alten Gewohnheiten führe.

Der unglückliche Sâdhu

Eines Tages kamen unsere Reisenden zu einer Gruppe von Sâdhus, die einen der ihren verspotteten. Dieser saß etwas abseits und weinte bitterlich. Shivadûta erkundigte sich nach dem Grund ihres Spottes.

Der weinende Sâdhu hieß Atîccha, der Sehnsüchtige. Er war erst zwei Jahre im Orden der Shaivas. Damals hatte ihn seine Frau wegen eines jüngeren und reicheren Mannes verlassen. Er war enttäuscht, verletzt und wütend gewesen. Und doch hatte er weiter seine Frau begehrt, die ihn aber endgültig zurückwies. Da begegnete er einem Sâdhu, der ihm riet: »Du bist voller Sehnsucht nach deiner Frau. Du wirst sie vergessen können und deinen Schmerz und deine Wut überwinden, wenn du deine Sehnsucht umlenkst auf das Göttliche. Wende dich Shiva zu!«

Der Mann hoffte, von den Verwundungen des Weltlebens zu gesunden, indem er ein Sâdhu wurde. Rasch, wohl allzu rasch, wurde er in den Orden der Shaivas aufgenommen. Tatsächlich gelang es ihm nach einiger Zeit, seine seelische Verwundung und das Begehren nach seiner Frau zu überwinden, indem er unablässig ein Mantra des Shiva wiederholte. Doch anstatt er nun seine Sehnsucht auf das Göttliche richten konnte, geschah etwas anderes. Er träumte jede Nacht von wunderschönen Apsaras den Tänzerinnen in den Himmelsregionen. Zwar hatte er weiter das Mantra des Shiva auf den Lippen, dachte im Herzen aber unablässig an die Apsaras. Besonders eine von ihnen sah er vor sich, sobald er meditieren wollte und die Augen schloss. Und nachts träumte er immer wieder, sich mit ihr zu vereinen, so dass sein Schlaf äußerst unruhig und oberflächlich war. Die Sâdhus seiner Gruppe verspotteten ihn und meinten, das werde er wohl überwinden, wenn er sich besser auf das Mantra konzentrieren würde.

Doch die Träume und Visionen endeten nicht. Voller Begehren nach der Apsara war er. Sein einziger Trost war, dass er vielleicht durch eine freudlose lebenslange Askese im nächsten Leben seiner Apsara im Himmel begegnen würde. Doch wie sollte eine Askese gelingen, wo er doch ständig an die Schöne denken musste? Selbst das Mantra ging ihm nur noch schwer von den Lippen!

Und nun war er vor drei Tagen plötzlich seiner Apsara begegnet. Nein, sie lebte nicht im Himmel, sondern leibhaftig auf der Erde. Bei einem Bettelgang stand sie vor ihm, etwas Speise reichend. Beide blickten sich an und wussten sofort, das ist der Mensch, nach dem ich mich ein Leben lang gesehnt habe!

Sie hieß Padminî, war 25 Jahre alt und von außergewöhnlicher Schönheit. Vor zwei Jahren hatte ihr Mann sie verlassen, indem er Bhikshu wurde. Formal hatte er sie zwar gefragt, ob er sie verlassen dürfe; dies schien eine alte Regel des Buddhas zu verlangen. Doch konnte man Reisende wirklich aufhalten? Sie hatte sich gewünscht, dass ihr Mann nicht weggehen würde, obwohl er ihr in den Ehejahren etwas fremd geblieben war. Es war wohl kein Zufall, dass ihre Ehe kinderlos blieb.

In den letzten zwei Jahren hatte sie mit Mühe ihre Felder allein bestellt. Trotz ihrer Schönheit hatte kein Mann gewagt, um ihre Hand anzuhalten. Denn vor Frauen, deren Männer Mönche geworden waren, schreckten viele zurück.

Padminî und Atîchca hatten sich lange in die Augen geschaut. Dann hatten sie sich vor das Haus gesetzt (sie hatten damit die Sitte beachtet, dass ein Mönch nicht zu einer alleinlebenden Frau ins Haus gehen solle). Sogleich entspann sich ein tiefes Gespräch, wobei sie Merkwürdiges feststellten. An dem Tag, als Atîccha von seiner Frau verlassen wurde, ging Padminîs Mann in die Hauslosigkeit. Was waren das für karmische Verknüpfungen! War es ein Fingerzeig der Götter? Sollten sie heiraten, sollte er den Shaiva-Orden verlassen, obgleich er gelobt hatte, sein Leben Shiva zu widmen? Würde damit gar der Zorn Shivas nicht nur ihn, sondern auch Padminî treffen? Und so saß er verzweifelt da, weinte und wurde von den anderen Sâdhus als Schwächling verhöhnt.

Da ergriff Shivadûta das Wort: »Liebe ehrwürdige Brüder! Warum verspottet ihr Atîccha? Es scheint hier ja etwas Außerordentliches zu geschehen, was dem Willen Shivas entsprechen könnte. Wisst ihr nicht, dass Shiva der Gott der Wandlung ist, der Altes und Festgefahrenes aufzulösen vermag? Shiva kann nehmen und Shiva kann geben. Wer von euch wagt denn zu beurteilen, ob ein qualvolles Leben als Sâdhu wirklich mehr im Sinne Shivas ist, als das Leben eines gläubigen, edlen, Shiva zugeneigten Haushälters? Und seid ihr, ehrwürdigen Brüder, wirklich alle und zu jeder Zeit frei von jeglicher sexuellen Regung, stets völlig ergriffen von Shiva, vom Unendlichen Licht? Hat nicht der eine oder andere manchmal daran gedacht, wieder ins weltliche Leben zurückzukehren? Ich, der Shivadûta genannt wird, sehe voraus, dass einst noch zwei oder drei von Euch den Orden verlassen werden. Denn nicht alle Menschen sind in ihrem jetzigen Leben dazu berufen, Mönch oder Nonne zu werden und zu bleiben.«

Bis auf einen senkten alle die Köpfe. Dieser eine war ein uralter Mann, in dessen gütigen Augen das Feuer des Unendlichen Lichtes brannte. Er entgegnete: »Du hast recht, Shivadûta. Auch ich beobachte seit längerem, dass unser edler Atîccha nicht zum Sâdhu berufen ist.«

In den nächsten Tagen überzeugte sich Shivadûta davon, dass Padminî und Atîccha füreinander bestimmt waren. Lange sprach er mit ihnen, einzeln und getrennt, meditierte mit ihnen. Dann bat er sie, immer wieder miteinander zu sprechen und sich besser kennenzulernen, ohne dass sie sich zunächst körperlich näherkommen sollten. Und schließlich bat er Shiva um einen Traum. Auch dieser Traum zeigte, dass die beiden ein glückliches und edles Paar werden würden.

Beide Brautleute hatten keine näheren Verwandten mehr. Vermögen besaßen sie nicht für eine teure Hochzeit. Und so beschlossen sie, zur Hochzeit alle Mönche und Nonnen jeglicher Glaubensrichtung (darshana) ohne den üblichen Pomp einzuladen. Ferner wurden zum Fest auch die keiner Gemeinschaft angehörenden Yogis und Yoginîs sowie die Dorfbewohner gebeten. Bescheidenes Essen und Trinken wurde gereicht. Die Musiker spielten umsonst, waren geehrt durch die Gegenwart so vieler heiliger Frauen und Männer. Auch der Oberbrahmane des Ortes ließ es sich nicht nehmen, ausnahmsweise sein Ritual kostenlos zu vollziehen.

Zu späterer Zeit hat Anantânanda einmal lächelnd erzählt, dass der Dorfbrahmane kleinere Fehler bei der Zeremonie gemacht habe. Als ehemaliger Ritualpriester habe er deswegen im Geist die Hochzeitszeremonie mit vollzogen, damit das Paar kein Unglück treffe. So ganz sei er damals noch nicht aus seinem alten Leben ausgestiegen. Doch habe er natürlich als Sâdhu offiziell zwar Segnungen aussprechen, aber keine Hochzeitszeremonie mehr leiten dürfen. Als er nach der Hochzeit Shivadûta davon berichtete, habe dieser gesagt, dass er zwar gemäß seiner alten Rolle richtig gehandelt habe. Die uralten Riten seien äußerst effektiv und segensreich. Doch noch wichtiger sei, dass die Götter der Hochzeit zustimmten – und dies sei in diesem Falle geschehen.

Im Anschluss an die Hochzeitszeremonie hielt Shivadûta eine Rede: »Liebe ehrwürdige Schwestern und Brüder, liebe Freunde! Heute feiern wir die Hochzeit von zwei Menschen, die nicht den üblichen Sitten, Gebräuchen und Konventionen gefolgt sind, sondern ihrem Herzen. Glaubt nicht, dass Padminî den Sâdhu Atîccha verführt habe, den heiligen Wandel als Mönch zu verlassen.

Shiva selbst hat das Paar zusammengeführt! Ein weltliches Leben gemäß dem Sanâthana Dharma und ein Leben in der Hauslosigkeit sind beide von hohem Wert. Denkt an Shiva, der beides zugleich vermag. Als Herr der Yogis zieht er sich für lange Zeiten der Meditation in die Einsamkeit zurück. Dann aber vereinigt er sich wieder mit seiner Gattin Pârvatî, ist verbunden mit seinen beiden Söhnen, greift wieder ein in die Welt der Erscheinungen. Und in den Zeiten von Shivas Rückzug aus der Welt wirken Pârvatî und die Söhne Ganesha und Kartikeya hilfreich in der Welt.

Am gleichen Tag vor zwei Jahren, als Padminîs Mann das Weltleben aufgab, wurde unser Atîccha von seiner Frau verlassen, woraufhin er in den Orden der Shaiva-Mönche eintrat. Es mag nun sein, dass eine Enttäuschung im Weltleben zu einem Eintritt in einen Mönchs- oder Nonnenorden anregt. Doch Enttäuschung allein ist nicht ausreichend für ein Leben außerhalb der Welt. Es muss die Sehnsucht nach dem Überschreiten des individuell Begrenzten hinzukommen, der Wunsch, das auf sich selbst bezogene »Ich« zu übersteigen. Es ist eine Sehnsucht nach dem Grenzenlosen, dem Göttlichen – in einem Maße, das ein Leben in der Welt mit seinen vielfältigen Verpflichtungen nur schwer möglich macht.

Atîccha! Dein jetziger Schritt in die Welt entspricht deiner inneren Wahrheit. Es war für dich richtig, für einige Zeit bei uns Shaiva-Mönchen zu sein. Ohne unsere Gemeinschaft wärst du nie von deiner früheren Frau innerlich losgekommen, noch von deiner Wurt und Verbitterung. Jetzt aber ist es Zeit, dass du in die Welt als Haushälter zurückkehrst. Für dein neues Leben gebe ich dir den Namen Satyamitra, Freund der Wahrheit. Du wirst die Fähigkeit haben, das Richtige in jeder Lebenssituation zu tun und auch anderen mit hilfreichem Rat zur Seite stehen.

Padminî und Attîccha! Ihr werdet viele Kinder haben. Eure Söhne werden fleißige und dem Sanâtana-Dharma ergebene Haushälter sein. Eine eurer Töchter aber wird eine Nonne (Sâdhvî) und große Yoginî werden. Sie wird für viele Menschen Inspiration und Hilfe sein.

Lasst eure Liebe blühen wie die Blüten der Sâlabäume! Aber denkt daran, dass es auch immer wieder schwierige Zeiten in eurer Beziehung geben wird. Dies ist natürlich unter den vielen Belastungen eines Lebens in der Welt. Aber so wie die Sâlabäume nach der Trockenzeit wieder erblühen, so möge auch eure Liebe zueinander immer aufs Neue entstehen. Und möge am Ende eures jetzigen Lebens eure Liebe eingehen in die Liebe zu Shiva. Denn jede tiefe irdische Liebe ist ein herrlicher Abglanz und eine Vorahnung der Liebe zum Unendlichen, das uns alle umfängt und durchdringt.«

DAS ZERSTRITTENE DORF

Die Reise unserer beiden Sâdhus nach Nordosten währte nun bereits mehr als ein Jahr. Denn überall, wo spirituelle Hilfe erforderlich war, verweilten die Mönche einige Zeit. Zwei Beispiele davon haben wir bereits geschildert. Zudem wurde die Reise verlangsamt durch die Verehrung jeden Schreins, jeden Tempels der am Weg lag. Auf diese Weise hatte der Guru seinem Schüler Maitrenanda vermittelt, dass alle Götter, alle Heiligen, alle heiligen Orte, Berge, Haine als Erscheinungsformen des Göttlichen verehrungswürdig sind.

Sie kamen nun in ein Dorf, aus dem bereits von weitem lautes Geschrei zu ihnen herüberkam. Die Bevölkerung des Ortes war heillos miteinander zerstritten. Es war Trockenzeit. Der große Dorfteich war die einzige Wasserstelle des Ortes und enthielt jetzt nur noch wenig Wasser. Würde das Wasser reichen bis zum Monsun? Wie sollte das spärliche Wasser verteilt werden? Und so kam es zum Streit. Die Brahmanen bestanden darauf, das meiste Wasser zu erhalten. Schließlich würden die für den Ort erforderlichen Rituale, viel Wasser benötigen. Die Bauern beanspruchten einen großen Teildes Wassers für ihre Viehherden. Die Kaufleute wollten Wasser reservieren lasen für eine zu erwartende Kamelherde und die unteren Kasten verlangten, dass ihnen Wasser für ihre Reinigungsarbeiten zur Verfügung gestellt werde.

Schließlich hatten sich die wütenden Männer im Streit verprügelt. Die gereizten Männer hatten dann teilweise ihre Frauen geschlagen, diese wiederum entnervt ihre Kinder. Und die so ungerecht behandelten Kinder hatten ihre Aggressionen schließlich an den Hunden ausgelassen, die sie mit Steinen bewarfen.

Und so war das ganze Dorf in Aufruhr. Auch der Dorfrat (Pancâyat) konnte den Streit nicht schlichten. Er war vielleicht auch nicht ganz unparteiisch, da die meisten Angehörigen des Dorfrates der Brahmanen- und Kaufmannskaste angehörten. Die Dörfler waren so sehr in ihre Konflikte verstrickt, dass es ihnen nicht einfiel, den beiden ankommenden Sâdhus Nahrung anzubieten.

Nachdem sie sich näher über die Ursache des Streits erkundigt hatten, setzten sich Shivadûta und Anantânanda zur Mittagszeit an den Rand des Dorfteichs. Zunächst wurden sie von den Dörflern kaum beachtet. Die Mönche begannen erst leise, dann immer lauter das Mantra des Friedens zu rezitieren:

»OM SHÂNTI SHÂNTI SHÂNTIH [3]«

Auch nach einer Stunde beachteten sie die erwachsenen Dorfbewohner nicht. Doch allmählich kamen die Kinder herbei, setzten sich neben die Sâdhus und begannen ebenfalls das Mantra des Friedens unablässig zu rezitieren. Ja, es waren die Kinder, die als erste spürten, dass von den Mönchen Frieden und Ruhe ausging.

Bis zur Abendstunde hatte sich die Stimmung im Ort nachdrücklich verändert. Zur Dämmerung kamen fast alle Bewohner an den Teich und verneigten sich vor den Sâdhus. Shivadûta wies sie an, die Nacht über zu bleiben, nicht zu schlafen, sondern unablässig das Mantra des Friedens zu rezitieren. In der Nacht sollte kein Licht angezündet werden. Es war Neumond, der Teich in Dunkelheit gehüllt. Fast alle Bewohner folgen Shivadûtas Aufruf. Auch wenn viele bereits die Auswirkungen des Mantras gespürt hatten, gab Shivadûta eine kurze Einführung in das Mantra: »Das Mantra kann uns Frieden bringen auf drei Ebenen – Frieden in uns, Frieden in unserer Umgebung, Frieden in der Welt. Ihr habt heute selbst erlebt, wie von euren Kindern – die das Mantra rezitierten – Frieden ausging, und schließlich auf euch soweit überging, dass ihr nach allem Streit heute Abend friedlich hier versammelt seid. Und auf gleich Weise kann vom Frieden dieses Dorfes der Frieden in die Welt ausstrahlen. Deshalb wiederholen wir das Wort »Shânti« dreimal. In einem weiteren Sinn wünschen wir uns mit dem ersten »Shânti« Frieden für die Welt, beim zweiten Frieden für den Luftraum, beim dritten für alle Himmelswelten bis zu den Götterwelten. Das dritte »Shânti« sprechen (oder denken) wir mit einem Hauchlaut am Ende, deuten damit an, dass der Frieden in unendliche Weiten ausstrahlen möge,vom Hörbaren zum Unhörbaren, vom Begrenzten zum Unbegrenzten.

Doch unser Wunsch nach Frieden kann nur tiefgehend gelingen, wenn wir über die Grenzen unseres ›Ichs‹ hinausschauen lernen. Wenn wir heute also zum Beispiel nicht nur Wasser für uns, sondern auch für die anderen möchten. Daher beginnt unser Mantra mit ›OM‹, dem Mantra des Unendlichen, des Grenzenlosen, des Göttlichen. In diesem Frieden des Unermesslichen sind wir alle vereint. Den wir sind alle Kinder Brahmas, Kinder Shivas, Kinder des Unermesslichen, wenngleich wir verschiedene Pflichten in der Welt haben mögen.«

Alle waren tief bewegt. Besonders ergriffen aber nahmen die Angehörigen der untersten Kaste diese Anweisung auf. Denn sie hatten von den Brahmanen bisher kaum Anweisungen zu Meditation erhalten. Dachte man doch vielfach, dass die unterste Kaste spirituelle Anweisungen kaum verstehen könne. Hier war nun ein Sâdhu, der zu allen in gleicher Weise sprach, unabhängig von der Kaste. Und hatte er nicht betont, dass auch sie – die Mitglieder unterer Kasten – Kinder Brahmas, Shivas und des Unermesslichen seien?

Nie war in dieser Gegend von so vielen Menschen gleichzeitig eine ganze Nacht meditiert worden. Frieden, Gelassenheit, Ruhe waren für alle erlebbar, wenngleich in verschiedenem Maß. Bevor der Morgen anbrach, bat Shivadûta, fortwährend zu rezitieren: NAMO SHIVÂYA, Verehrung dem Shiva.

Als dann der Morgen anbrach, sich Ushâs (die Morgenröte) und Sûrya (die Sonne) am Himmel zeigten, war ein Wunder geschehen. Der Wasserspiegel im Teich war deutlich angestiegen. Und Shivadûta sagte: « Es wird genügend Wasser für alle bis zur Regenzeit geben.«

Das denkwürdige Ereignis wurde im Dorf verschieden interpretiert. Ein weit gereister Kaufmann meinte, der Teich sei wohl mit einer unterirdischen Wasserquelle verbunden. Wenn der Wasserspiegel sinke und damit der Druck im Teich nachließe, würde die unterirdische Quelle einfließen können. Er habe dies anderenorts schon erlebt. Dem widersprach der älteste Brahmane des Dorfes. Vor 50 Jahren sei Ähnliches geschehen, nachdem ein Yogi den Ort besucht hatte. Und überhaupt habe es ja immer wieder niedrige Wasserstände gegeben, ohne dass eine angebliche Quelle Wasser nachgefüllt habe.

Jedenfalls waren alle überglücklich und der Streit im Dorf beigelegt. Herzlich dankte man den beiden Mönchen. Und viele versprachen, im weiteren Leben täglich eine Weile ein Mantra zu rezitieren – sei es »OM«, »OM NAMAH SHIVÂYA«, »OM SHÂNTI SHÂNTI SHÂNTIH« oder ein anderes.

Ankunft im Himalaja

Nach etwa anderthalb Jahren waren Shivadûta und Anantânanda an den Vorbergen des Himalajas angekommen. Es war eine günstige Zeit ins Kanchenjunga-Massiv zu gelangen. Die Regenzeit war vorbei, die so manchen Weg im Gebirge unpassierbar macht. Und die Winterkälte hatte noch nicht begonnen, sodass die Pfade frei von Eis und Schnee waren. Fromme Kaufleute hatten die beiden Mönche mit warmen Roben ausgestattet, als sie von deren Vorhaben erfuhren, ins Kanchenjunga-Gebiet zu pilgern.

Anantânanda warf ergriffen von der erhabenen Schönheit der Berge, die so ganz anders waren als die Berge seiner Heimat. Auf den Gipfeln lag Schnee der im Sonnenlicht glänzte. Die Luft war klar. Die Farben der Landschaft wirkten transparent, so als wenn man durch die Dinge hindurchschauen könnte. Manche Berge unterhalb der Schneegrenze schienen von innen heraus zu leuchten, besonders im Morgen- oder Abendlicht. Dichte Wälder bestanden aus Föhren, die so hoch waren, wie er es zuvor noch nie gesehen hatte. Und von Zeit zu Zeit wurden die Bergspitzen von weißen Wolken verhüllt, die von den Vorbergen aufstiegen. Shivadûta meinte, dass dann vielleicht die auf den Bergen thronenden Götter nicht gestört sein wollten.

Besonders bewegten Anntânanda aber die leuchtende Bläue des Himmels am Tag und die klare Sicht auf die Sterne bei Nacht. Es war nun er, der Shivadûta bat, das Reisen zu verlangsamen. Über Stunden meditierte er mit geöffneten Augen über die Unendlichkeit, die vor ihm lag und die zugleich Teil des eigenen Bewusstseins war. Sein Erlebnis der

Unendlichkeit als Kind beim Anblick des Meeres vertiefte sich hier. Ja, er war ein Teil des Unendlichen, war wesensgleich mit ihm – Ananta!

Die Reise sollte nun bald zum Ende kommen. Shivadûta war für Anantânanda ein »Guru auf Zeit« gewesen. Denn er würde nun bald Schüler von Satya Deva werden – jenem großen Shaiva-Mönch und Yogi, über den bereits im ersten Teil des Buches berichtet wurde. Als Anantânanda äußerte, dass Shivadûta sein wichtigster Guru sei und bleiben werde, antwortete dieser bescheiden: »Ich bin nur der Bote, ich bin nur der Mond in der Nacht. Doch nun kommt der Tag deines spirituellen Lebens – denn Satya Deva ist wie die Sonne, die alle Dunkelheit vertreibt«.

Anantânanda hatte von Shivadûta gelernt, was das Wesen eines Sâdhu ausmacht. Es genügte nicht, Befreiung (moksha) für sich selbst in der Abgeschiedenheit von den Menschen zu erlangen. Es musste eine Bereitschaft hinzukommen, anderen zu helfen mit den Kräften eines Sâdhus, mit den Mitteln eines Yogis. Dabei galt es, sich zwar mit Liebe und Achtsamkeit dem anderen zuzuwenden, sich jedoch nicht in die Sorgen und Nöte, in die Angelegenheiten eines Weltlebens, hineinziehen zu lasen.

Aber auch jede spirituelle Erkenntnis, jede Meditation in der Einsamkeit, diente nicht nur der eigenen Befreiung, sondern wirkte sich heilsam auf das Weltganze aus. Nach alter Überlieferung gingen Wellen des Segens von den großen Weisen, Heiligen, Yogis, Sâdhus, Munis und Bhikshus aus, trugen bei zum Welterhalt und der ethischen und religiösen Erneuerung der Menschheit. So wird zum Beispiel überliefert, dass die Erde heftig gebebt habe im Augenblick der Erleuchtung des Buddhas.

Schließlich erreichten die Beiden den Wohnort des Meisters, der bereits zu jener Zeit in einer Höhle am Fuße des Kanchenjunga-Massivs lebte. Es war etwa 13 Jahre vor der Schülerschaft Maitrenandas, die im ersten Teil des Buches beschrieben wurde.

Shivadûta aber verließ bereits am nächsten Morgen das Kanchenjunga-Massiv. Er müsse in den westlichen Himalaja, Shiva habe ihn gerufen. Wir wissen nicht, was seineMission war. Jedoch segnete ihn Satya Dev nach langer gemeinsamer Meditation in der Nacht. Vielleicht war dem weisen Sâdhu auch bekannt, was für eine neue Aufgabe Shivadûta nun zu erfüllen hatte.

KANCHENJUNGA: DIE SCHÜLERSCHAFT

Anantânanda blieb etwa 11 Jahre am Kanchenjunga – Massiv und in der Schülerschaft seines Gurus. Doch das ist nur eine äußerliche Betrachtungsweise. Denn was dort geschah, war jenseits von Zeit, jenseits von irgendeinem Ort auf der Welt. Es war das Erwachen eines Shaiva-Mönchs zum großen Yogi.

Gleich zu Anfang hatte Satya Deva erklärt: »Du bist in diesem Leben bisher dreimal geboren worden, zunächst physisch durch deine Mutter, dann in der heiligen Zeremonie der Brahmanenschnur, mit der du in die Gemeinschaft der BrahmanenKaste aufgenommen wurdest. Und drittens mit deinem Eintritt in den Shaiva-Orden. Als ShaivaYogi aber wirst du bei deinem spirituellen Erwachen deine vierte Geburt erfahren.

Ein solches Erwachen vollzieht sich in mehreren Stufen. Die erste Stufe hast du bereits erreicht, einige Erlebnisse der Unendlichkeit des Raumes und deines Bewusstseins, Begegnungen mit dem Unendlichen Licht, deine Hingabe an Shiva sowie eine Ahnung der Verbundenheit des Lebens im Urgrund allen Seins.

Shiva ist die Manifestation des Göttlichen, die uns hilft, uns zu wandeln, altes zu überwinden. Er ist der Herr der Yogis, er ist der tanzende Retter und Befreier der Welten und Wesen aus dem Gift und dem Chaos der Unwissenheit. Daher verehren wir Shaiva-Yogis ihn im besonderen Maße.

Aber alle großen Götter wie Brahma, Vishnu, Mahâdevî und Shiva durchdringen als Manifestationen des Göttlichen die ganze Welt, sind auch in dir. Doch wurzeln selbst die großen Götter und Göttinnen (und auch wir Menschen) letztlich im Nicht-Sagbaren, das keine Eigenschaften hat, mit dem ES beschrieben werden könnte. ES wird deshalb ›nirguna‹, eigenschaftslos genannt. In der Tradition der Upanischaden wird ES ›Brahman‹ genannt, die Anhänger Vishnus bezeichnen ES als ›Nirguna-Vishnu‹ und wir Shaivas als ›Nirguna-Shiva‹. Und mein Freund Dharmarakshita, ein Anhänger des Buddhas, nennt ES ›Shûnyatâ‹, Leerheit oder ›Tathatâ‹, So-heit.«

Der Meister, Anantânanda und zwei weitere Schüler lebten zwei Jahre eng zusammen. Der Guru bestand zunächst darauf, dass Anantânanda morgens Gayatrî und abends Triyambaka-Mantra mehrfach rezitieren solle. Auch wenn er das weltliche Leben hinter sich gelassen habe, so seien doch seine ersten meditativen Erfahrungen mit diesen Mantras verbunden gewesen. Und daran sei anzuknüpfen für die weitere Entwicklung. Auch sollte er zeitweilig weiter mit ›aham brahmâsmi‹ üben; letztlich seien Shiva und Brahma wesensgleich, wenn auch verschiedene Aspekte des Göttlichen.

In der Morgenandacht (Pûjâ) wurden alle großen Götter mit den entsprechenden Mantras verehrt. Der Abschluss der Andacht bestand in der Anrufung Shivas, in der dieser um Beistand bei allen spirituellen Bemühungen angerufen wurde. Danach folgte bis zu den Nachmittagsstunden die Rezitation des Mantras OM NAMAH SHIVÂYA.

Ab dem Nachmittag bestand die Übung in der fortwährenden Rezitation des OM, wobei der Schüler sich auf den Punkt zwischen den Augenbrauen konzentrierte. (Diese Übung wurde bereits im 1. Teil des Buches beschrieben) Gleichzeitig sollte Anantânanda sich an das Eintauchen in das Unendliche Licht bei seiner Einweihung durch Mîmâmsâjnânin erinnern.

Zwei Jahre folgte Anantânanda gewissenhaft den Anweisungen, strengte sich an. Zunächst empfand er Harmonie und Frieden. Er hatte seinen Meister gefunden, seine Sehnsucht nach dem Unendlichen Licht würde gestillt werden. Doch dann schien es nicht weiter zu gehen. Das damalige erschütternde Erlebnis des Unendlichen Lichtes stellte sich nicht ein, auch wenn er mühelos ein begrenztes helles Licht zwischen seinen Augenbrauen wahrnehmen konnte. Trotz einer gewissen inneren Ruhe, die von diesem begrenzten Licht auszugehen schien, war er im Tiefsten unglücklich.

Hier dürfen wir aber nicht einem Missverständnis unterliegen. Sein Gefühl war nicht das, was wir gewöhnliche Menschen empfinden, wenn wir meinen unglücklich zu sein. Es war vielmehr die Sehnsucht nach dem, was er als Tiefstes einmal erleben durfte und ihn bewogen hatte, ein Sâdhu zu werden. Er schien es nicht wieder erreichen zu können, trotz intensivster Bemühungen. Vielleicht können wir sein Gefühl am ehesten vergleichen mit der Empfindung von zwei sich heftig liebenden Menschen, die weit voneinander getrennt sind und keinen Weg zueinander finden.[4]

Tag um Tag bemühte er sich um die Wiedererweckung jener Erfahrung, die er bei Mîmâmsâjnânin gemacht hatte. Doch es gelang nicht.

Er verzweifelte mehr und mehr, aß kaum noch, konnte nur unruhig schlafen und die schon erreichte Gelassenheit und Ruhe des Gemüts schwanden allmählich, machten einer inneren Unruhe Platz.

Da sprach Satya Deva: »Die Zeit ist gekommen, in dem alles Bemühen deinerseits zwecklos ist. Vorherige Erfahrungen und dein Wissen nützen dir nichts mehr, du selbst kannst jetzt nichts mehr tun. Doch erinnere dich daran, dass Shiva dich erwählt hat. Vertraue auf IHN.

Lasse alle bisherige Mediationspraxis fahren, alle liebgewonnenen Rituale am Morgen und Abend. Wiederhole nur noch das Mantra Shivas ohne Unterlass, bei Tag und Nacht, in der Meditation und in allen notwendigen Verrichtungen des Lebens. Ja, sogar beim Einschlafen und Erwachen wird das Mantra bald wie von selbst stets gegenwärtig sein. Es wird dich begleiten wie ein guter Freund, viel intensiver als bei deiner Wanderung von den Sahyadri-Bergen bis zum Himalaja. Und mit ihm wird dein Vertrauen, deine Liebe zu Shiva mehr und mehr wachsen.

Lass uns nun zu jener Höhle gehen, die ich dir neulich gezeigt habe. Niemand wird dort zu dir kommen, um mit dir zu sprechen. Nur ich werde dich einmal in jedem Mondmonat besuchen. Knappes aber ausreichendes Essen und auch etwas Feuerholz wird dir gebracht werden. Suche nicht die Gesellschaft anderer Yogis oder Sâdhus. Bleibe im Umkreis deiner Höhle, stets erfüllt vom Mantra. Und wenn du die Schönheit der Berge erblickst, denke daran – es ist die Schönheit und Erhabenheit Shivas, die sich darin offenbart.«

Das erste Jahr als Einsiedler

Was sich auf den tiefsten Ebenen einer Beziehung zwischen zwei Menschen ereignet, lässt sich nicht vollständig mit Worten beschreiben. Wenn etwa ein Schriftsteller uns an den menschlichen Beziehungen in einem Roman teilhaben lässt, so können wir dies bis zu einem gewissen Grad nachempfinden, da wir oft ähnliche Erfahrungen im Leben gemacht haben. Aber wenn es um die Beziehung zwischen einem erleuchteten Guru und seinem hingebungsvollen und begabten spirituellen Schüler geht, so versagen die Möglichkeiten einer Beschreibung. Denn wir gewöhnlichen Menschen haben bestenfalls eine gewisse Vorstellung von jenen spirituellen Dimensionen, um die es sich in der Beziehung zwischen Meister und Schüler handelt. Und so können wir allenfalls ahnen, was sich in solchen Beziehungen ereignen mag.

Im Gesagten und im Nicht-gesagten, im Vorbild, in der Liebe, in der Gnade und der Fähigkeit, unmittelbare spirituelle Erfahrung im Schüler auszulösen besteht das Wesen eines Meisters. Freudige Hingabe an den Meister oder die Meisterin, Vertrauen, Geduld, Ausdauer, Achtsamkeit, sittlicher Lebenswandel, Achtung vor allem Leben und Liebe zum Göttlichen (in welcher Form auch immer) fließen von Seiten des Schülers in eine solche spirituelle Beziehung ein.

Auch wenn daher nicht begriffen werden kann, was sich im Tiefsten zwischen dem ehrwürdigen Satya Deva und seinem Schüler Anantânanda ereignete, so lassen sich doch wenigstens die äußeren Abläufe der Jahre in der Einsiedelei nachvollziehen. In dieser Zeit vollzog sich die Verwandlung Maitrenandas vom Shaiva-Sâdhu zum erwachten Yogi.

Als die Beiden die Einsiedelei erreichten, sagte Satya Deva: »Diese Höhle ist die Wohnstätte großer Yogis gewesen und dadurch ein Ort besonderer spiritueller Kraft. Du wirst hier leicht Vertiefung in deinen Meditationen erlangen. Sieh die wundervolle Landschaft, die vor deinen Augen liegt. Mit dem Mantra des Shiva auf den Lippen und im Herzen beobachte den steten Wandel in der Natur. Hitze und Kälte, Ergrünen der Landschaft, Trockenheit, Regen und Schnee – es ist das Walten Shivas. Mein Freund Dharmarakshita, ein Bauddha, erzählte mir, dass der Buddha immer wieder über diesen steten Wandel, über die Vergänglichkeit aller Dinge in der Welt der Erscheinungen gelehrt habe. Leiden entstünde, so die Lehre des Buddhas, weil wir den Wandel nicht akzeptieren und am Liebgewordenen festhalten wollen, was ja aber nicht möglich sei. Freiheit entstünde, wenn wir loslassen, nicht am Vergangenen hafteten. Nun, das ist auch unsere Lehre. Als Shaiva-Mönche begrüßen wir den Wandel, den Tanz Shivas, den göttlichen Willen Shivas, ohne den es keine Veränderung und Entwicklung gäbe!«

Monatelang übte Anantânanda mit dem Mantra des Shiva. Doch was wir als Üben bezeichnen, war nach kurzer Zeit weit mehr. Es war ein ›Üben-des-Nicht-Übens‹. Denn das Bewusstsein Anantânandas war erfüllt vom Mantra, wurde eins mit ihm. Nicht er dachte und sprach das Mantra. Das Mantra war einfach immer da, musste nicht gedacht oder gesprochen werden. Alles was er sah, hörte, fühlte, roch, schmeckte, dachte, war durchdrungen vom Mantra. Und mit dem Mantra wuchs seine Liebe zu Shiva, zum Unermesslichen, denn das Mantra war im tiefsten Shiva selbst. Auch wenn er den Herrn nicht »sehen« konnte, so fühlte er ihn doch in seine m Herzen und in allem, das ihn umgab.

Die Welt war eingetaucht in ein Licht, das aus den Dingen zu kommen schien und alles wie transparent erscheinen ließ. Oft kamen wilde Tiere herbei – weder er noch sie empfanden Furcht. Besonders ein Panther kam immer wieder und lag auf einem großen Stein unweit der Höhle. Anantânanda wusste, der Panther meditiert mit ihm auf seine Weise.

Einmal in jedem Monat kam sein Meister, meditierte mit ihm, gab ihm Anweisungen für seinen Weg. Auch brachte Satya Deva eigenhändig bescheidene Nahrungsvorräte mit und zeigte Anantânanda, welche Wurzeln und Kräuter in der Umgebung essbar waren. Anantânanda war überwältigt von der Fürsorge seines Gurus, die ihm die Liebe Shivas widerzuspiegeln schien. Ja, sein Meister war für ihn die Verkörperung Shivas in menschlicher Gestalt.

Als das erste Jahr als Einsiedler fast vergangen war, sagte Satya Deva: « Bald wirst du eine Begegnung besonderer Art haben. Auch wenn du dich sonst von allen Menschen fernhalten solltest, so scheue nicht vor dieser Begegnung zurück. Sie wird dir weitere Einblicke in das Leben der Menschen und deiner Vorleben geben und dich von Resten alten Karmas freimachen. Ich werde erst in zwei Mondmonaten wieder zu dir kommen.«

Eine Woche später saß eine weiß gekleidete Yoginî neben der Quelle, aus der Anantânanda täglich seinen Wasservorrat schöpfte. Seit Monaten hatte er neben seinem Meister keinen Menschen gesehen – und jetzt saß da eine junge Frau, die trotz des kahlgeschorenen Kopfes von außerordentlicher Schönheit war. Unverwandt blickte sie ihn an. Was wollte sie von ihm? Voller Unruhe bemerkte er, wie sich sexuelles Begehren bei ihm regte. Seit Jahren hatte er so etwas nicht verspürt, hatte zudem gelobt, das Leben eines sexuell enthaltsamen Mönchs zu leben, sich ganz dem Göttlichen zu weihen. Voller Verlegenheit wandte er sich ab, schöpfte Wasser, wandte sich um und lief zu seiner Höhle zurück.

Er war aber so verwirrt, dass er auf dem Rückweg stolperte und hinfiel, sodass sein Tonkrug zerbrach. Durstig war er, doch er scheute sich, an die Wasserstelle zurückzukehren. Denn er hatte Angst vor einer neuen Begegnung, Angst in Versuchung zu kommen, Angst davor, die Regeln eines Mönchslebens in Gefahr zu bringen. Unruhig war seine Meditation am Tag und der folgenden Nacht. Immer wieder musste er an die Yoginî denken, war gequält vom Durst, wollte aber erst am nächsten Morgen zur Quelle zurückkehren – hoffend, dass sie nicht mehr da sei, zugleich sich danach sehnend, dass sie noch da sein möge. Hatte Satya Deva das gemeint, als er von einer Begegnung der besonderen Art gesprochen hatte? Hatte Satya Deva ihn nicht dazu aufgefordert, die Begegnung zu suchen? Oder hatte sein Guru eine andere Begegnung gemeint und er machte sich jetzt etwas vor, um eine Rechtfertigung zu haben, sich der Yoginî zu nähern?

Als er am nächsten Morgen zur Quelle kam, saß die Yoginî noch immer an derselben Stelle und blickte ihn an. Scheu murmelte er als Gruß: »Namo Shivâya« (Verehrung dem Shiva). Und die Yoginî grüßte zurück: »Namo Mahâdevyai« (Verehrung der Mahâdevî, der Großen Göttin).

Rasch füllte er seinen Wasserkrug, hastig kehrte er zu seiner Höhle zurück. Er wagte nicht, in die Richtung der Yoginî zu schauen. Verwirrt und voller Unruhe war er. Sie kam ihm vertraut vor, doch konnte er sich nicht daran erinnern, sie je gesehen zu haben.

Als er am dritten Morgen zur Quelle kam, sprach die Yoginî ihn an: »Erkennst du mich nicht?« – »Nein« erwiderte er, » doch irgendwie bist du mir bekannt. Wer bist du?«

»Auf der konventionellen Ebene« sagte sie, »bin ich seit vielen Jahren eine Yoginî mit dem Namen Smriti. Meine Verehrung gilt insbesondere der Mahâdevî, der Großen Göttin. Es ist sie, die das Leben hervorbringt, die Wesen ins Dasein ruft und sie wieder vergehen lässt im ewigen Kreislauf des Werdens und Vergehens. Brahma erschafft die Welten. Vishnu sorgt für ihren Fortbestand. Shiva bändigt das Chaos der Welten und in der Seele der Menschen, befreit uns von Enge und Erstarrung. Mahâdevî aber ist das Leben selbst. Daher gilt ihr meine besondere Liebe und Verehrung.«

»Auf der tiefsten Ebene jedoch bin ich, bist du, sind alle Götter und Wesen ein Teil des Unermesslichen Urgrundes, den die Weisen mit vielen Namen bezeichnen«.

»Dann gibt es noch eine Ebene, die uns beide sehr persönlich angeht. Sage, erkennst du mich wirklich nicht?« – Anantânanda musste verneinen. »Nun«, meinte Smriti, »ich kann nicht von dir verlangen, was ich als Gabe von Mahâdevî erhielt. Ich kann bei mir und anderen in frühere

Leben blicken. Nicht umsonst hat mich meine Meisterin Smriti (»Die Sich Erinnernde«) genannt. Nun, in manchen unserer Leben warst du mein Mann, ich deine Frau!«

Erschüttert stand Anantânanda vor Smriti. Hatte sie Recht, oder wollte sie ihn mit einer solchen Aussage verführen? Doch dann fuhr sie fort: »Ich habe die Tage durchaus bemerkt, dass sich bei dir ein gewisses sexuelles Begehren mir gegenüber entwickelte, obwohl du doch schon lange ein Mönch in diesem Leben bist. In mir finden sich solche Regungen nicht mehr, mein sexuelles Begehren aus früheren Leben ist völlig aufgegangen in der Liebe zu Mahâdevî. Habe keine Angst vor mir, ich will dich nicht verführen!

Die Ursache deines jetzigen Begehrens mir gegenüber hat karmische Wurzeln, die dem letzten Leben entspringen. Wenn du möchtest, kann ich dir dein letztes Leben zeigen. Doch sei gewarnt, es würde schmerzhaft sein. Nicht umsonst legen die Götter die Schleier des Vergessens über die Vorleben von uns Menschen. Vieles ist schmerzlch; ich selbst habe sehr darunter leiden müssen, als mir Vorleben bewusst wurden. Denn ich habe die Gabe, dass alles nicht nur eine Erinnerung ist, wenn ein Vorleben aufsteigt. Es ist vielmehr so, als wenn man das vergangene Leben in seiner ganzen Intensität wieder erlebt, so als wenn es jetzt wäre.

Ich kann auch bei anderen intensive Erfahrungen von Vorleben auslösen. Das ist dann nicht so, als wenn du einem Schauspiel zusehen würdest. Nein, du bist dann selbst mitten im Geschehen. Bist du bereit, dich deinem letzten Leben in dieser Weise noch einmal zu stellen. Auch wenn es Leiden beinhaltet?«

Von der Yoginî ging eine Autorität und Kraft aus, wie er es bisher nur bei seinem Meister Satya Deva erlebt hatte. Es wurde ihm klar, dass sie ihn nicht verführen wollte. Und er war erschüttert von ihren Worten. Ja, er wollte sich seinem vorherigen Leben stellen, auch wenn es schmerzhaft sein könnte. Denn er war ja ein Sucher der Wahrheit, nicht umsonst hieß sein Meister »Gott der Wahrheit«. Smriti hatte ihn gewarnt, dass es nicht so leicht sein würde, wie ja so oft Wahrheit schwer zu ertragen ist – auch wenn sie dann letztlich zu einer Befreiung führt. Nichts anderes hatte auch der Buddha getan, als er die unbequeme Lehre vom leidvollen Haften an der vergänglichen Welt der Erscheinungen an den Anfang seiner Lehre gestellt hatte.

Und so bat er die Yoginî, ihm sein letztes Leben vor Augen zu führen.

»Gut«, sagte Smriti, « komme her zur Quelle sobald der Mond aufgegangen ist. In dieser Nacht sollst du in dein letztes Leben eintauchen.«

Als er in der Tiefe der Nacht zur Wasserstelle kam, schimmerte sie silbern im Licht des Mondes. Daneben saß die Yoginî und hatte sich verwandelt. Ein blaues Licht ging von ihr aus und sie wirkte erheblich größer als noch vor wenigen Stunden. Mit einer Geste wies sie Anantânanda an, sich neben sie zu setzen. Mit einem Krug entnahm sie Wasser aus der Quelle, hielt diesen lange in den Händen während sie das Mantra der Mahâdevî sprach – zunächst laut, dann immer leiser werdend, bis das Mantra für sterbliche Ohren nicht mehr hörbar war. Dann goss sie das Wasser über sein Haupt. Und in diesem Augenblick geschah die Einweihung in sein letztes Leben ...

Er war ein kleiner Junge in einer Brahmanenfamilie. Schnell begriff er, dass er im Mittelpunkt der Familie zu stehen schien und dass man von ihm erwartete, immer nett und freundlich zu allen zu sein. Ansonsten konnte er machen, was er wollte, seinem bezaubernden Lächeln konnte niemand widerstehen, man verzieh ihm alles. Er war der einzige Sohn, umgeben von fünf älteren Schwestern, die ihn verhätschelten und verwöhnten. Prîya wurde er genannt – der den alle lieben. Sein Vater war froh, dass endlich ein männlicher Nachkomme geboren worden war und verwöhnte ihn ebenfalls. Nur die Mutter war etwas strenger, ließ ihm nicht jede Unart durchgehen. Sie bestand darauf, dass er an den langen Morgen- und Abend-Pûjâs teilzunehmen hatte.

Er grollte der Mutter, die die einzige war, die sich nicht seinen Launen fügte. Viel lieber wollte er spielen, als an langen Andachten teilzunehmen und sich dabei still zu verhalten. Immer wieder sagte sie zu ihm, sobald er es begreifen konnte: »Du bist ein Brahmanen-Sohn, auch du hast Pflichten. Wir Brahmanen haben die Aufgabe, mit unseren Andachten zum Welterhalt beizutragen. Warum sollte am Morgen die Sonne aufgehen, nachts der Mond erscheinen und die Atmosphäre gereinigt werden wenn wir nicht mit unseren Ritualen dazu beitragen würden. Warum sollte der Reis auf unseren Feldern wachsen, der Regen kommen, wenn wir nicht Mahâdevî um ihren Segen bitten? Nur wir Brahmanen kennen für dies alles die richtigen Gebete und Rituale.«

Als er nun acht Jahre alt geworden war, wurde er zum Studium in den Haushalt eines älteren Brahmanen gegeben. Dieser war ein Kenner der vier Veden und war für eine gewisse Strenge gegenüber den ihm anvertrauten Schülern bekannt. Mit Bedacht hatte seine Mutter darauf bestanden, ihn – den verwöhnten Knaben – gerade diesem Lehrer anzuvertrauen.

Anfänglich hatte der junge Prîya große Mühe, sich der veränderten Situation anzupassen. Nur selten durfte er seine Eltern und Schwestern sehen. Frühes Aufstehen und spätes Schlafengehen wurde ihm auferlegt. Bei allen Verrichtungen des Meisters hatte er dabei zu sein und auch im Haushalt musste er mithelfen. Wie ungewohnt das alles war, wie schmerzlich, nicht mehr der Mittelpunkt unter Spielkammeraden zu sein!

Im engeren Sinn war der Meister nicht streng. Er schimpfte nie, war nie ungeduldig, nie körperlich gewalttätig. Aber es bestand eine Art liebevollen Zwangs. Prîya hatte das zu tun, was man ihm sagte, ein Widerspruch war nicht möglich. Zunächst fügte er sich grollend. Doch nach wenigen Jahren war aus dem widerspenstigen Kind ein gelehriger Brahmanenschüler geworden. Jahr um Jahr lernte er große Teile der Veden auswendig, lernte den Sinn der Veden zu verstehen. Auch die Shastras und insbesondere die Sittengesetze des Manu wurden ihm vertraut. Und er lernte die wesentlichsten Rituale durchzuführen. Morgendliche vertiefte Meditation mit dem Mantra OM war ihm zur Selbstverständlichkeit geworden, bevor er sich den täglichen Pflichten zuwandte.

Das Wesentlichste aber war, er hatte gelernt, sich selbst zu beherrschen, sich nicht von Launen und Trieben tyrannisieren zu lassen, war ein Mensch geworden, der nicht nur auf sein eigenes Wohl bedacht war, sondern fähig, für andere da zu sein und dem Welterhalt zu dienen. Und so war er bereit, in das nächste Lebensstadium – das eines Haushälters – einzutreten. Er hatte nun ein Alter von 22 Jahren erreicht.

Ein Abschiedsfest wurde gefeiert, an dem auch die Eltern anwesend waren. Zu ihnen sprach der Guru: »Nicht nur durch Geburt allein ist man ein Brahmane! Ich bin beglückt, dass aus eurem störrischen Kind ein wahrer Brahmane geworden ist, geschult in Wissen und Wandel. Zeit wird es für ihn, zu heiraten ... In der heutigen Zeit ist es üblich geworden, dass Eltern eine geeignete Baut für ihren Sohn suchen. Wir Eltern wollen ja nicht, dass unsere noch unerfahrenen Kinder eine unglückliche Wahl treffen, getrieben von den Launen und Trieben der Jugend. Doch für diejenigen unserer Kinder, die gelernt haben, sich zu beherrschen und nicht nur Launen und Trieben folgen, gelten die ehrwürdigen Gesetze des Atharva-Vedas. Der Bräutigam sucht selbst seine zu ihm passende Frau. Sie sollte von gleichem edlen Gemüt sein, nicht nur schön, sondern auch gebildet, beherrscht und dem Dharma folgend. Eine solche Braut hat die gleichen Rechte: Auch sie sucht sich ihren Gatten selbst, einen Gatten, der wohlerzogen, gebildet liebenswürdig und von möglichst gleicher Kaste ist.«

Bewegt vernahm der Schüler die Worte des Meisters. Die vermeintliche Strenge seines Gurus war nichts anderes als dessen Liebe und Fürsorge gewesen. Ja, er war nun bereit, in das Lebensstadium des Haushälters einzutreten. Er würde mit seinen Ritualen genügend für den Unterhalt einer Familie verdienen können. Vielleicht würden ihm seine Eltern auch noch ein Teil ihrer Ländereien zur Verwaltung übergeben.

Dem Vater kamen jedoch Bedenken: »Es ist nicht üblich, dass ein Bräutigam seine Braut selbst auswählt. Was sollen denn die Leute von uns halten?« – Dem Vater kam es stets darauf an, was andere von ihm und seiner Familie dachten. Denn er fühlte sich sozial unsicher. Er kam aus verarmter Brahmanen-Familie. In der Kindheit hatte man ihn deshalb oft gehänselt und verspottet. Er hatte durch großen Fleiß ein Vermögen erworben, war nunmehr geachtet und bewundert in seiner Kaste. Dennoch fühlte er sich sozial fast so unsicher wie damals als Kind und wollte nicht auffallen.

Seine Frau war mit seinen Ängsten vertraut und schlug daher vor: »Wir werden als Eltern Kontakte zu einer Reihe von Familien mit geeigneten Heiratskandidatinnen aufnehmen. Unsere Familie hat ja einen hervorragenden Ruf und unser Sohn eine ausgezeichnete Ausbildung, sodass man unserem Ansinnen geneigt sein wird. Prîya wird aus der Reihe dieser Kandidatinnen seine Braut selbst auswählen. Auf diese Weise nehmen wir Rücksicht auf die gegenwärtige Sitte, vernachlässigen aber auch nicht die klare Anweisung des heiligen Veda.«

Der potentielle Bräutigam erwies sich in seiner Wahl als schwierig, keine mögliche Braut schien ihm zu passen. Einige hatten keinen hohen Bildungsgrad, andere erschienen ihm hässlich, wieder andere empfand er als zu ungestüm oder egoistisch. Sein Vater wurde langsam ungeduldig, weil er befürchtete, dass andere über ihn und seinen Sohn unschön reden könnten. Er spottete: »Du wirst Maheshvara, den Großen Gott, bitten müssen, dir eine Devî zu schicken, keine Braut ist dir gut genug.«

Schließlich kam unerwartete Hilfe von einem Onkel. Dieser hatte auf seinen Reisen eine junge Frau gesehen, die den Wünschen und Erwartungen seines Neffen entsprechen könnte. Sie war gebildet und, schön, von sanftem Gemüt, offenbar intelligent und bescheiden. Auch die Horoskope schienen zu passen. Und tatsächlich. als sich die beiden schließlich begegneten, entflammte sofort die Liebe zueinander auf. Aber es war nicht das Strohfeuer einer bloßen Verliebtheit – sie waren vom ersten Augenblick miteinander vertraut. Sicher kannten sie sich aus vorherigen Leben!

Ihrem Glück schien nichts entgegenzustehen. Hochzeitsvorbereitungen wurden getroffen, die Höhe der Mitgift festgelegt, die weitläufige Verwandtschaft beider Familien informiert und zum kommenden Hochzeitsfest eingeladen.

Doch nichts ist sicher in dieser Welt der Vergänglichkeit und Unsicherheit. Ein höherer Beamter zog auf Inspektionsreise mit seinem Trupp durch das Großkönigreich. Er war grausam, korrupt, hinterhältig und lebte ausschweifend. Widersetzte man sich ihm, so drohte er mit der Vernichtung der ganzen Familie, des ganzen Dorfes. Niemand hatte bisher gewagt, seine Machenschaften dem König in der weit entfernten Hauptstatt Pataliputra anzuzeigen. Dieser Beamte zog durch das Dorf der schönen jungen Braut. Sie erregte seine Aufmerksamkeit und sein Begehren. Unter Androhung, das Dorf niederzubrennen, entführte er Prîyas Braut, missbrauchte sie, reihte sie in seinem Harem ein.

Unendlicher Schmerz und ein übermächtiger Drang nach Rache übermannten Prîya. Nicht länger wollte er das Leben eines Haushälters führen, Rache wollte er nehmen und wenn möglich, seine Braut vor weiterem Schmerz und Schande bewahren. Zum Kummer seiner Familie verließ er Vater und Mutter und machte sich auf in die Hauptstadt, die er – abgerissen wie ein Bettler – erst nach Monaten erreichte.

Niemand wollte einen Bettler vor den König treten lassen, soft er auch sein Anliegen vortrug. Wegen seiner Hartnäckigkeit hatte aber schließlich einer der Beamten ein gewisses Mitleid (vor allem nachdem er von dem Grund der erwünschten Audienz erfuhr. Er hatte selbst einmal eine schmachvolle Demütigung durch den besagten höheren Beamten einstecken müssen). Er sagte zu Prîya: »Ein Bettler wird nicht zum König vorgelassen. Anders ist es bei Sâdhus, Bhikshus und Munis, die der König gern zur Audienz kommen lässt.«

Und so bat er wenige Tage später um die Aufnahme in den Shaiva-Orden. Wenngleich sein eigentliches Motiv Rache war, so hatte er durch seinen Guru auch eine Neigung zu einem spirituellen Leben bekommen. Und das Leben eines Haushälters hatten ihm wohl die Götter in diesem Leben versagt.

Intensiv übte er nun mit dem Mantra des Shiva. Geübt war er ja in der Mantra-Meditation, nachdem er viele Jahre täglich mit dem OM meditiert hatte. Sein Herz kam dadurch zu einer gewissen Ruhe, doch überwogen weiterhin der Schmerz, seine Sehnsucht nach seiner Braut und die Wut über die Wege der Welt. Täglich bat er Shiva, Rache nehmen zu können.

Nach Wochen gelang es ihm, eine Audienz beim König zu erhalten. Dieser fragte – wie er schon oft andere Sâdhus gefragt hatte – warum er Mönch geworden sei. Als er hörte, in welche Machenschaften einer seiner Beamten verwickelt war, ordnete er eine genaue Untersuchung an Der Beamte wurde schließlich zum Tode verurteilt, die Frauen des Harems befreit. Doch Prîyas Braut war nicht darunter. Ihr war einige Wochen zuvor die Flucht gelungen.

Prîyas Rache war gestillt, doch es verblieben Schmerz, Verzweiflung und Sehnsucht nach seiner Braut. So sehr er sich auch bemühte, ein würdiger Shaiva-Mönch zu sein er war es nur bis zu einem gewissen Grad. Oft malte er sich aus, wie wohl das Leben als Haushälter gewesen wäre.

Jahre später, kurz vor seinem Tod, begegnete er seiner früheren Braut. Sie berichtete ihm, wie sie dem Scheusal schließlich entkommen war, eine Meisterin getroffen hatte und eine Sâdhvî (Nonne) geworden war. Mahâdevî sei ihre persönliche Schutzgottheit. Das weltliche Leben habe sie hinter sich gelassen, alles sexuelle Begehren ihrer Jugend sei abgestorben – auch unter dem Einfluss der Vergewaltigungen, die sie erlitten hatte.

Erschüttert hatte Prîya damals zugehört. Sie sollten sich in jenem Leben nicht noch einmal begegnen. Und in der Todesstunde war ihm klar. Er hatte – im Gegensatz zu seiner früheren Braut – noch nicht seine sexuellen Wünsche überstiegen. Er war vielleicht zu früh Shaiva-Sâdhu geworden. Er war noch nicht bereit für den Gang ins Unendliche. Er musste wiedergeboren werden ...

Am Morgen kam Anantânanda völlig ermattet zu sich. Er saß im Meditationssitz an der Quelle, die Yoginî war bei ihm. Sein ganzes letztes Leben hatte er in einer Nacht erneut durchlebt und durchlitten! Er fühlte sich erschöpft, sein Körper war schwer wie Blei und er konnte sich nur mühsam bewegen. Kein Wort wurde gesprochen. Aber trotz allerErschöpfung meditierte er bis zum Mittag über das Erlebte, wurde frei von den Samskâras seines letzten Lebens.

Am Nachmittag sagte Smriti zu ihm: « Schlafe jetzt, dein Körper und dein Geist brauchen Ruhe. Wie ich schon sagte, es ist anstrengend, der Vergangenheit und der Wahrheit ins Auge zu blicken. Viel Grausames erleben wir in der Welt der Erscheinungen. Aber auch das Schrecklichste kann manchmal Heilsames bewirken. Ohne das im letzten Leben erlittene Leid, hätten wir uns beide nicht auf jenen spirituellen Weg begeben, der uns zu Kindern des Unendlichen macht.«

In den folgenden Tagen gewährte ihm Smriti Einblicke in weitere Leben. Mehrere Wochen verblieb sie bei ihm, bis sie Abschied nahm: »Ich gehe jetzt, jedenfalls was die Welt von Zeit und Raum betrifft. Doch wir sind vereint in jenem grenzenlosen göttlichen Licht, nach dem du dich sehnst – und auch vereint in Dem, was jenes Licht enthält – aber noch darüber hinausgeht ...Schließe nun die Augen.« Sanft berührte sie die Stelle zwischen seinen Augenbrauen.

Und er tauchte ein in das Unendliche Licht, war Teil dieses Lichtes, wie schon einmal vor Jahren bei seinem ersten Guru Mîmâmsâjnânin. Doch diesmal hielt die Erfahrung des Lichts über Tage an. Erfüllt war er vom Erleben eines unendlichen Seins, einem Gefühl unermesslichen Glücks und einem Bewusstsein, das keine Ich-Grenzen kennt. Tagelang aß und trank er nichts, nahm seine Umgebung nicht wahr, schlief nicht.

Wäre nicht sein Meister Satya Deva eine Woche später gekommen – es wäre ungewiss gewesen, ob sein damaliger physischer Körper dem Erleben weitere Zeit standgehalten hätte. Denn sein Körper hatte zur damaligen Zeit noch nicht jene Transformation erfahren, die – nach weit verbreiteter Auffassung – verwirklichte Yogis durchgemacht haben. Solche Yogis sollen ohne Schlaf und Nahrung für lange Zeit auskommen. Sanft holte ihn Satya Deva in die Welt von Zeit und Raum zurück, indem er verschiedene Chakra-Punkte berührte und die zugehörigen Mantras sprach.

Als Anantânanda wieder in sein weltliches Bewusstsein eingetreten war und durch Trank und Nahrung seinen Körper gestärkt hatte, sagte der Meister: « Nun beginnt dein zweites Jahr meditativer Vertiefung».

Das zweite Jahr als Einsiedler

Viele Yogis«, sagte Satya Deva, »finden in dem von dir erreichten Stadium meditativer Verwirklichung nicht mehr zu ihrem Körper zurück oder vernachlässigen ihn. Sie werden im Bereich der höheren, hell strahlenden Himmelswelten wiedergeboren. Nach langer Zeit kommt es dann zur Wiedergeburt in der Menschenwelt, wobei oft die früheren yogischen Fähigkeiten verlorengehen. Aber unsere wahre Aufgabe als Yogis – gleich welcher spirituellen Tradition – ist es, das göttliche Licht in die Welt der Erscheinungen hineinzutragen. Und so müssen wir lernen, in beiden Welten zu leben, dürfen nicht den Kontakt zu Menschen verlieren, dürfen nicht unseren Körper vernachlässigen. Ja, wir sollten unseren Körper stark machen, nicht nur für uns, sondern auch, um dem Leben dienen zu können. So wie ein Tontopf durch das Feuer des Töpfers stabil wird, so stärken wir unseren Körper im Feuer des Yoga.«

Satya Deva verblieb nun zwei Wochen bei seinem Schüler. Er zeigte ihm einige Übungen zur Stärkung des Körpers. Diese wurden schon lange in Yogakreisen tradiert (auch wenn der Hatha-Yoga mit seinen Körperhaltungen sich zur damaligen Zeit noch nicht entwickelt hatte). Ferner betonte der Meister die Notwendigkeit täglichen meditativen Gehens in der Umgebung der Einsiedelei sowie die Bedeutung von täglichen Waschungen und geregelter, wenngleich knapper Nahrungsaufnahme. Ferner unterrichtete er ihn in Atemübungen (Prânâyâma), die sowohl zur Stärkung des Körpers wie auch zur Ruhe und Klarheit des Geistes führen.

»Du wirst nun bald in der Lage sein, nach Belieben in das Erlebnis des Unendlichen Lichts einzutauchen«, sagte Satya Deva. »Aber du musst vor allem auch lernen, daraus wieder in die Welt der Erscheinungen zurückzukehren und dennoch das Bewusstsein für das Unendliche Licht im Hintergrund zu behalten. Fasse einen klaren Entschluss (Samkalpa) am Beginn deiner Meditation, wie lange du in vertiefter Meditation bleiben willst. Gegenwärtig schlage ich dir vor, nicht länger als einen halben Tag im Licht zu verweilen.«

Innerhalb weniger Monate gelang es Anantânanda, immer wieder in die Erfahrung des Unendlichen Lichts zu gehen und sie wieder abklingen zu lassen. Er übte dies sowohl mit dem Mantra des Shiva wie auch mit dem Mantra OM. Tiefen Frieden erlebte er nun, auch in der Welt der Erscheinungen. Er fühlte keinen unüberbrückbaren Gegensatz zwischen der Welt der Erscheinungen mit ihren Unzulänglichkeiten und der Welt des Lichts. Er beschönigte nicht das Leiden in der Welt, wenn etwa ein Raubtier seine Beute zerriss. Aber dies war eine Seite der Wirklichkeit, die ergänzt und getragen wurde durch die Welt des Lichts und der Unendlichkeit von Zeit und Raum.

In seinem begrenzten Körper, in seinem begrenzten Gefühlen, Gedanken und Intuitionen und in der ihn umgebenden Natur spiegelte sich das Unbegrenzte, das Unermessliche. Wurde sich das Unermessliche und das Unendliche Licht in der Spiegelung im Begrenzten seiner selbst bewusst? War individuelles Sein ein Diener des Unermesslichen? Oder war individuelles Sein nicht nur ein Diener, sondern ein gleichberechtigter Partner? – Denn im Unermesslichen verlieren Worte wie »begrenzt« oder »unendlich« ihren Sinn, sodass von ihnen keine Wertung mehr abgeleitet werden kann.

Und so begriff er im Laufe der Monate, worauf Satya Deva hingewiesen hatte. Es genügt nicht, im Unendlichen Licht zu versinken und aufzugehen, sondern es war notwendig, diese Erfahrung in die Welt der Erscheinungen hinüberzunehmen, zum Boten des Lichts zu werden und individuellem Sein einen umfassenderen Sinn zu geben.

War er nun vorbereitet und bereit, als Wandermönch ein Bote des Unendlichen Lichts zu sein? – Doch Satya Deva wehrte ab: »Was du erfahren hast, ist nicht das Einzige, was es zu erreichen gilt. Du hast noch einen längeren Weg vor dir, bis du als Mönch der Welt Segen bringen kannst.

Damit war das Thema und die Praxis des dritten Jahres in der Einsiedelei vorgegeben. Aber Anantânanda war durch die Worte des Meisters zunächst verunsichert. Was sollte es noch geben neben der Erhabenheit des Unendlichen Lichtes, von dem er selbst ein Teil war? Unendliche Weite des Geistes hatte er erlebt – war er nicht zu einem Sohn des Unendlichen geworden?

DAS DRITTE JAHR ALS EINSIEDLER

Du hast eine wunderbare Zeit verbracht im Verweilen im Unendlichen Licht«, sagte Satya Deva. »Und wer vertraut ist mit diesem Licht, wird bei seinem Tod nicht mehr in niedere Daseinsbereiche zurückfallen, sondern zumindest zu den himmlischen Bereichen aufsteigen. Und einigen Menschen auf dieser Stufe wird es gelingen, in jenem Moment in den Bereich der Todlosigkeit und der Freiheit von der karmischen Notwendigkeit weiterer Wiedergeburten einzutreten.

Eigentlich erlebt fast jeder Mensch zum Todeszeitpunkt für kurze Zeit das Unendliche Licht. Doch diejenigen, die es nicht schon im Leben näher kennengelernt haben, schrecken meistens davor zurück – und werden dann gemäß ihrer vergangenen Taten und Erlebnisse wiedergeboren.

Doch es gibt andere Erscheinungsformen, in denen sich das Unermessliche manifestiert. Auch du und ich sind im Tiefsten seine Erscheinungsformen. Nicht umsonst hat dich dein erster Guru Mîmâmsâjnânin das Mantra »aham brahmâsmi« gelehrt. In unserer Shaiva-Tradition ist das entsprechende Mantra »Shivo`ham«, ich bin (im tiefsten Wesen) Shiva. Doch solange wir nicht völlig zu dieser Wahrheit erwacht sind, sind die großen Götter außergewöhnlich erhabene Formen des Unendlichen, die in ihrem erhabenen Sein uns Vorbild sind und uns den Weg weisen können.

Du, Anantânanda, bist speziell von Shiva erwählt worden. Daher wird Er dich leiten und dich zum Erwachen führen.

Du kennst die wundervolle Isha Upanischade. Darin heißt es gegen Ende, in Anspielung auf des Unendliche Licht: ›Mit einer goldenen Schale ist der Wahrheit Mund verdeckt‹ – und der Sonnengott wird gebeten, seine wirkliche Gestalt zu enthüllen, die zugleich unsere eigene wahre Natur ist.«

Auch hier begegnet uns wieder die Fähigkeit der großen Meister des Yoga, bei ihren Schülern an das bereits Gelernte anzuknüpfen. Doch nun galt es, aus dem Gelernten eine Erfahrung zu gestalten.

Der Meister fuhr fort: »Wiederhole nun täglich dreimal dieses Gebet der Isha Upanischade. Tauche dann ein in das Unendliche Licht mit dem Mantra, mit dem du Shiva verehrst: OM NAMAH SHIVÂYA. Bisher hast du das Mantra als Eingangspforte zum Unendlichen Licht gebraucht, es während des Verweilens im Licht nur noch sanft und langsam anklingen lassen. Die jetzige Praxis besteht nun darin, dich einerseits dem Unendlichen Licht hinzugeben u n d das Mantra wieder mehr zu betonen und ins Zentrum der Aufmerksamkeit zu stellen.«

Nach diesen Worten segnete ihn der Meister und sagte, er werde erst in drei Monaten wieder zu ihm kommen. Er sei nun an einer Stufe angelangt, an dem Shiva selbst ihn leiten würde, sodass es der Instruktionen durch einen menschlichen Guru aktuell nicht bedürfe.

Bemerkenswert ist es, dass der Meister nicht sagte, »du kannst allein üben, brauchst mich jetzt nicht als Guru«, sondern dass er die weitere Entwicklung seines fortgeschrittenen Schülers in die Hände von Shiva selbst legte.

Anantânanda begab sich nun täglich in die Sphäre des Unendlichen Lichtes mit den Anweisungen, die ihm der ehrwürdige Satya Deva gegeben hatte. Nach etwa einem Monat erkannte er in der Ferne eine Struktur, die allmählich alles Licht auf sich zog und vereinte. Und so entstand vor seinem inneren Auge die erhabene Gestalt des Shiva. Nur andeutungsweise hat Anantânanda später seinen Schülern davon berichtet und sagte, seine eigene Vision Shivas sei für andere bedeutungslos. Shiva könne jedem seiner Verehrer in mannigfacher Gestalt erscheinen – selbst in der eines Hundes. Immerhin deutete er ein wenig von seiner Erfahrung an. Er habe Shiva erlebt in Meditation auf dem Kanchenjunga-Massiv mit gekreuzten Beinen sitzend. Zwei Hände hätten in der Meditationsgeste im Schoß gelegen. Eine weitere – rechte – Hand habe den Dreizack gehalten, eine weitere linke die Trommel. Von strahlend weißer Farbe sei er gewesen, nur die Kehle habe blau geschimmert. Die Gestalt sei riesig gewesen und habe in ihm tiefgehende Ehrfurcht ausgelöst. Anfänglich sei er aber auch überwältigt und erschrocken gewesen.

Aus der Stelle zwischen den Augenbrauen des Shiva sei ein gewaltiger Lichtstrahl ausgetreten, der die ganze Welt erhellte, und ihn zugleich mitten ins Herz getroffen habe. Seine schon lange vorhandene Liebe zu Shiva und zu allem Leben habe sich daraus zu weiterer Blüte entwickelt. Die Vision habe ein ganzes Jahr angedauert.

Satya Deva besuchte ihn nun wieder jeden Monat einmal. Aber nichts musste in dieser Zeit gesprochen werden zwischen Guru und Schüler. Satya Deva kam nur zur Unterstützung und schaute danach, dass Anantânanda alles Notwendige für das physische Leben zur Verfügung hatte.

Das vierte Jahr als Einsiedler

Es ist nicht leicht, einige Worte zu berichten über das entscheidende vierte Jahr in der Einsiedelei auf dem Weg Anantânandas vom Mönch zum erwachten Shaiva-Yogi. Und selbst wenn man eventuell ein wenig von der Erfahrung Anantânandas nachempfinden könnte, so wäre diese nicht in Worten ausdrückbar. Schon der Buddha hatte Jahrhunderte vor der Zeit Anantânandas davon gesprochen, dass da, wo die Pfade des Denkens enden, auch die Möglichkeiten eines sprachlichen Ausdrucks nicht mehr möglich seien. Und auch der große Rishi Yajnavalkya hatte sich ähnlich geäußert, als er das Brahman mit den Worten »neti – neti« (nicht so, nicht so!) beschrieb.

Etwas weiter helfen können vielleicht die Worte des ehrwürdigen Satya Deva zu Beginn des vierten Jahres. Wir müssen uns aber bewusst bleiben, dass hier mehr geschah als nur eine Meditationsanweisung mit Worten.

Satya Deva sagte: « Du bist nun dem Unendlichen Licht begegnet und hast die gewaltige Präsenz deiner persönlichen Gottheit erlebt. Du bist ein wenig vertraut geworden mit der in der Welt manifestierten Seite Shivas. Nun geht es darum, in den Bereich des »Nirguna Shiva« (oder in anderen Worten) in den Bereich des Brahmans einzutreten.

Trete mit Ehrfurcht vor deine Vision des Shiva. Vereine dich mit ihr durch das Mantra »SHIVO´HAM« – »ich bin (im tiefsten Wesen) Shiva«. Und dann bitte in den Bereich des »Nirguna« eintreten zu dürfen. Gehe durch deine Vision der Gestalt Shivas hindurch. Lasse alles Denken, alle Mantras hinter dir, vertraue auf ES, das du selbst in deinem wahren Wesen bist.

Doch hüte dich. Auf diesem Weg besteht die Gefahr, in die Bereiche von »Nicht-Etwasheit« und »Grenzen möglicher Wahrnehmung« abzuleiten. Hiervor hat schon der Buddha gewarnt. Es sind angenehme formlose Daseinsbereiche, Sphären tiefer Ruhe, die jedoch nicht zur Todlosigkeit führen. Bleibe klar bewusst, ohne an einem begrenzten Ich-Bewusstsein festzuhalten. Bitte Shiva, dich eintreten zu lassen in den Bereich von unendlichem Sein, Bewusstsein und Wonne, in den Bereich des Ungeborenen, Ungeschaffenen, Anfangslosen.«

Und durch den Segen seines erleuchteten Meisters, durch seine Hingabe und durch die Gnade des Saguna Shiva erreichte er sein Ziel. Doch was wir im Dunkel des Irrtums verwickelte Menschen ein »Erreichen« nennen, trifft nur zu in unserer Welt der Relativität. ES war schon immer da gewesen, wenngleich verborgen und eingewebt in dem Geflecht aus Individualität, Raum und Zeit. Und so war Anantânanda zu einem bewussten Sohn des Unermesslichen geworden.

DIE JAHRE DES REIFENS
ZUM DIENST AN DER WELT

Du könntest nun«, sagte Satya Deva, »bis zum physischen Tod für dich allein leben, deine Befreiung genießen, kein Wünschen und Begehren bindet dich mehr an diese Welt der Begrenzungen. Und nach dem physischen Tod trittst du ein in den Bereich des Todlosen, vereint mit dem Unermesslichen, befreit von Wiedergeburten. Viele der erleuchteten Yogis und Yoginîs gehen diesen Weg. Und auch wenn sie nur für sich leben, bringt ihre Anwesenheit Segen in unsere Welt der Erscheinungen. Du hast nun bereits vier Jahre in völliger Einsamkeit verbracht, hast in dieser Zeit nur manchmal mit mir und einmal mit der Yoginî gesprochen. Willst auch du weiter für dich allein leben? In einem Mondmonat werde ich wieder zu dir kommen und dich danach fragen.«

Es bedurfte keines Mondmonats, sondern nur weniger Tage bis Anantânandas Entschluss feststand. So schön, erhaben und friedlich das Eingebettet-sein in das Unermessliche auf dem Hintergrund der umgebenden herrlichen Natur war – seine Gurus hatten ihm einen anderen Weg gewiesen. Sein Sva-dharma war, sich in den Dienst der leidenden Wesen zu stellen, ohne die Beziehung zum Urgrund zu verlieren. Und so sagte er zu Satya Deva, auch wenn es eigentlich keiner Worte zwischen Guru und Schüler bedurft hätte:

»Wie alle meine Gurus werde auch ich in die Welt der Menschen zurückkehren, ihnen das Licht des Unendlichen in ihre Herzen bringen. Verstrickt in den Problemen des Alltags, bedürfen die Menschen Hilfe und Vorbilder, um über ihre aktuellen Schwierigkeiten und Belastungen hinausschauen zu können.

Solche Hilfen können auch die Bilder der Götter sein, vor denen sich die Gläubigen in täglicher Andacht verneigen. Mögen auch diese Bilder nur unvollkommener Ausdruck des Göttlichen sein (sowie auf anderer Ebene meine Vision des Shiva), so lenken sie die Herzen der Gläubigen in die Richtung des Göttlichen, veranlassen sie, ein Leben im Sinne des Dharma zu führen, nicht in bloßem Egoismus und Ichbezogenheit steckenzubleiben. Einigen Gläubigen erscheinen solche Götterbilder als zu unvollkommen zur Verehrung. Sie können nicht das dahinter liegende

Licht des Göttlichen sehen. Sie erfahren aber ähnliche Hilfe durch Gebete und Mantras, wenn sie dies in andächtiger Verehrung tun.

Wir Sâdhus, Bhikshus, Yogis sind in der Welt lebende Vorbilder, können zudem manchmal auch konkreten Rat und Hilfe geben. In unserem Sein machen wir sichtbar, dass es noch anderes gibt als nur die täglichen Schwierigkeiten und Verstrickungen des Lebens. In der spirituellen Beziehung zu uns kann das Göttliche zu den Menschen hinüberfließen, wenn sie für die Kräfte des Lichtes bereit und empfänglich sind. Auch ich konnte durch deine Gnade sowie durch das Vorbild und die Lehren meiner vorherigen Gurus das Unendliche erfahren.

Einschließen in die Reihe meiner Gurus möchte ich meine Eltern, die mir die Ehrfurcht vor dem Heiligen schon als kleines Kind nahebrachten. Besonders hat mir meine Mutter in ihrer Liebe, die über sie selbst hinauswies, in mir die Liebe zum Unendlichen erweckt.

Vor dem Auszug in die Heimatlosigkeit als Shaiva-Mönch habe ich gelobt, meine Mutter noch vor ihrem Tode zu sehen, nachdem ich Erleuchtung und Befreiung erlangt habe, oder wenigstens auf spirituellem Weg fortgeschritten bin. Daher werde ich noch vor ihrem Tod zurückwandern und im Todesaugenblick bei ihr sein. Danach werde ich den Menschen meiner Heimat Licht in ihr Dasein bringen. Doch das alles werde nicht »ich« sein, sondern ich werde nur der Spiegel sein, in dem das Grenzenlose sichtbar für die Menschen werden kann.«

Satya Deva hatte offenbar diese Antwort erwartet und sagte: »Mein Sohn, willkommen bist du mir als Shaiva-Mönch, der Licht in das Dunkel der Welt bringen wird. Mehr bewirken wir oft in der Welt der Erscheinungen, als was nach außen als unser Einfluss sichtbar wird. So kam vor vielen Jahren der vorherige Großkönig zu mir. Er war im Zweifel, ob seine Politik, das Reich durch blutige Feldzüge zu erweitern, richtig sei. Er hatte zuvor geglaubt, dass dies seine Aufgabe als König sei. Doch innerhalb eines Tages erlangte er die Einsicht, dass seine wahre Aufgabe als König sei, allen ausreichende Lebensbedingungen, Frieden und Sicherheit zu schenken. Und so hat er die folgenden Jahre seiner Herrschaft genutzt. Vor einiger Zeit hat er seine Königswürde seinem Sohn übertragen.

In den kommenden Jahren werde ich dich auf dein Wirken in der Welt vorbereiten. Einiges hast du schon von Shivadûta während eurer Reise zu mir gelernt. Verlasse nun die Einsiedelei, komme zu mir und der kleinen Gruppe von Sâdhus, die jetzt mit mir leben. Du musst dich als erstes wieder an eine gewisse Gemeinschaft mit Menschen gewöhnen.«

DAS ERSTE JAHR DER VORBEREITUNG: GEMEINSCHAFT MIT MENSCHEN

Die Phase der Vorbereitung für ein Wirken in der Welt dauerte etwa fünf Jahre. Im ersten Jahr lernte er, wieder mit anderen zu sprechen. Durch die Jahre des Schweigens und unter dem Eindruck des Unermesslichen hatte er fast die Fähigkeit verloren, mit anderen über die Sprache in Kontakt zu kommen. Zwar redeten die Sâdhus nur wenig miteinander – aber immerhin war das ein Einstieg für Anantânanda.

Ein- oder zweimal im Monat kamen Besucher zu Satya Deva, manchmal in größerer Zahl. Satya Deva wies Anantânanda an, an dem Empfang und den Gesprächen mit den Besuchern teilzunehmen. Schließlich überließ er ihm einen Teil der Gespräche, während der Guru oft schweigend daneben saß und die Gespräche durch seine Gegenwart heiligte. Für viele Besucher war es am wichtigsten, durch den Anblick (darshan) des Meisters gesegnet zu werden. Anantânandas Aufgabe bestand hingegen darin, sich nach den konkreten Sorgen und Nöten der Menschen zu erkundigen, sich ihnen mitfühlend zuzuwenden. Er lernte dabei, dass es oft nur darauf ankam, dem Besucher liebevoll zuzuhören. In der Gegenwart der heiligen Männer kamen die Fragenden oft selbst zu einer Lösung für ihre Probleme, ohne dass es konkreter Ratschläge von Seiten Anantânandas oder seines Gurus bedurft hätte.

Diesen Phasen, der kurz nach außen gerichteten Aktivität, folgten jeweils Wochen der Meditation mit der Vertiefung in das Unermessliche. Und Anantânanda lernte zunehmend, das Bewusstsein des Unendlichen im Herzen zu bewahren, während er gleichzeitig in der Welt engagiert war. Bisher war das Unendliche »wertvoller« für ihn gewesen als die Welt der Erscheinungen. Nun wurde er fähig, in beiden Bereichen gleichzeitig zu leben, sie als gleich bedeutsam zu betrachten. Sie waren keine völlige Einheit, aber sie waren auch nicht verschieden voneinander, bedingten sich gegenseitig. Bekam das Unbegrenzte nicht auch eine

Bedeutung im Licht des Begrenzten? Schon in der Einsiedelei hatte er manchmal ähnlich empfunden. Nunmehr wurde ihm dies zur Gewissheit.

DAS ZWEITE JAHR DER VORBEREITUNG: KURZE REISEN UND DER VERARMTE BAUER

Im zweiten Jahr schickte ihn Satya Deva auf Reisen in die weit verstreut liegenden Dörfer und Siedlungen in den Tälern des Himalajas. Er erhielt die Aufgabe, zum Segen der dort wohnenden Menschen zu wirken. Seine Mission bestand nicht darin, irgendjemand zu einer bestimmten Glaubensform zu bekehren, vielmehr sollte er das Leid der Menschen lindern, ihnen in Sorgen und Nöten beistehen und ihnen eine heilsame Lebensführung für das Gemeinwohl nahebringen. Manchmal mochte daraus dann auch eine Hinwendung zum Heiligen entstehen, in welcher Form auch immer. Aus den vielen Begebenheiten dieser Zeit soll hier eine herausgegriffen werden.

Eines Tages gelangte Anantânanda in ein Dorf in einem Tal des heutigen Sikkim. Eine Traube von Menschen umstand einen Mann, der sich in Krämpfen auf dem Boden wand. Verächtlich sprachen die Dorfbewohner über ihn.

Anatânanda erfuhr, dass der Mann dem Alkohol übermäßig zugesprochen habe und in letzter Zeit immer wieder von Krämpfen geschüttelt worden sei. Er sei ein fleißiger, angesehener Bauer gewesen, mit einer jungen Frau und drei kleinen Kindern. Vor zwei Jahren habe ein gewaltiger Erdrutsch sein ererbtes Land verwüstet. Nichts könne dort mehr angebaut werden. Seitdem trinke er und sei so unzuverlässig, dass niemand ihn als Tagelöhner beschäftigen wolle. Er und seine Familie litten daher große Not.

Als der Mann langsam wieder zu sich kam, wandte Anantânanda sich an ihn und an die um ihn herumstehenden Leute: »Wegen deiner Verzweiflung bist du zum Trinker geworden, der seine Familie ruiniert und sich selbst in den Tod treibt. Willst du – jetzt und hier – in die Gemeinschaft des Dorfes zurückkehren und deine Familie ernähren?«

»Wie kann ich das nur. Ich bin so verzweifelt, dass ich den Alkohol zur Linderung brauche«, kam die kleinlaute Antwort.

»Wenn du willst, kannst du dich aus deinem jetzigen erbärmlichen Zustand befreien – du musst nur für den Rest deines Lebens vollständig aufhören zu trinken und alles wird gut werden. Wenn du dazu bereit bist, so werden dir die Götter beistehen und helfen.

Falls du diesen Weg gehen willst, komme am Einbruch der Nacht zum Dorfteich, mit Bewohnern dieses Dorfes als Zeugen.

Der junge Bauer begriff, dass dieser Sâdhu seine Rettung sein könnte, vielleicht ihm helfen würde, sein Leben neu zu beginnen. Verachtet hatte er sich selbst seit langem. Was war nur aus ihm – dem einst so tatkräftigen Bauern – geworden! Und so stimmte er zu, am Abend zum Dorfteich zu kommen. Die Leute waren neugierig, was wohl am Dorfteich geschehen würde und kamen daher am Abend in großer Zahl zusammen.

Fackeln wurden entzündet, Weihrauch verbrannt, der junge Bauer kniete vor dem Sâdhu, nachdem er dessen Füße mit seiner Stirn berührt hatte. Anantânanda rief die Götter an und wiederholte mehrfach des Mantra des Shiva. Alle erwarteten, dass der Sâdhu nunmehr dem Bauer einen Eid abnehmen würde, nie mehr zu trinken. Stattdessen aber sagte Anantânanda: « Namo Shivâya! Dein Vater hat dir bei seinem Tod ein schönes und großes Feld vererbt. Was hast du dabei empfunden?«

Daraufhin kam eine merkwürdige Antwort: »Obwohl das Feld mein rechtmäßiges Erbe war, hatte ich das Gefühl, dass es mir eigentlich nicht gehören sollte. Zwar bestellte ich es jahrelang, doch nie fühlte ich mich als sein wirklicher Besitzer. Als es aber schließlich vernichtet war, geriet ich in Verzweiflung, weil ich meine Familie nicht mehr ernähren konnte und wurde so zum Trinker.«

Darauf Anantânanda: »Es könnte sein, dass du in deinem letzten Leben deinem damaligen jüngeren Bruder einen Acker unrechtmäßig weggenommen hast. Das hat vielleicht Schuldgefühle ausgelöst, die als karmisches Resultat in dein jetziges Leben eingeflossen sind, sodass der Besitz des jetzigen Feldes als Unrecht wahrgenommen wurde. – Sage, hast du bei deinem Acker etwas anders gemacht als deine Vorfahren?«

Der Bauer überlegte: »Mein Großvater und mein Vater haben die Stützmauern am Hang über dem Feld stets sorgfältig gepflegt. Das habe ich vernachlässigt und so kam es zum Erdrutsch nach einem außergewöhnlich starken Monsunregen.«

»Möglicherweise hast du aufgrund deiner karmisch-bedingten, dir aber nicht bewussten, Schuldgefühle die Mauern vernachlässigt, so als dürftest du den Acker gar nicht besitzen. Und so kam es zum Erdrutsch. Nicht die Götter senden Unglück, sondern wir gestalten oft unser Leben aufgrund vergangener Taten! Mit dem Verlust deines Ackers wäre nun aber auch deine Missetat gegenüber deinem ehemaligen Bruder abgelöst.«

Der Sâdhu hatte im Konjunktiv gesprochen. Daher wusste niemand zu sagen, ob er eine erbauliche Geschichte erzählte, um den Dorfbewohnern das Wirken des KarmaGesetzes zu erläutern, oder ob es den »Tatsachen« entsprach. Jedenfalls hatten seine Worte eine doppelte Wirkung. Der junge Bauer fühlte sich erleichtert, dass er nun offenbar frei sei von vorausgegangener karmischer Schuld und sein Leben neu in die Hand nehmen konnte. Ja, er fühlte sich sicher, den Kampf gegen seine Trunksucht erfolgreich bestehen zu können. Hingegen erschrak ein reicher und gesellschaftlich angesehener Bauer, hatte er doch vor wenigen Tagen einem seiner jüngeren Brüder unrechtmäßig ein Feld weggenommen. Sofort beschloss er, dieses Unrecht wiedergutzumachen und seinen Bruder um Verzeihung zu bitten.

In der nun folgenden Zeremonie gelobte der junge Trinker, hinfort und unter allen Umständen, dem Alkohol zu entsagen, worauf ihn Anantânanda segnete und ihm empfahl, täglich der Götter zu gedenken und vielleicht auch das Mantra des Shiva mehrfach zu wiederholen.

Da trat ein alter Mann vor: « Wie ihr alle wisst, verunglückte mein einziger Sohn tödlich beim Absturz im Gebirge. Voller Trauer ist mein Herz. Meine Felder kann ich nicht allein bewirtschaften. Doch nun haben mir die Götter wieder einen Sohn geschenkt, der mir helfen wird und mein Erbe antreten wird, wenn ich mich in die Wälder zurückziehe, um das jetzige Leben im Sinne des Dharma abzuschließen.« Mit diesen Worten umarmte er den jungen Bauern, von dem zu berichten ist, dass er hinfort ein glückliches und alkoholfreies Leben hatte.

Der angesehenste Brahmane des Dorfes meinte, der alte Bauer sei vielleicht im letzten Leben jener jüngere Bruder gewesen, der um ein Feld betrogen worden war.

Das dritte Jahr der Vorbereitung: Die Begegnung mit dem Bauddha-Sangha der nordöstlichen Aussenprovinz

Im dritten Jahr wurden die Reisen in das Umland immer ausgedehnter. Und schließlich sandte Satya Devi ihn zu seinem alten Freund Dharmarakshita. Wie bereits berichtet wurde, war dieser ein Gelehrter und Meditationsmeister in der Tradition des Buddhas. Er war der Älteste einer Bauddha-Gemeinschaft (Sangha) von Mönchen und Nonnen sowie Laienanhängern in der nordöstlichen Außenprovinz. Jahre zuvor hatte Dharmarakshita zusammen mit Satya Deva am Kanchenjunga-Massiv meditiert und die innere Verbindung der beiden Meister war nie abgerissen.

Auch wenn Anantânanda seine Verbundenheit mit allen Wesen aus seiner Erfahrung des unermesslichen Urgrunds, des Unendlichen Lichts und der persönlichen Gottheit ableitete, so gab es auch andere Zugänge zu einem spirituellen Leben. Und dies möge er nun kennenlernen, meinte Satya Deva.

Auch die Erfahrung der Begrenztheit und Unvollkommenheit allen individuellen Seins konnte ein Ausgangspunkt sein. Und dies vor allem dann, wenn es sich verband mit einem Erleben der Solidarität und des gemeinsamen Schicksals mit allen in der Welt der Relativität lebenden Wesen. Aus diesem Erleben der Solidarität mit allem Sein erwuchsen unbegrenzte Liebe und Mitgefühl, die es wiederum ermöglichten, die Grenzen des Ichbewusstseins und der Ichbezogenheit zu überwinden und so Teil des Unermesslichen zu werden. Dies – so Satya Deva – sei für ihn ein wesentlicher Bestandteil der Lehren des erhabenen Buddhas und er wünsche, dass Anantânanda diese Wege durch einen erfahrenen Meister kennenlerne.

Aus einem gegenseitigen Verständnis der Traditionen des Yoga und der mit ihnen verbundenen spirituellen Wege könne ein harmonisches Zusammenspiel aller erleuchteten und spirituell fortgeschrittenen Meisterinnen und Meister zum Segen der Welt erwachsen.

Ein halbes Jahr blieb Anantânanda beim Sangha Dharmarakshitas. Viele Gespräche führten sie über die Lehre des Erhabenen. Sie sollen hier nicht wiedergeben werden, da die Lehrweise Dharmarakshitas bereits durch den 1. Teil bekannt ist.

Bedeutsam für Anantânanda waren auch die Meditationen mit der Meisterin Bhâvanî. Sie führte ihn ein in die Praxis der meditativen Entfaltung unendlicher Liebe:

»In den Jahren des Lebens in der Einsiedelei hast du erlebt, wie aus der Liebe zu deiner persönlichen Gottheit – Shiva – die Liebe zu allem Sein entstand. Später bist du dann eingetaucht in das Unermessliche, Namenlose, Grenzenlose. Verbinde nun die Erfahrung der Liebe zu allem Sein mit der des Unermesslichen. Dann wirst du erfahren, was der Buddha sagte: ›Universelle Maitrî ist ein Verweilen im Göttlichen (brahmavihâra)‹«.

Auch hier sehen wir wieder, wie Bhâvanî es verstand, an den spirituellen Weg Anantânandas anzuknüpfen. Und schon nach kurzer Zeit verwirklichte Anantânanda die Entfaltung unbegrenzter Liebe in einem Maße, das wir gewöhnliche Menschen nicht erahnen können.

In diesem halben Jahr lernte Anantânanda nur wenige weitere Mitglieder des Sangha kennen, da er sich vorwiegend bei den beiden Meistern aufhielt und sich im Übrigen zur Meditation zurückzog. Und so lernte er auch nicht Maitrenanda kennen – einen Bhikshu, dem er erst viele Jahre später in seiner alten Heimat begegnen sollte ...

DAS VIERTE JAHR DER VORBEREITUNG: PILGERREISEN

Im vierten Jahr der Vorbereitung auf ein Wirken in der Welt sandte Satya Deva ihn zu den bedeutenden Pilgerstätten, die innerhalb einer gewissen Zeit erreichbar waren. Hervorzuheben sind hier die Pilgerreisen zum Ort des Zusammenflusses von Ganges und Yamuna, die Umrundung des heiligen Berges Kailash – der als einer der Wohnstätten Shivas angesehen wird – und ein längerer Aufenthalt in Kâshî (Benares).

Die Pilgerschaft zum Zusammenfluss von Ganges und Yamuna stelle eine gewisse Herausforderung für Anantânanda dar. In den überfüllten Herbergen übernachtete er nur zögerlich. Zwar war ihm die Beziehung zwischen der Welt der Erscheinungen und dem Nicht-Sagbaren zur Erfahrung geworden, doch stellte er fest, dass er manche Dinge dennoch nicht so unterschiedslos als gegeben annehmen konnte, als er geglaubt hatte.

Nicht alle Pilger befanden sich auf spirituellem Weg, für manche war die Reise einfach nur ein Abenteuer, eine gesellschaftlich akzeptierte Möglichkeit, von zu Hause weg zu sein, frei von den sozialen Verpflichtungen und Regeln des Gemeinschafts- und Familienlebens. Das galt auch für die vielen Kaufleute, die sich entlang des Ganges bewegten und in den Herbergen Unterkunft fanden. Es ließ ihn nicht gleichgültig, wenn er unverhältnismäßigen Streit, Lärm oder gar Obszönitäten mitbekam, nein, er stand ungutem Treiben der Welt nicht gleichmütig gegenüber. Seine Ermahnungen oder Vermittlungsversuche wurden manchmal mit einem hämischen Lachen zurückgewiesen.

Hier war er nicht mehr der geachtete Shaiva-Sâdhu. Hier war er nur ein gewöhnlicher Mensch im Strom der Reisenden, Händler und Pilger. Und erst am Ort des Zusammenstroms der beiden Flüsse fand er jene Stille, die er aus dem Himalaja kannte. Auf der anderen Seite der Flüsse lag die Stadt Prayâga (das heutige Allahabad), deren geschäftiger Lärm nicht über die gewaltigen Ströme hinüber drang.

Die Pradakshina – die Umwandlung des Kailash – war von Anfang an anders. Den beschwerlichen Weg beschritten nur die ernsthaften, dem Shiva zugeneigten Pilger. Wenig wurde hier gesprochen. Es bestand ein tiefgehendes Verständnis untereinander, das keiner Worte bedurfte. Selbst diejenigen, die zuvor wenige meditative Erfahrungen gemacht hatten, gerieten in einen immerwährenden Meditationszustand, ob sie nun ein Mantra auf den Lippen oder im Herzen hatten oder nicht. Der scheinbar so beschwerliche Weg in der dünnen und kalten Luft wurde als leicht und angenehm empfunden, die Füße trugen wie von selbst, die Körper waren schwerelos. Die Pilger waren ein Teil des Berges, der Berg ein Teil von ihnen. Und der Wind trug das Mantra in grenzenlose Weiten: »SHIVO'HAM ... SHIVO'HAM...« – »Ich bin Shiva ... Ich bin SHIVA ...« War es Varuna – der Gott des Windes – oder waren es die Pilger, die das Mantra in den Wind legten?

Eine andere Welt, als die der Stille des Kailash, fand er in Benares vor. Die heilige Stadt war laut und geschäftig und zog Massen von Pilgern an. Ein besonders reges Treiben aber herrschte am Ufer des Ganges. Hier badeten täglich morgens und abends tausende Menschen. Mit dem Untertauchen im Fluss und mit damit verbundenen Gebeten, Mantras und Opfern erhofften sie sich spirituellen Fortschritt oder (die meisten) Befreiung von Sünden, eine stabile Gesundheit, Reichtum und eine gute Wiedergeburt. An den Verbrennungsstätten für Leichen gab es aufwändige Rituale. Es hieß, wessen Asche hier in den Fluss gestreut wurde, habe eine gute Chance auf eine glückverheißende Wiedergeburt. An den Verbrennungsstätten saßen oft Yogis, die über die Vergänglichkeit des irdischen Lebens meditierten, während sie die Leichen betrachteten.

Die Ergriffenheit der Pilger, ihre Liebe zum Göttlichen in der Form des einen oder anderen Gottes berührte Anantânanda. Ja, auch die Liebe (bhakti) zum Göttlichen – in welcher Form auch immer – bot die Möglichkeit eines Zugangs zum Unermesslichen. Dies hatte er selbst während der Jahre der Meditation in der Einsiedelei erfahren.

Andererseits hatte er aber auch in seiner Ausbildung zum Ritualpriester die Begrenztheit von Ritualen und Gebeten erlebt, wenn sie nur auf rein irdische Ziele und Wünsche gerichtet waren. Daher glaubte er auch nicht, dass man allein durch bloßes Untertauchen im heiligen Fluss sofort von allen Sünden und alten karmischen Verstrickungen befreit sein würde. Doch konnte ein solches Eintauchen bei entsprechender Gesinnung auch zu einem Impuls werden, das künftige Leben besser und würdiger zu gestalten.

In Benares traf sich zudem auch die geistige Elite jener Zeit. Gurus, die eine neue Lehre verkünden wollten, fanden sich hier ein. Aber auch gelehrte Pandits, Yogis, Asketen, Sâdhus, Bhikshus, Jaina-Munis, Anhänger des Samkhya und Philosophen, die eine mehr materialistische Auffassung vertraten, waren hier vertreten. Interessiert hörte Anantânanda ihnen zu. Alle versuchten, die anderen von ihrer Ansicht zu überzeugen.

Anantânanda nahm dies alles mit einer interessierten und zugleich distanzierten Haltung wahr. Den Argumenten und Gegenargumenten konnte er mühelos folgen, in der Jugend war er ja in Logik, Sprache und Ritualistik ausgebildet worden. Jede der Ansichten schien ein Teil einer umfassenderen Wahrheit zu sein – war als solches aber begrenzt und ungenügend. Mochten die verschiedenen Ansichten (darshanas) auch dem Leben Sinn und auch eine Ausrichtung für eine eigene Gestaltung des Lebens vermitteln – die Wahrheit war keine von ihnen.

Das fünfte Jahr der Vorbereitung: Die Intrigen der Welt. Leben am Königshof in der Hauptstadt Pataliputra. Der Hofbrahmane. Lipika, der Oberbuchhalter

Das fünfte Jahr der Vorbereitung auf die Aufgaben eines Sâdhus in der Welt hatte einen anderen Schwerpunkt. Anantânanda sollte sich vertraut machen mit den Abgründen menschlichen Daseins, mit den Gemeinheiten, den Rivalitäten, mit der Gier, der Aggressivität und dem Egoismus. Aufgabe der Sâdhus sei es, Menschen aus diesem zerstörerischen Kreislauf herauszuhelfen. Dies könne ein Mönch aber nur, wenn er die dunkle Seite der Welt kenne. Drastisch seien die Intrigen am Königshof und auch schwere Kapitalverbrechen im Königreich kämen dort zur Sprache, meinte Satya Deva. Daher empfahl er seinem Schüler, zur Hauptstadt zu gehen und sich in der Umgebung des Königshofs aufzuhalten.

Nach Wochen erreichte Anantânanda die Hauptstadt Pataliputra. Wie anders war hier das Leben als in den Dörfern! Und selbst verglichen mit einer großen Stadt, wie Benares, zeigten sich Unterschiede. Überall gab es Brunnen und auch Wasserleitungen. Die Häuser waren oft aus Stein und mehrstöckig, es gab eine Kanalisation und die Stadt wurde von einer eindrucksvollen Stadtmauer umschlossen. Der Königspalst mit den umgebenden Gebäuden und Vorratsspeichern nahm einen großen Teil des Zentrums von Pataliputra ein.

Die Bewohner waren stolz darauf, in der Hauptstadt zu wohnen und blickten verächtlich auf die schlechter gekleideten und ärmlichen Bauern der Umgebung – von deren Nahrungsmittelproduktion sie eigentlich abhängig waren. Die Angehörigen der höheren Kasten schienen sich mit ihren schönen Kleidern übertrumpfen zu wollen, während es andererseits zerlumpte und abgemagerte Bettler gab, die auf den Straßen schlafen mussten. Solche Gegensätze zwischen Arm und Reich gab es in den Dörfern nicht.

Zudem machten die Städter einen wenig glücklichen Eindruck. Sie wirkten gehetzt und getrieben, alle strebten nach Reichtum, ohne offenbar jemals zufrieden zu sein. Neid und Eifersucht, Unruhe und Aggressivität schienen in der Luft zu liegen.

So fragte Anantânanda auf dem Markt einen unglücklich aussehenden Kaufmann, warum er so traurig sei. Seine Antwort: «Ich habe heute deutlich weniger Tageseinnahmen als der Konkurrent neben mir. Meine Tageseinnahme würde nicht einmal reichen, meine Familie einen einzigen Monat zu ernähren«. Auf die erstaunte Nachfrage des Sâdhu, ob dies denn nicht als Sicherheit für die nächste Zeit reiche, meinte der Kaufmann mit zusammengebissenen Zähnen, dass es seine Aufgabe als Kaufmann sei, möglichst viel zu verdienen. Er seinerseits war verwundert, wie unwissend doch offenbar diese Sâdhus waren!

Schon bald wurde Anantânanda zur Audienz beim König eingeladen. Sie verlief aus der Sicht unseres Sâdhu enttäuschend. Viele Könige der damaligen Zeit empfingen ja die heiligen Männer und Frauen in dem Wusch nach spirituellen Anregungen und Weisheit. Dies war auch von dem vorausgegangenen Raja bekannt gewesen. Der jetzige König schien wenig Interesse daran zu haben, fragte dafür umso intensiver nach Anantânandas Eindrücken bei dessen Wanderung durch das Reich. Darauf konnte er letztlich nur antworten, dass es den Menschen offenbar relativ gut gehe, keine Hungersnot in dem von ihm durchwanderten Gebiet bestanden habe und die Menschen auf dem Lande ziemlich zufrieden und glücklich seien – »Glücklicher offenbar als die Bewohner der Hauptstadt«, fügte er hinzu. Doch diese subtile Botschaft vernahm der König nicht mehr – er hatte sich bereits einem anderen Audienzbesucher zugewandt, der dem König mit blumigen Worten schmeichelte.

Aufmerksam geworden, war jedoch der alte Hofbrahmane. Im Laufe seines Lebens hatte er die Fähigkeit erworben, Menschen einzuschätzen, war auch in der Lage zu sehen, wer auf spirituellem Weg war oder nicht. Und so lud er Anantânanda ein, bei einem großen Opferfest für die vor vielen Jahren verstorbene Königinnenmutter teilzunehmen.

Es handelte sich dabei um das aufwändige Natshiketa-Opfer, das Anantânanda in seiner Jugend gelernt hatte. Nur wenige waren in der Lage, dieses komplizierte Opfer korrekt zu vollziehen. Anantânanda sollte natürlich als Sâdhu nicht die Zeremonie durchführen; er war der Ehrengast des Hofbrahmanen, saß direkt bei ihm, während jüngere Brahmanen im Hintergrund saßen.

DER HOFBRAHMANE

Der Hofbrahmane war bereits in die Jahre gekommen, hatte zunehmend begonnen, sich aus der Welt zurückzuziehen. Sein Gedächtnis hatte ein wenig nachgelassen. Das wussten auch die jungen Brahmanen im Hintergrund. Sie alle wollten seine Nachfolge antreten. Und so lauerten sie darauf, ob der alte Mann einen Fehler bei dem Opfer mache, den sie dem König hintertreiben konnten.

Beeindruckend vollzog der Hofbrahmane das schwierige Ritual. Doch dann geschah es – gegen Ende kam er ins Stocken, sein Gedächtnis schien zu versagen, die entscheidenden Schluss-Mantras zu rezitieren. Da griff Anantânanda ein, von den anderen unbemerkt, und soufflierte dem Priester die entscheidende Passage. Und so verlief das Opfer fehlerfrei. Die jungen Brahmanen ärgerten sich maßlos.

Der Hofbrahmane aber war voller Dankbarkeit: »Mir geht es nicht um den Lohn, den ich nun vom König erhalte (und den ich für die Armen spenden werde). Mir liegt das Wohl der Königinnenmutter auch in ihrer Reinkarnation am Herzen. Möge sie sich lange der Himmelswelt erfreuen! Sie war eine bescheidene, liebevolle, gütige Frau, die den vorherigen König zu Sanftmut, Milde und Großzügigkeit anhielt, wenn sein altes kriegerisches Temperament wieder einmal bei ihm durchbrach«.

Durch den Hofbrahmanen eingeführt in die höfische Welt, erfuhr Anantânanda von so mancher Feigheit, Speichelleckerei und Intrige. Viele Höflinge kamen zu unserem Sâdhu, um sich ihr Herz auszuschütten. Von einer Begebenheit soll hier berichtet werden:

LIPIKA, DER OBERBUCHHALTER

Durch die Vermittlung des Hofbrahmanen durfte Anantânanda anwesend sein, wenn der König an den Gerichtstagen über schwierige Rechtsfälle und Kapitalverbrechen entschied. So bekam er Einblicke in Abgründe menschlichen Verhaltens. Und immer wieder wurde er aufmerksam auf einen Mann, der an den Gerichtstagen versuchte, in die Audienzhalle zu gelangen, aber jedes Mal von den Wärtern zurückgewiesen wurde.

Als Anantânanda wieder einmal die Audienzhalle betreten wollte, warf sich dieser Mann vor ihm nieder: »Heiliger Sâdhu, mein Herz findet keinen Frieden«. Kummervoll berichtete er von seinem Schicksal. Er sei der Oberbuchhalter des Landwirtschaftsministers gewesen. Auch seine Vorfahren hätten bereits als Schreiber am Königshof gedient. Durch seinen Fleiß habe er eine steile Karriere machen können und sei schließlich verantwortlich gewesen für die Schätzung der Reis- und Weizenernte im gesamten Reich. Eine solche Schätzung sei die Grundlage gewesen für eventuelle Sendungen von Hilfsgütern in Gegenden, die von Hungersnot bedroht waren. Auch hätten sie als Grundlage für die Steuerschätzungen gedient.

»Vor zwei Jahren«, berichtete er, »war der Monsunregen spärlich, die Ernte in weiten Teilen des Landes entsprechend gering. In manchen Gegenden drohten Hungersnöte. Ich habe diese Zahlen dem Landwirtschaftsminister weitergeleitet in der Hoffnung, dass er alles Notwendige veranlasse. Der Minister war jedoch zu feige, dies dem König zu melden; er fürchtete dessen Temperament. Also vertuschte er das Problem. Schließlich kam es, wie es kommen musste – Teile des Reiches litten Hungersnot und selbst in Pataliputra wurden die Nahrungsmittel knapp. Der König war außer sich vor Wut. Zornbebend fragte er, warum er nicht rechtzeitig informiert worden sei. Der Landwirtschaftsminister fürchtete um seinen Kopf, ein Schuldiger musste her! Und so belog er den König, dass ich – der Oberbuchhalter – ihm falsche Zahlen geliefert hätte.

Scheinheilig bat er den Monarchen, mich nicht zu enthaupten, sondern mich einer milderen Strafe zuzuführen. Und so wurde ich mit Schimpf und Schande aus dem Amt entfernt, mein Vermögen eingezogen. Wenn nicht meine Verwandtschaft mir helfen würde, wären ich und meine Frau verhungert.

Ich möchte meine Sache dem König vortragen, er würde sicher gerecht sein. Doch ich gelange nicht in die Audienzhalle, werde – wohl auf Veranlassung des Ministers – von den Wächtern abgewiesen. So muss ich wohl auf andere Weise Rache nehmen. Vielleicht sollte ich den Minister mit Hilfe einer vom ihm fallengelassenen Maitresse vergiften. Es wäre auch ein Segen für das Reich, denn er ist unfähig.«

»Es ist gut, dass du dich an mich gewandt hast und nicht an die unglückliche Maitresse.«, antwortete Anantânanda. »Denn Unrecht wird nicht durch weiteres Unrecht, wie einen Mord, aufgelöst. In deiner Verblendung machst du dir auch noch vor, dass du das Reich von dem Minister befreien musst, während das wahre Motiv deine Wut ist. Ich verstehe deinen Zorn. Doch gebe ihm nicht nach. Vertraue auf Shiva, nicht auf deinen Zorn. Lege dein Schicksal in die Hand Shivas und rezitiere das Mantra Shivas morgens und abends.« Feierlich fügte unser Sâdhu hinzu: « Satyam eva jayate, die Wahrheit aber wird siegen!«

Und so kam es, Anantânanda berichtete diese Begebenheit dem Hofbrahmanen, dieser wiederum bei passender Gelegenheit dem König. Eine Untersuchungskommission wurde eingesetzt, die Lipikas Darstellung der Vorfälle bestätigte. Der Minister wurde in die Verbannung geschickt. Lipika erhielt das Amt des Landwirtschaftsministers und hat dies pflichtbewusst und erfolgreich ausgeübt.

Doch Anantânanda (und Shiva!) haben Wichtigeres im Lipikas Leben bewirkt als dessen hohes Amt. Denn obwohl es bedeutsam und segensreich war, was Lipika in den kommenden Jahrzehnten für das Reich und seine Bewohner leistete – so war es unter dem Gesichtspunkt der Unendlichkeit von Zeit und Reinkarnationen auch wiederum nicht so bedeutsam.

Wichtiger war dies, Lipika wurde zu einem Menschen, der nicht nur nach Äußerlichkeiten, wie Ruhm und Erfolg, strebte. Jeden Morgen und Abend betete und meditierte er mit seiner Frau und seinen Kindern. Seine Arbeit verstand er als Dienst am Göttlichen, als seinen Beitrag zum Welterhalt.

Als er schließlich in hohem Alter starb, soll ein Regenbogen über dem Haus gestanden haben. Für manche war dies ein Zeichen, dass hier ein Mensch in die Verwandlung ging, der spirituell fortgeschritten war.

Nach mehr als sechs Monaten kam Anantânandas Abschied vom Königshof. Wie von einem Lotusblatt Regen und Schmutz abperlen, so war er anteilnehmend berührt worden vom Leiden und den Intrigen der Welt, jedoch ohne in den Strudel von Reaktion und Gegenreaktion hineingezogen zu werden.

Als er ging, sagte der Hofbrahmane: « In all den Jahren, in denen ich am Königshof gedient habe, hatte ich keinen einzigen wirklichen Freund. Du bist mein Guru, Vorbild und Freund geworden. Noch heute werde ich mein Amt niederlegen und mit meiner Frau in die Wälder gehen. Auch wenn ich gemäß meinem Horoskop noch einige Jahre auf dieser Erde verbringen werde – wie ich es empfinde und auch meine Frau schon länger sagt – ist es nun Zeit, dem Brahman entgegenzugehen und höchstens noch im Verborgenen zu wirken.«

ABSCHIED VON SATYA DEVA

Als er nach längerem wieder bei Satya Deva ankam, sagte dieser: »Du bist nun bereit, als Sâdhu der Welt zu dienen. Bleibe noch drei Monate bei mir und lerne ein wenig die Sprachen des Südens. Vor kurzem kam ein Sâdhu zu uns, der dich darin unterrichten wird. Er stammt von der südlichsten Spitze unseres Kontinents«

In den Sprachen Nordindiens und mit Hilfe des Sanskrits hatte sich Anantânanda bisher überall hinreichend mit Worten verständigen können. Ein Grundverständnis für die Sprachen des Südens erhielt er nun. Wenn auch ein Sâdhu weitgehend ohne Worte wirken kann, so war doch ein gewisses Maß auch an sprachlicher Verständigung hilfreich.

Zum Abschied gab Satya Deva ihm folgenden Auftrag; »Folge in den nächsten Jahren bei deiner Umwanderung Jambudvipas dem Sonnenlauf. Gehe zunächst nach Osten bis zu Mündung des Ganges. Dann wende dich nach Süden, bis du die südlichste Spitze Jambudvipas und die Insel Lanka erreichst. Wende dich dann nach Nordwesten, bis du deine alte Heimat – die Sahyadri-Berge – erreichst. Deine Mutter wird noch am Leben sein. Segne diese außergewöhnliche Frau in ihrer Todesstunde und wirke dann zum Heil der Menschen deiner Heimat.

Reise langsam, segne überall das Land und besonders die heiligen Orte und Plätze. Verweile jeweils so lange, bis du das Licht des Dharma in den Herzen einiger Menschen entzündest hast. Bleibe aber nicht so lange, dass sie sich zu sehr an dich gewöhnt haben und dadurch abhängig von dir werden. Nachdem du in ihnen das Licht gebracht hast, werden Shiva, Brahma, Vishnu, Mahâdevî und die anderen Götter sie leiten und sie schließlich zum Unermesslichen führen.«

DIE UMWANDLUNG JAMBUDVIPAS

Wie den Worten Satya Devas zu entnehmen ist, ging es bei der langen Wanderschaft nicht um irgendeine Reise. Vielmehr bestand Anântanandas Aufgabe darin, den ganzen Subkontinent mit seiner Umwandlung zu segnen, Frieden in die Herzen der Menschen bringend. Bis er seine Heimat erreichte, sollten etwa 10 Jahre vergehen.

Zunächst wandte sich unser Sâdhu nach Osten, dem Ganges bis in das Mündungsgebiet folgend. Fruchtbar war hier das Land, reichliche Reisernten wurden erzielt. Und doch waren die Leute nicht zufriedener und glücklicher als in den Gebieten mit weniger Erträgen. Den religiösen Ritualen folgte man zwar aus Tradition, jedoch lustlos und vielleicht aus Angst vor dem Unwillen der Götter. Oft vermisste er jene Liebe gegenüber dem Göttlichen, die nicht aus Furcht sondern aus Dankbarkeit erwächst, eine Liebe, die den Menschen in einem größeren Zusammenhang stellt, als es ein bloß ichbezogenes Leben vermag.

Eine Regenzeit verbrachte er in einem größeren Dorf. Immer wieder vermittelte er, dass gläubige Menschen Schicksalsschläge und Widrigkeiten leichter bewältigen können, als jene die an nichts glauben. Shiva und Mahâdevî würden geben und nehmen. Daher solle man sich zwar nach Kräften bemühen, etwa die Reisauspflanzung gut und sorgfältig zu machen – das Ergebnis der Ernte läge aber nicht immer allein in der Hand des Menschen.

Von einigen wurde er verspottet: « Wir haben durch unseren Fleiß hier immer« gute Ernten erzielt«. Andere aber folgten Anantânandas Aufruf, sich nach getaner Arbeit zu gemeinsamen Manrtra-Rezitationen zu Ehren von Shiva und Mahâdevî zu versammeln.

Der Monsun kam mit selten dagewesener Heftigkeit, sodass ein großer Teil der Felder verwüstet und einige Häuser weggeschwemmt wurden. Es traf gleichermaßen diejenigen, die gespottet hatten, und jene, die täglich mit Freude Mantras gesungen hatten.

Eines war jedoch bemerkenswert. Die Spötter klagten lauthals über den Verlust, während die in der Meditation Verwurzelten sagten: « Immerhin, Shiva und Mahâdevî haben uns so viel von unserer Ernte belassen, dass wir – wenn auch mit Mühe – das nächste Jahr überleben werden.« Und während die Spötter in ihrer Angst Hunger zu leiden, Anantânanda nichts zu essen anboten, versorgten ihn die anderen: »Es wird schon reichen«.

Nachzutragen bleibt, dass die Ernte des darauffolgenden Jahres bei den Meditierenden besser ausfiel als bei den Spöttern. Doch das hatte wohl nicht nur mit der Gnade von Shiva und Mahâdevî zu tun. Denn die Meditierenden hatten trotz aller äußeren Not inneren Frieden, Gelassenheit und Zuversicht. Das führte dazu, dass sie ihre Felder mit mehr Liebe und Sorgfalt bestellten, als ihre unzufriedenen Nachbarn.

Anantânanda wandte sich nun nach Süden, dabei der Küstenlinie folgend. Oft war er gerade bei jenen Menschen anzutreffen, die von großen Teilen der Gesellschaft verachtet wurden – Toilettenreiniger, Schnapsbrenner, Fischer und Schlächter. Sie wurden gemieden, weil sie schmutzige Dienste verrichteten und man sich nicht mit ihnen verunreinigen wollte. Oder man missbilligte jene, die durch ihren Lebenserwerb Tiere umbrachten. Die meisten Menschen lebten vegetarisch, doch gab es namentlich viele in der Kriegerkaste, die Fleisch und Fisch zu sich nahmen. Sie meinten, sie hätten ja die Tiere nicht selbst getötet, sondern die Fischer und Schlächter hätten das zu verantworten.

Mit Liebe wandte sich Anantânanda diesen gedemütigten Menschen zu, versuchte Frieden in deren Familien zu bringen, half Hass und Streit zu mildern. Wo es möglich war, ermunterte er sie zu anderem Lebenserwerb. Ergriffen waren sie von der Güte und Liebe unseres Sâdhus. Immer waren sie ja von den religiösen Aktivitäten der anderen ausgeschlossen. Ihnen blieben nur der Kult und das Tieropfer für die Göttin der Fischer und Schlächter, Ekavîrâ.

Diese Göttin – so Anantânanda – sei eine der Erscheinungsformen der Mahâdevî, die Leben gebe und nehme. Ihre Aufgabe sei es, für ein Gleichgewicht zwischen Leben und Tod zu sorgen. Sie zu ehren und um ihre Hilfe zu bitten, sei auch mit der Opferung von Blumen, Weihrauch, Gemüse, Getreide, Früchten, Milch und Ghee möglich. Denn sie sei die Herrin von dies allem, nicht nur die Herrin der Menschen und Tiere. Tiere als Opfer zu schlachten, sei nicht erforderlich. »Seid ihr aber so arm, dass ihr nichts opfern könnt«, fügte er hinzu, »dann gebt der Devî eure Liebe und Hingabe. Das ist mehr als jedes äußerliche Opfer.«

Und geduldig, einfühlsam, verständnisvoll und ohne Zorn machte er den Brahmanen klar, dass sie sich nicht verunreinigten, wenn der Schatten eines Kastenlosen auf sie fiel. Aber althergebrachte Traditionen sind nicht so leicht zu überschreiten, gerade nicht bei den oberen stolzen Kasten.

Da half es auch nicht anzudeuten, dass er im Vorleben ebenfalls Brahmane gewesen sei und alle Menschen als Teil des Brahman entsprungen seien. »Ob nun der Brahmane aus dem Haupt Brahmas und der Shudra aus dessen Füßen entstanden sei – glaubt ihr wirklich, dass die Füße

Brahmas weniger wertvoll seinen, als dessen Kopf?« warf er, fast humorvoll an die Brahmanen gewandt, ein.

PURUSHOTTAMA-PURI

Nach langer Zeit erreichte Anantânanda einen uralten Ort, der bereits in den Veden erwähnt wurde – Purushottama-Puri.[5] Erst viele Jahrhunderte nach dem Besuch Anantânandas wurde der heute so berühmte Jagannath-Tempel gebaut. Doch der Ort war bereits damals eine Stätte der Verehrung und Pilgerschaft. Es hieß, dass sich hier einst der Herr des Weltalls – eine Manifestation Vishnus – offenbart habe. Die Priester waren dementsprechend stolz, ja hochnäsig und herablassend, als da ein Shaiva-Mönch des Weges kam. Nach ihren Vorstellungen war ja Vishnu der höchste und erhabenste aller Götter, Shiva von geringerer Bedeutung (Bei den Shaivas war die landläufige Meinung gerade umgekehrt).

Da verblüffte Anantânanda die eitlen Priester, indem er laut und vernehmlich ein Mantra Vishnus rezitierte: »OM NARAYANÂYA NAMAH«. Erstaunen machte sich breit:

»Wie kannst du, ein Shaiva, ein Mantra des Vishnu auf deinen Lippen haben?«

Unser Sâdhu entgegnete: »Liebe Brüder dieser heiligen Stadt! Der Herr des Weltalls – ER (oder ES) hat alle Namen – oder keinen. Seine Sendboten und Erscheinungsformen sind die großen erhabenen Götter. Sie helfen uns, zum Namenlosen zu gelangen. Nur wenige sind in der Lage, direkt und ohne Hilfe das Unermessliche zu erreichen. Denn das Anfanglose, Ungeschaffene, Unendliche ist nah und in uns – und doch so unbegreiflich, da wir nur Begrenztes kennen, wie Entstehung und Verfall, Raum und Zeit. Und so können die Götter ein Übergang, ein Weg, ein Licht vom Begrenzten hin zum Unbegrenzten sein. Glaubt ihr nun, dass diese erhabenen Götter eifersüchtig streiten, wer von ihnen der Bedeutsamste sei? Entscheidend ist, mit welcher Hingabe wir unseren persönlichen Gott lieben und verehren. Denn unsere Hingabe ist ein Tor zu dem, was noch jenseits von den Göttern und anderen erhabenen Wesen liegt. Ich habe erfahren, dass Shiva mich erwählt hat, seinen Weg zu gehen. Doch warum sollte ich nicht auch Vishnu verehren oder warum sollte ich die Wege der Bauddhas oder der Jainas gering erachten?«

Stille hatte sich über den Versammlungsort gelegt. Betroffen und nachdenklich blickten die Brahmanen. Am Rande der Versammlung aber saßen jeweils zwei Bhikshus und zwei Jaina-Munis. Ihre Religionsgemeinschaften fanden nicht die Anerkennung der brahmanischen Orthodoxie, weil weder die Bauddhas noch die Jainas die heiligen Veden als letztlich verbindliche Autorität verehrten.

In die Stille hinein begannen die Munis, zu rezitieren:

»NAMO ARIHANTANÂM« – Verehrung allen Heiligen! Und die Bhikshus:

»NAMO TRIRATNÂYA« – Verehrung den Erleuchteten aller Zeiten, ihren Lehren und allen Menschen, die auf heilsamen Wegen sind!

Jetzt stimmten alle mit ihren jeweiligen Mantras ein. Sie sangen diese in ruhigem Rhythmus, niemand versuchte die anderen zu übertönen. Vielstimmig und harmonisch klang ihr Gesang. Die Einwohner strömten herbei. Frieden breitete sich aus. Ja, es gab viele und unterschiedliche Wege zur Freiheit von einem engen, begrenzten Kreisen um das eigene kleine Ich. Zwar mochte es notwendig sein, sich auch um das kleine Ich zu kümmern, die Bodenhaftung nicht zu verlieren und auch für die Familie und Gesellschaft da zu sein. Doch sollte sich der Blick auch immer wieder in die Weite des Himmels richten, dort wo die Götter wohnen mochten. Vielleicht wurde gerade in diesem Augenblick die Versammlung von Jagannath berührt – dem Herrn des Weltalls.

Rede an die Kaufleute der Ostküste

In den Städten der indischen Südostküste, wie Kalinganagara, Pishtapura, Vengi und Kancipuram, herrschte reges Treiben. Der Handel mit Übersee reichte bis nach Borneo, Sumatra und Bali. Hohe Gewinne wurden erzielt. Jedoch waren auch die Risiken erheblich – nicht selten gingen Schiffe samt ihrer Ladung verloren. Die Kaufleute gingen gern auf den fremden und eindrucksvollen Sâdhu zu. Sie hofften, er würde ihre Unternehmungen und Schiffsladungen segnen. Bei so einem Zusammentreffen mit einer Gruppe von Kaufleuten hielt Anantânanda folgende Rede:

»Liebe Kaufleute, Ihr habt mich gebeten, eure Unternehmungen zu segnen. Dies mache ich gern. Aber ihr selbst habt es teilweise in der Hand, ob sie erfolgreich werden. Auf längere Sicht scheitern Unternehmungen, wenn sie nur auf kurzfristigen Profit ausgerichtet sind. Gier ist eines der größten Übel des Menschen, wie alle Dharshanas lehren. Begnügt euch mit bescheidenem Gewinn. Überforteilt und betrügt nicht eure Geschäftspartner und Kunden. Schickt eure Mannschaften nicht auf morschen Schiffen über das weite Meer, zahlt allen guten Lohn – so werdet ihr langfristige Geschäftsbeziehungen, zufriedene Mitarbeiter und Kunden bekommen.

Bedenkt jedoch, nicht alles liegt in unserer Hand, selbst wenn ihr euch noch so sehr bemüht. Seid darauf gefasst, dass Unternehmungen scheitern können, herbe Verluste entstehen. Nehmt es mit Gleichmut – es ist der Lauf der Welt. Und wenn ihr Gewinne erzielt, so nehmt auch das mit Gleichmut – es ist der Lauf der Welt. Ob nun ein Mensch fünf Paläste und Schiffe besitzt oder nur 2 Mönchsroben – wie ich – Glück ist nicht davon abhängig, sondern von der inneren Zufriedenheit. Die aber erwächst aus der Übereinstimmung unserer Handlungen mit dem Dharma.

Was aber könnt ihr als Kaufleute tun im Sinne des Dharma, neben dem Aufgeben von Lügen und Betrügen, neben Ablegen übermäßiger Gier? Die Völker des Ostens sind bereit und aufgeschlossen für unseren Dharma. Nehmt Brahmanen, Bhikshus, Sâdhus, Munis kostenlos auf die fernen Inseln mit. Sie werden für die dortigen Menschen segensreich sein – ein Segen, der karmisch auch euch zugutekommen wird. Vielleicht nehmt ihr auch noch einige Bildhauer und Baumeister mit. Auch sie werden dort hilfreich sein. Denn der Dharma ist weit mehr als bloße Frömmigkeit. Es ist die Bereitschaft, im Leben seine Pflicht zu erfüllen, ohne im Gemüt von den Ergebnissen abhängig zu sein. Tragt zum Welterhalt bei, jedoch ohne übermäßige Gier bei euch und anderen zu erwecken! Der Dharma umfasst sowohl diese Art von Leben in der Welt wie auch das, was darüber hinausgeht, und was wir Sâdhus, Yogis, Bhikshus, Munis euch allen vermitteln möchten.«

Ähnliche Anregungen hatten auch schon andere Sâdhus gegeben, ebenso die Könige des Südens.[6]

Tiruvanamalai

Ruhiger als in den großen Städten des Ostens war es in Tiruvanamalei. Der hinter dem Ort liegende eindrucksvolle Berg Arunâcala ist Shiva gewidmet. Hier soll sich Shiva einst in Form einer riesigen Feuersäule offenbart haben, sodass der Berg – damals wie heute – als einer der Wohnsitze Shivas angesehen wird.

Als Anantânanda Tiruvanamalai erreichte, sprach ihn ein weitgereister Kaufmann an, der ein Anhänger der indischen Materialisten war: »Ihr Shaivas glaubt, dass sich Shiva hier einst offenbart hat. Ich kenne diese Art von Bergen von den fernen Inseln, die ich bereist habe. Arunâcala hat die Form eines erloschenen Vulkans. Wahrscheinlich hat auch dieser Berg einst Feuer und Rauch ausgeschieden, sodass daraus die Legende entstanden ist. Alles hat natürliche Ursachen.«

Unser Sâdhu entgegnete freundlich: »Das Herz und das Auge eines Gläubigen sehen mehr als du es vermagst. Umwandle den Berg mit mir in der kommenden Vollmondnacht, wie wir Shaiva-Mönche es zu tun pflegen.« Der Mann war neugierig geworden. Von dem Sâdhu ging eine Kraft aus, die ihn in den Bann zog. Schon länger war seine materialistische Weltanschauung etwas ins Wanken gekommen. Sollte es nichts anderes geben, als er mit seinen Sinnen und Verstand erfassen konnte? War das Leben nur Zufall, nur ein Augenblick, ausgespannt zwischen Geburt und Tod auf dem Hintergrund unendlicher Zeit?

In der Vollmondnacht schloss sich der Kaufmann einer etwa zehnköpfigen Gruppe an, die zusammen mit Anântananda den Berg umwandelten, dabei das Mantra des Shiva leise und im Gleichklang der Schritte wiederholend. Der Kaufmann kam sich seltsam in dieser Gruppe vor. Und wenn nicht seine Frau mitgekommen wäre, er hätte sich unheimlich gefühlt. Im Gegensatz zu ihm verehrte sie Shiva in täglicher Andacht. ›Auf was habe ich mich hier eingelassen‹, dachte er. Seine Frau begann nun, ebenfalls das Mantra zu sprechen und nach kurzer Zeit konnte auch er sich dem nicht entziehen und stimmte mit ein.

Als sie den Berg etwa zur Hälfte umwandelt hatten, bat Anantânanda, dass sich alle vor dem Berg verneigen mögen und zur Spitze schauen sollten. Nach kurzer Zeit griff die Frau des Kaufmanns dessen Hand und flüsterte erregt: « Siehst du denn nichts?« Zuerst sah er nur die Spitze des Berges im Mondlicht. Doch dann ... da war sie, eine gewaltige Feuersäule von der Spitze des Berges bis hoch in den Himmel die erst nach einer Weile verlosch. Für einige Zeit empfand der Kaufmann unendlichen Frieden. Doch dann kamen ihm – wie üblich – Zweifel und er war aufgewühlt vom dem Erlebten, das sein Weltbild in Frage stellte.

»Vielleicht hat jemand auf dem Berg ein riesiges Feuer entzündet«, beruhigte sich der Kaufmann. Und am nächsten Tag fragte er andere Gruppen von Pilgern, ob sie eine Feuersäule gesehen hätten. Doch alle verneinten. Nur sämtlichen Mitgliedern seiner Gruppe war das Feuer erschienen.

»Durch die Gnade des ehrwürdigen Sâdhu habe ich, die Anhängerin Shivas, das Feuer sehen können. Und in unserer Liebe zueinander war es mir möglich, dich daran teilhaben zu lassen, als ich deine Hand ergriff«, meinte seine Frau. Sie ergänzte: »Ein Gläubiger sieht offenbar mehr als Derjenige, der nur mit seinen gewöhnlichen Augen sieht. Und die heiligen Sâdhus und Yogis öffnen uns die Augen für diese höhere Wirklichkeit«.

Die Kunde vom Wunder der Feuersäule verbreitete sich über das gesamte Gebiet. Und es war daher nicht erstaunlich, dass viele den Meister baten, sich am heiligen Berg Arunâcala niederzulassen und sie durch seine ständige Präsenz zu segnen. Insbesondere die Frau des Kaufmans flehte ihn an zu bleiben. Er habe bei ihrem skeptischen Mann ein Wunder bewirkt, das größer sei als das der Feuersäule. Ihr Gatte habe seinen Glauben an Shiva gefunden, sei nicht länger ein Anhänger der Carvakas.

Anantânanda willigte ein, für die Dauer eines Jahres zu bleiben. Er fügte aber hinzu, sie sollten ihn als Boten Shivas betrachten, sich nicht an ihn binden. Doch für dieses eine Jahr würde er sie anleiten zu einem Leben im Dharma, was Lebensführung, Andacht, Meditation und gelegentliche Pradakshina (Umrundung) um den heiligen Berg einschloss. Nach diesem Jahr würden sie ihn nicht länger als Guru benötigen; ihr eigener innerer Guru würde ihnen den jeweiligen weiteren Weg mit Hilfe von Shiva zeigen.

Am Fuß des heiligen Berges war eine kleine Höhle, die unser Sâdhu nun zu seiner Wohnstatt machte. Jeweils in den Abendstunden empfing er Besucher, die sich mit ihren Fragen, Sorgen und Nöten an ihn wandten. Die Nachtstunden waren dann der gemeinsamen Meditation gewidmet. Dabei wurde – bis auf die Rezitation von Mantras – nicht gesprochen. Vom Morgen bis zum Nachmittag empfing Anantânanda keine Besucher.

Als der Tag des Abschieds kam, sagte der Meister: »Leben ist ein ständiges Abschiednehmen und Neuanfang. Bleibt auf dem Weg des Ewigen Dharma. Macht aus der Höhle keinen Schrein. Sie ist ein Ort der Meditation, an dem ihr euch versammeln könnt. In dieser Höhle haben schon in längst vergangener Zeit Yogis gelebt und auch in Zukunft wird es so sein.«[7]

RAMESHVARAM

Anantânanda wandte sich nun nach Süden und gelangte schließlich auf die heilige vor Lanka gelegene Insel Rameshvaram. Das Epos Ramâyana berichtet aus grauer Vorzeit, dass von hier aus der Kampf gegen den Dämonenkönig Ravana begonnen wurde. Der weise und gerechte König Râma gilt als einer der Erscheinungsformen (Avataras) des Gottes Vishnu auf Erden. Der Dämon hatte Râmas Frau Sitâ nach Lanka entführt. Zwar gelang es Râma – mit Hilfe des Affengottes Hanuman – seine Frau aus den Klauen des Dämons zu befreien, doch konnte er Ravana nicht allein besiegen. Erst mit Hilfe Shivas gelang es ihm, Ravana zu vernichten.

Daher wurde Rameshvaram von alters her als ein Ort der Verehrung für Vishnu und Shiva angesehen. Lange verweilte Anantânanda an den Pilgerstätten. Dann jedoch setzte er über zur Insel Lanka (dem heutigen Shri Lanka). Er hatte in seiner Zeit bei Dharmarakshita im Himalaja gehört, dass die Bhikshus von Lanka einen Teil der Predigten des Buddhas weitgehend wortgetreu auf Palmblättern niedergeschrieben hätten, nachdem die Lehrreden über Jahrhunderte von ihnen mündlich überliefert worden seien. Und mit dieser alten Tradition, die so anders war als die der Shaiva-Mönche, wollte er sich nun noch intensiver beschäftigen als es ihm bei Dharmarakshita und Bhâvanî möglich gewesen war.

LANKA UND DER MEDITATIONSMEISTER JHANAMITRA

Auf der südlich vor Jambudvipa gelegenen Insel Lanka wurde der liebevolle ShaivaMönch von den Bhikshus der großen Klöster mit offenen Armen empfangen. Und dies umso mehr, als sie erfuhren, dass Anantânanda längere Zeit in einem Sangha des Erhabenen im fernen Himalaja verbracht hatte.

In der Bibliothek von Dharmarakshita hatte er vor allem Texte in Sanskrit gelesen. Dies war für ihn leicht gewesen, weil er als Brahmane in Sanskrit geschult worden war. Die Texte in Lanka waren hingegen durchgehend in Pâli verfasst – einer Sprache, die wohl derjenigen des Buddhas nahekam. Bald stellte er jedoch fest, dass Pâli eine Art von vereinfachtem Sanskrit war, sodass er bald alles mühelos verstehen konnte.

Es soll hier nicht alles wiederholen werden, was bereits im ersten Teil des Buches über die Lehre des Buddhas gesagt wurde. Wichtig aus der Sicht Anantânandas war jedoch dies, der Erhabene ging direkt von der Situation des Menschen und aller Wesen aus. Der Buddha vermittelte nicht die Ansicht, dass man an einen Schöpfergott glauben müsse. Er schien jeder Spekulation über die letzte Wirklichkeit abhold zu sein. So hatte er unter anderem 64 gebräuchliche philosophische Ansichten seiner Zeit als Irrwege abgetan, weil sie nicht zur Erleuchtung führten.[8] Er hatte immer wieder betont, dass dort, wo das Denken überstiegen wird, auch die Möglichkeiten einer sprachlichen Aussage enden.

Anantânanda hatte dies selbst in seiner Ausbildung erfahren. Nur sein Meister konnte begreifen, wenn er ihm von seinen meditativen Erfahrungen berichtete. Denn der Meister hatte das von ihm Geschilderte selbst erlebt, konnte daher begreifen, was jenseits all der unzureichenden Worte seines Schülers lag. Einem Menschen, der nicht diese Erfahrung hatte, konnte sie nicht in Worten vermittelt werden. Daher hatte der Buddha immer wieder betont, dass man den Weg zur Erleuchtung gehen solle, ohne sich in Spekulationen zu verlieren. So etwa ein Gleichnis des Buddhas, ein von einem giftigen Pfeil getroffener Mensch solle sich nicht aufhalten, über die Natur des Pfeils und des Giftes zu spekulieren, sondern müsse sich bemühen, den Pfeil schleunigst zu entfernen.

Und doch hatte auch der Buddha öfter auf die höchste Wirklichkeit hingewiesen, ohne sie durch positive Begriffe einzuengen oder sie als ›Erste Ursache‹ für die Entstehung des Lebens zu begreifen: »Es gibt – ein Ungeborenes, Ungewordenes, Ungeschaffenes, Unzusammmengesetztes – weil dies besteht, ist ein Freiwerden vom Geborenen, Gewordenen, Geschaffenen, Zusammengesetzten möglich.« [9]

Ausgehend von der Situation des Menschen, hatte der Buddha eine vierfache Achtsamkeit als Ausgangspunkt jeglicher Meditation gelehrt. Eindrucksvoll fand Anantânanda die Beschreibung dieses meditativen Weges im großen Sûtra über die Achtsamkeit[10]. Diese Lehrrede fand seine Ergänzung in dem Sûtra über 16 Arten der Atemmeditation[11] und in den Anleitungen zu den Meditationen über die göttlichen Verweilungszustände unbegrenzter Liebe, Mitleiden, Mitfreude und Gleichmut. So zum Beispiel – »So wie eine Mutter ihren einzigen Sohn liebt und schützt, so möge man gegenüber allen Wesen ein unbegrenzt liebevolles Gemüt entwickeln« (Mettâ-Sutta).

Monatelang verweilte Anantânanda in den Klosterbibliotheken. Doch was er später seinen Schülern als Höhepunkt seines Aufenthaltes in Lanka schilderte, war die Begegnung mit einem erleuchteten Jünger des Buddhas, dem ehrwürdigen Mahâthera Jhanamitra.

Der ehrwürdige Mahâthera Jhanamitra, »Freund der Versenkungszustände«, lebte im Hochland von Lanka, in der Nähe des heutigen Kandy. Er wanderte von Ort zu Ort, hielt sich meistens allein unter Bäumen auf, war nur in Regenzeiten in einem Kloster. Es hieß von ihm, dass man ihn nur treffen könne, wenn er dies wolle. Wunderdinge wurden von ihm erzählt; auch er schien sich in der Gemeinschaft von wilden Tieren aufzuhalten, wie so viele Meister der Meditation.

Schon im Alter von fünf Jahren kam er auf sein Drängen in ein Kloster. Dort habe er in der Versammlung der Mönche gebeten, das Sûtra über die Atemachtsamkeit vorzutragen und habe daraufhin eine inspirierende Einführung in die verschiedenen Arten der Atemmeditation gegeben. Er sei bereits in der Jugend bis zu zwei Tagen in Meditation auf einem Platz sitzend verblieben, weshalb er mit der Vollordination im Alter von 20 Jahren den Namen Jhanamitra erhielt -»Freund der vertieften Meditationszustände«. Er habe danach 20 Jahre lang eine intensive Lehrtätigkeit ausgeübt und bei der Ausbildung von jungen Mönchen und Nonnen besonderen Wert auf die Praxis der Meditation gelegt. Als Mahâthera[12] habe er sich dann in die Wälder zurückgezogen und gesagt, dass er nunmehr im Stillen Segen über die Insel Lanka bringen wolle.

Unter einem Banyan-Baum sitzend fand ihn Anantânanda. Nach kurzer Begrüßung setzten sich beide Meister nebeneinander und traten ein in das Namenlose, Unbegrenzte. Nach mehreren Stunden öffneten beide zur gleichen Zeit die Augen und Anantânanda rezitierte: »Es gibt einen Bereich, wo es weder Erde, noch Wasser, noch Feuer, noch Wind gibt. Da sind kein Licht und keine Sonne. Und auch Dunkelheit ist dort nicht.« [13]

»Ja«, erwiderte Jhanamitra, »wir beide kennen diesen Bereich, obwohl wir aus verschiedenen Traditionen kommen. DIES, das wir beide kennen, ist so anders als die Welt, die die meisten erleben. ES ist jenseits von Sein und Nichtsein. Dem Buddha hat man vorgeworfen, er lehre des seienden Wesens Auflösung und Vernichtung im Augenblick der Erleuchtung. Das lehrte er nicht. Doch er lehrte, dass dann Begriffe, wie Sein und Nichtsein, nicht mehr zutreffen. Das ist auch meine Erfahrung. In der konventionellen Welt der Erscheinungen sind wir Anantânanda und Jhanamitra. Aber im Licht der höheren Wahrheit sind wir zwar dies – und auch wieder nicht.«

»In diesem gesegneten Land Lanka«, fuhr Jhanamitra fort, « gibt es viele, die dem Bauddha-Dharma folgen. Und es gibt manche, die dem Sanâthana-Dharma zugeneigt sind und etwa Vishnu oder Shiva verehren. Lass uns beide in gemeinsamer Meditation Segen und Frieden in dieses Land aussenden, bevor du deinen Weg in deine alte Heimat fortsetzt, um dort zum Heil der Menschen zu wirken.«

Und so verblieb Anantânanda viele weitere Monate auf der Insel Lanka und sandte zusammen mit Jhanamitra Segen und Frieden in das Land, für die verschiedenen Religionsgemeinschaften, für die Menschen, für alle empfindenden Wesen.

AN DER SÜDSPITZE INDIENS

Wieder auf dem indischen Festland angekommen, wanderte unser Sâdhu bis zur äußersten Südspitze Indiens, dem heutigen Pilgerort Kanyakumari. Hier treffen das Arabische Meer, der Indische Ozean und der Golf von Bengalen zusammen, umspülen gemeinsam den indischen Subkontinent.

An dieser Stelle verweilte Anantânanda ein ganzes Jahr. Er erinnerte sich an sein Erlebnis am Meer in der Kindheit, die mit einer ersten Ahnung vom Wesen des Unendlichen verbunden gewesen war. Und es war diese Ahnung gewesen, die ihn schließlich auf den spirituellen Weg eines Shaiva-Mönches geführt hatte.

Mit dem Blick auf das Meer und den beiden in der Nähe der Küste liegenden Felsen meditierte er, den Menschen Indiens und den Völkern, die jenseits der Meere lagen, Frieden und Segen wünschend. Und er bat Shiva, dass einstmals auf den beiden Felsen Menschen Inspiration finden mochten, die Botschaft des Sanâtana-Dharma in die Welt jenseits der Meere zu tragen.[14]

Im Laufe der Monate schlossen sich ihm andere Sâdhus an, sodass die Tradition fortbestand, von hier aus Jambudvipa und der Welt Frieden zu senden, auch als Anantânanda schließlich weiterzog.

Anantânanda wandte sich nun nach Nordosten, dabei weitgehend der Küstenlinie folgend, aber auch zeitweilig in die Höhen der dahinterliegenden Berge gehend. Die Reise in die Heimat sollte noch mehrere Jahre dauern. Überall ermunterte und inspirierte der Sâdhu die Menschen, den Wegen des Sanâtana Dharma zu folgen. Einige wenige wurden Mönche und Nonnen, nach sorgfältiger Prüfung durch unseren Sâdhu. Vielen riet er ab, das weltliche Leben zu verlassen und empfahl ihnen, den Weg der Pflicht und des Karma-Yoga zu folgen, eventuell verbunden mit Verehrung und Liebe zu einer persönlichen Gottheit und täglicher Meditation. Das weltliche Leben nur aus gewissen Enttäuschungen hinter sich zu lassen, war nicht genug für ein Leben als Mönch oder Nonne.

Von den vielen Begegnungen mit Menschen auf dem Weg in die alte Heimat soll hier wenigstens eine noch herausgegriffen werden – die Gespräche mit den Thomas-Christen von Muziris.

Muziris und die Thomaschristen

Muziris war eine alte Hafenstadt an der Südwestküste Indiens, in der Nähe des heutigen Kodungallur. Die Stadt hatte zur damaligen Zeit bereits ihren Höhepunkt überschritten, aber es gab immer noch Handelsbeziehungen nach Arabien und dem fernen Römischen Reich. In diese Stadt war um das Jahr 50 nach Christus der heilige Apostel Thomas gekommen und hatte dort und anderswo in Indien einige Anhänger für das Christentum gewinnen können. Die kleine Gemeinde von Muziris war daher wohl eine der weltweit ersten christlichen Gemeinden neben denen im Römischen Reich.

Um einiges über diesen offenbar etwas andersartigen Dharma zu erfahren, nahm Anantânanda Kontakt zu der kleinen Gemeinde und ihren Vorstehern auf. Mit offenen Armen wurde er begrüßt. Man hoffte, durch die eventuelle Bekehrung eines Sâdhu weitere Anhänger für das Christentum gewinnen zu können, war zudem beeindruckt von der freundlichen, offenen Wesensart Anantânandas.

Die Mitglieder der Gemeinde empfanden sich gegenüber allen anderen als Auserwählte. Waren sie doch erlöst durch ihren Glauben an Jesus Christus, den Sohn Gottes. Sie berichteten, Jesus Christus habe sein Leben geopfert für alle, die an ihn glauben und nachfolgen. Selbst Er, der Sohn Gottes, sei der Ungerechtigkeit, der Gewalt und Engstirnigkeit ausgesetzt gewesen und sei grausam am Kreuz hingerichtet worden. Aber noch am Kreuz habe er seinen Mördern verziehen und so gezeigt, dass Liebe den Hass überwindet. Er habe die Liebe gepredigt, durch Sein Leben vorgelebt und in seiner Bergpredigt klare Anweisungen für ein Leben in der Welt gegeben.

Die Gemeinde würde sich bemühen – wie unvollkommen auch immer – den Anweisungen Jesu nachzukommen. So würden sie als Kaufleute nicht betrügen und in Not geratene Menschen erhielten von ihnen Unterstützung.

Es schmerze sie aber, dass nur wenige sich Jesus zugewandt hätten und an viele Götter glaubten. Wie sollte Gott (Jahve) ihnen das ewige Leben schenken. Aber natürlich würden sie die Wege des HERRN nicht kennen. Vielleicht würde er auch einstmals die ungläubigen Heiden erlösen. Sie aber, die Christen, hätten auf jeden Fall die Heilsgewissheit durch den Tod und die Wiederauferstehung Jesu. ER habe gezeigt, dass er den Tod überwunden habe und mit ihm alle, die ihm folgten.

Freundlich hatte Anantânanda zugehört. Gern ließ er sich diejenigen Bruchstücke des Neuen Testaments vortragen, die den dortigen Christen in einer Übersetzung aus dem Lateinischen zur Verfügung standen. Auch gab es einige hebräische Texte aus dem Alten Testament in Übersetzungen. Denn es hatten sich auch einige jüdische Kaufleute in Muziris niedergelassen. Die Aufrichtigkeit und der tiefe Glaube der Christen beeindruckten ihn. Aber er bedauerte auch eine gewisse Neigung dieser Menschen, sich als die allein Auserwählten zu fühlen und sich im Besitz des vermeintlich einzig wahren Glaubens zu empfinden.

Freundlich entgegnete er: »Die unendliche Liebe Eures Gottessohnes Jesus Christus bewegt mich zutiefst. Viele Anhänger meines Sanâtana-Dharma glauben, dass die schöpferische Seite der Gottheit dieses Universum aus sich heraus hervorgebracht hat und Gott alles Leben liebt. Und so sind alle empfindenden Wesen – auch die Menschen und höhere Wesen wie die Götter – Teil Gottes und des göttlichen Urgrundes. Und in Zeiten eines ethischen Niedergangs inkarniert sich Gott in erhabenen Gestalten, die wir Avatâras nennen und die ihr vielleicht als weitere Söhne Gottes ansehen könntet.

Entsetzt reagierten die Christen: »Gott hat die Welt aus dem Nichts geschaffen – wie könnten wir sündige Menschen, Teil Gottes sein? Es besteht eine gewaltige Kluft zwischen uns und dem HERRN. Und überhaupt, Gott muss nicht dauernd »Avatâras« senden, schließlich hat er uns ja Seinen einzigen Sohn, Jesus Christus, geschenkt.«

»Und doch«, wandte Anantânanda ein, »habt ihr mir berichtet, dass Gott einem Lehmklumpen seinen eigenen Hauch eingegeben habe und so sei der Mensch entstanden. Diesen ›Hauch‹ nennen wir ›Âtman‹, der ein Teil Gottes ist.«

Damit konnten die Christen nicht einverstanden sein. Aber sie spürten, dass dieser Sâdhu ihnen näher stand als manch anderer Heide. Und so beteten sie für ihn, dass der HERR ihm den wahren Glauben einstmals schenken möge.

Anantânanda aber dachte: ›Dieser neue Christus-Dharma scheint sich nunmehr im fernen Römischen Reich auszubreiten. Er wird außerordentlich segensreich sein, wenn er vom Geist der unendlichen Liebe ihres Gründers getragen wird. Schwierig aber wäre es, wenn diese Lehre vom Geist der Einseitigkeit, Intoleranz und Ausschließlichkeit ergriffen würde. Mögen Brahma, Vishnu, Shiva, Mahâdevî dazu beitragen, dass die Liebe die Oberhand gewinnt und mögen auch in diesem neuen Dharma Männer und Frauen zur Erfahrung des Heiligen, zur Erfahrung der Gottheit kommen. Die Worte des Paulus in einem seiner Briefe weisen ja möglicherweise in die richtige Richtung: »Aber nicht ich lebe, sondern Christus lebt in mir«. Werden die Christen begreifen, was es heißt, von diesem Gottessohn im Innersten durchdrungen zu sein? Hatte Jesus nicht davon gesprochen, dass Er und der Vater (Gott) eins seien? Wären sie also nicht auch eins mit Gott, wenn Christus in ihnen lebte?‹

DIE HEIMKEHR

Weit mehr als 20 Jahre seit seiner Ordination als Shaiva-Mönch waren vergangen, als Anantânanda seine alte Heimat erreichte. Auch wenn ein Sâdhu ein heimatloser Wanderer ist, so war er doch an das Versprechen gegenüber seiner Mutter gebunden, sie noch vor ihrem Tod aufzusuchen. Darüber hinaus hatte sein Lehrer Satya Deva ihn aufgefordert, den Menschen seiner alten Heimat ein Licht im Dunkel weltlicher Existenz zu sein.

Schön war das Land seiner Heimat, besonders jetzt nach der Regenzeit! Alles war in das Grün einer üppigen Vegetation getaucht, bis auf die dunklen Felsen, die sich vom klaren Blau des Himmels abhoben.

DER ABSCHIED VON DER MUTTER

An einem Vormittag erreichte er das Haus seiner Mutter Mâyâ, die von den beiden Nichten und ihren Männern versorgt wurde. In den letzten Jahren war sie körperlich schwach geworden, doch ihr Geist war klar und jedem wurde in ihrer Gegenwart klar, dass sie sich in einem fortwährenden Meditationszustand befand und zugleich auf der Ebene äußerer Wirklichkeit präsent sein konnte.

Als Anantânanda das Haus betrat, warfen sich ihm seine Nichten und deren Ehemänner zu Füßen. Nicht war er ja nun ihr Cousin, sondern ein Sâdhu, in dessen Augen das Feuer des Göttlichen leuchtete. Seine Mutter aber sprach tief bewegt: »Wundervoll, dass du, mein lieber Sohn, am Ende meines Lebens zu mir kommst. Schon länger ist mir mein Körper zur Last geworden, doch ich habe auf dich gewartet. Nunmehr kann ich mich in die Hände Mahâdevîs begeben.

Dein Vater verstarb im letzten Jahr. Lange Zeit war er unglücklich, dass ihm Shiva seinen Sohn »genommen« hatte. Ich konnte ihn nicht trösten, indem ich ihm versicherte, dass wir die Diener von Shiva und Mahâdevî gewesen waren, die uns einen Sohn geschenkt hatten, der ein reinkarnierter Yogi war. Doch dann kam vor Jahren ein Shaiva-Sâdhu, sprach lange mit deinem Vater, berührte ihn – und seitdem war er verwandelt.

Er hatte das Unendliche Licht erfahren dürfen, dass nunmehr auch mir bekannt ist. Die letzten Jahre deines Vaters waren der Meditation gewidmet und wir beide führten ein glückliches und spirituelles Leben. Und als er starb, sagte er, dass er nun ins Brahman eingehen werde. So wie die Flüsse im unendlichen Meer aufgehen, so werde er eingehen ins Brahman, verlierend Namen und Gestalt.

Mein Weg ist jedoch ein anderer. Ich habe Mahâdevî gebeten, dass ich wiedergeboren werde als Frau, um Gefäß zu sein für einen Yogi (oder Yoginî), der in dieser Welt des Scheins und der Begrenzung wiedergeboren werden will zum Heil aller Wesen.

Ich wusste, dass du bald zu mir kommen würdest. Kurz nach dem Tod deines Vaters erschien mir in der Tiefe der Nacht eine Sâdhvî, die sich Smriti nannte. Niemand außer mir hat sie kommen und gehen sehen – sie schien aus dem Nichts unvermittelt aufzutauchen und später wieder zu verschwinden. Sie sagte, du hättest das Ziel des spirituellen Lebens verwirklicht und würdest bald bei mir sein. Und vor wenigen Monaten kam ein Bhikshu Maitrenanda von offensichtlich tiefer Verwirklichung. Er sagte, er habe die gleichen Gurus wie du. Seine Hauptgurus seien der Bauddha-Tradition zugehörig, aber ein Shaiva-Mönch Namens Satya Deva sei für ihn ebenfalls bedeutsam gewesen. Bei dir sei es umgekehrt. Er meinte, du würdest wohl bald in die SahyadriBerge zurückkehren und er würde sich freuen, dich hier zu treffen.

Mein Sohn! Suche diesen Bhikshu Maitrenanda auf. Ihr beide werdet viel zur spirituellen Entwicklung unseres gesegneten Landes beitragen!«

Die letzten Worte Mâyâs waren mit Autorität gesprochen worden. Es war offensichtlich, dies war ein spirituelles Testament, dem zu folgen war. Aber Anantânanda hatte diesem Testament nicht bloß zu folgen, weil es das seiner Mutter war. Es war vielmehr die Weisung Mahâdevîs, als deren Werkzeug und Dienerin sich Mutter Mâyâ begriff.

Mâyâ bat darum, dass sich die Großfamilie am Abend vor dem Haus versammeln möge; sie würde in der Nacht ihren Leib verlassen. Mit ihrem Sohn verbrachte sie den restlichen Tag in Meditation.

In der Nacht versammelten sich alle auf einem großen Platz vor dem Haus. Mâyâ wurde bequem gebettet, Anantânanda saß neben ihr. Fast die ganze Großfamilie war gekommen, auch der jüngere Bruder von Mâyâs Mann. Nicht gekommen waren Mâyâs Neffen und die Frau des Bruders ihres Mannes. Denn diese schmollten noch immer, dass sie beim Erbe von Onkel und Tante (aus gutem Grund) nicht bedacht worden waren.

Anantânanda hielt eine Ansprache über Leben, Tod und Wiedergeburt, die alle inspirierte. Dann bat Mâyâ, dass man fortlaufend gemeinsam ein Mantra der Mahâdevî singen möge – OM MAHÂDEVYAI NAMAH. Um Mitternacht gebot sie Stille und wies die Anwesenden an, alles Denken zu beenden und nur noch das »Da-Sein« zu empfinden. Sie gehe jetzt aus diesem Leben fort.

Alle versanken in Schweigen und manche gelangten in den Zustand das »Seins« jenseits von Worten und Gedanken, jenseits von Wünschen und Wollen. Und so verließ Mâyâ ihren Körper; der für uns gewöhnliche Menschen sichtbare Lebensfunke verlosch – wie die Flamme einer Öllampe, wenn das Öl aufgezehrt ist.

Die Begegnung mit Maitrenanda

Es wurden bereits die drei Höhlenkomplexe in den Sahyadri-Bergen geschildert, in denen Mönche und Nonnen verschiedener Traditionen des Bauddha-Dharma lebten. In den Höhlen von Bedsa hielt sich zeitweilig Bhikshu Maitrenanda auf, der aber auch die beiden anderen Felsenklöster häufiger besuchte und einen Teil des Jahres als Wandermönch durch die Sahyadri-Berge streifte.[15]

Es gab aber noch eine vierte kleinere Felsenhöhle, die heute nicht mehr bekannt ist, jedenfalls nicht dem allgemeinen Publikum. Sie war von den Bhikshus verlassen worden. Hierin zog sich Anantânanda bald nach seiner Ankunft zurück, um mit seinen Meditationen das Land zu segnen und so zu Frieden und Harmonie beizutragen.

Auch Bhikshu Maitrenanda war öfters in dieser Höhle, wenn er sich für Tage und Wochen von der Unruhe eines Klosterlebens zurückziehen wollte. Und so musste es zwangsläufig zu einer Begegnung der beiden Meister kommen. Doch dies war mehr als bloßer Zufall. Beide wussten auf anderer Ebene voneinander und ohne dass irgendjemand Maitrenanda auf den Ankömmling aufmerksam gemacht hätte. Schweigend blickten sie sich an, schweigend meditierten sie gemeinsam, vereint dem Land Segen sendend.

Wenn wir gewöhnliche Menschen in einer Gruppe meditieren, erfahren wir oft eine Vertiefung unserer Meditation durch eine sich gemeinsam aufbauende Atmosphäre (manche nennen es »spirituelle Energie«). Hierauf beruht auch das Leben in Klöstern, Ashrams und spirituellen Gemeinschaften. Unsere beiden Meister waren darauf nicht angewiesen, sie benötigten nicht mehr der verstärkenden Kraft des Anderen um ihre Meditationen zu vertiefen. Hingegen strahlte ihre vereinte Kraft Frieden und Harmonie in die Welt aus.

Die Meditationen der beiden Meister waren auf tiefer Ebene ähnlich, hatten jedoch einen anderen Ausgangspunkt. Maitrenanda umfasste alles Sein mit unendlicher Liebe, die aus seiner Erfahrung der Verbundenheit allen Lebens entstanden war. Und Anantânandas Meditation war durchdrungen von seinem Erleben des Namenlos-hintergründigen allen Seins und allen Geschehens. Das Gemeinsame beider Meditationen ist, dass sie im Zeitlos-unendlichen gründen.

Nach langer Zeit sagte Maitrenanda: »Wir sind einen langen Weg gegangen ...« Und Anantânanda erwiderte: »Ja, über viele Leben und zuletzt vom Himalaja bis hierher. Unser gemeinsamer Guru Satya Deva hat mir die Aufgabe gegeben, den Menschen dieses Landes ein Licht zu sein, ihnen Frieden und Harmonie zu bringen. Und – für wen es angezeigt ist – das Vertrauen auf Shiva zu stärken.«

Darauf Maitrenanda: »Mein Guru Dharmarakshita beauftragte mich, den BauddhaDharma zu neuer Blüte zu bringen und ebenfalls für Frieden und Harmonie dieses Landes beizutragen. Satya Deva bestärkte mich ebenfalls in dieser Richtung.

Wir haben wohl eine gemeinsame Aufgabe, der eine als Shaiva-Mönch, der andere als Bhikshu. Wie können wir zu Frieden und Harmonie beitragen? Ich erlebe hier, dass die einzelnen Dharmas sich voneinander abschotten. Shaivas bleiben unter Shaivas. Die Anhänger Vishnus bleiben ebenfalls unter sich. Die Bauddhas sind in mehrere Richtungen zerstritten. Die Jainas leben abgesondert. Die Yogis und Yoginîs, die nach dem Sûtra des Weisen Patanjali üben, fühlen sich allen anderen überlegen. Und die Anhänger lokaler Gottheiten schwören auf diese und verachten andere. Schon vor Jahrhunderten hat Kaiser Ashoka in seinen Edikten verkündet, jeder möge die Lehre des anderen nicht nur hören, sondern gern hören. Und jeder, der andere wegen ihres Glaubens schmähe, würde seiner eigenen Religion (Dharma) Schaden zufügen.

Ich habe im letzten Jahr versucht, Anhänger der verschiedenen Dharmas zu Wochen gemeinsamen Übens und Austauschs ihrer Ansichten einzuladen. Und zwar sowohl Nonnen und Mönche als auch Laienanhänger. Relativ wenige folgten dieser Einladung, leider zumeist nur Anhänger des Bauddha-Dharma. Andere hatten wohl Ängste, ich wolle sie von Vorzügen der Lehre des Buddhas überzeugen.«

Anantânanda erwiderte: »Lass uns unsere Kräfte in gemeinsamem Tun vereinen, ohne dass die Unterschiede der einzelnen Dharmas verwischt werden! Ich will unter den Shaivas aber auch bei den Yogis für solch gemeinsame Wochen eintreten.«

»Ich werde mich mit einigen Jainas treffen, die mir bekannt sind«, ergänzte Maitrenanda. »Sie haben ja sogar eine Theorie entwickelt, der gemäß jede in Worten geäußerte Wahrheit, nur relativ wahr sein kann. Daher müssten auch sie für unser Vorhaben aufgeschlossen sein.«

Und so entstand in den Sahyadri-Bergen eine spirituelle Bewegung, deren Anfänge bereits am Ende des ersten Teils dieses Buchs geschildert wurden. Sie sprengte die Grenzen engen konfessionellen Denkens und Empfindens und erfüllte die Bitte eines alten vedischen Gebetes

> » ...Lasst uns unsere Kräfte vereinen.
> Möge das Feuer gemeinsamen Lernens uns erfüllen.
> Und möge keine Zwietracht sein –
> Om Shanti Shanti Shantih – Frieden – Frieden – Frieden.«

Teil III:
Gespräche unter dem Banyan-Baum

Weitere Personen Teil III

Sâla, ein Brahmane
Sena (»Der Diener«),ein Angehöriger der untersten Kaste (Shudra)

In der Ebene unterhalb des Felsenklosters von Bedsa stand ein mächtiger BanyanBaum. Mit seinen Luft- und Stützwurzeln hatte er sich auf eine Fläche von über 100 Quadratmetern ausgebreitet und ragte fast 30 Meter in die Höhe. Um ihn herum lagen Felder, die nach der Erntezeit brach lagen. So konnte sich eine größere Anzahl Menschen vor dem schattenspendenden Baum versammeln. Der Baum selbst bot mit seinen durch die Luftwurzeln gebildeten Nischen Rückzugsmöglichkeiten für Meditation. Die Felder um den Baum herum waren besonders ertragreich und die Dorfbewohner glaubten, dass eine mächtige Baumgöttin (Yakshî) ihre segnende Hand hier ausbreite.

Kurz nach der Ankunft Maitrenandas war unweit des Baumes eine Quelle entstanden, aus der genügend Wasser gewonnen werden konnte. Es hieß, Maitrenanda habe mit seinen yogischen Kräften das Hervortreten des Wassers bewirkt. Das nächste Dorf lag etwas entfernt, sodass die Ruhe nicht durch den Lärm menschlicher Behausungen gestört wurde.

Hierhin lud Maitrenanda Menschen aller Glaubensrichtungen zu mehrwöchigen, gemeinsamen Übens nach der Erntezeit ein. Bhikshus und Bhikshunîs, Sâdhus, Sâdvîs, Munis, Yogis, Laienanhänger der verschiedenen Glaubensrichtungen sowie Gelehrte (Pandits) und gebildete Brahmanen sollten hier willkommen sein.

Im ersten Jahr waren jedoch vorwiegend Laienanhänger/-innen des Bauddha-Dharmas sowie einige Mönche und Nonnen aus den Felsenklöstern gekommen.

Erst als im darauf folgenden Jahr Anantânanda mit den in der Gegend lebenden Sâdhus das Vorhaben besprochen hatte, kamen auch sie zu den

Übungswochen. Und im dritten Jahr schlossen sich Yogis der Patanjala-Tradition sowie Jaina-Munis den Zusammenkünften an.

Das Vorhaben war in der Tat ungewöhnlich. Bis zu diesem Zeitpunkt diskutierte man zwar gern mit Angehörigen anderer Glaubensrichtungen, teilweise wohl auch in dem Wunsch, sie von den eigenen Ansichten zu überzeugen. Jedoch wurde nicht gemeinsam geübt und meditiert. Vielleicht sollte das auch der Geheimhaltung bestimmter Meditationsformen dienen, die auf den besonderen Traditionen der Glaubensgemeinschaften beruhten.

DAS TAGESPROGRAMM

Über 30 Jahre fanden diese Übungswochen unter dem Vorsitz von Anantânanda und Maitrenanda statt. Allmählich entstand folgender Tagesplan, der entsprechend der Fähigkeit der Einzelnen modifiziert werden konnte. Es bestand kein Zwang, ihm genau zu folgen:

Aufstehen deutlich vor dem Sonnenaufgang. Waschen entsprechend den rituellen Gebräuchen bzw. Vorschriften der jeweiligen Kaste oder Gemeinschaft. Allerdings musste dabei unter den Bedingungen eines « Feldlagers« ein gewisser Abstrich gemacht werden.

Gemeinsame Pûjâ (Andacht) im Zwielicht (sandhya) bis zum Sonnenaufgang.

Sandhya ist eine Zeit, die von alters her als besonders wirksam für einen spirituellen Tagesbeginn angesehen wird. Gemeinsam begann man mit einer längeren Rezitation des Mantras OM. Jeder konnte darunter etwas anderes empfinden, gemäß der eigenen Tradition. Denn ein Mantra, wie OM, ist neben dem Laut (der von einigen als UrLaut der Schöpfung angesehen wird) auch ein Symbol. Wie jedes Symbol kann es je nach Erlebnisund Glaubenshintergrund des einzelnen verschiedene »Färbungen« von Bedeutung annehmen, im Falle von OM aber stets verbunden mit den Qualitäten von Unendlichkeit und Freiheit. So konnten etwa diejenigen, die an einen Schöpfergott glaubten, im OM eine Annäherung an die schöpferische Seite des Göttlichen sehen. Andere verstanden OM als ein Mittel, um das Unendliche Licht in sich zu erwecken. Wieder andere begriffen OM als einen Gang in die eigene Tiefe, zum Kern ihres Wesens. Und manche Anhänger des Bauddha-Dharma erlebten OM als das Überschreiten einer engstirnigen Ichbezogenheit hin zu einem liebenden Umfangen aller fühlenden Wesen und eine Einsicht in die universellen Gesetzmäßigkeiten des Alls.

In der Regel wurde OM zunächst mehrfach langsam gemeinsam rezitiert. Danach wurde OM in der Stille von jedem weiter wiederholt. In der Regel wurde dabei ein langsamer Rhythmus gewählt, der dem eigenen natürlichen, unbeeinflussten Atemrhythmus entsprach.

Anschließend kamen die einzelnen Traditionen nacheinander zu Wort, zumeist mit den entsprechenden Mantras oder Zitaten aus heiligen Überlieferungen. So verehrte man Shiva, Vishnu, Mahâdevî und eventuell auch lokale Gottheiten wie etwa die Baumgöttin des Banyan-Baumes. Die Anhänger des Bauddha-Dharma verehrten die Buddhas aller Zeiten und die großen Erleuchtungswesen – die Bodhisattvas. Die Jainas gedachten ihrer großen Weltlehrer, der Tîrthankaras usw.

Nach einem knappen Frühstück begannen die Vormittagsmeditationen. Dabei war erwünscht, dass man auch mit den Meditationsmethoden der anderen üben möge – auf dem Hintergrund der eigenen Tradition. So konnten etwa die Anhänger des Bauddha-Dharmas ohne weiteres mit dem Mantra des Shiva üben, wenn sie Shiva als die umwandelnde, verändernde Kraft in sich selbst begriffen. Und Anhänger des Sanâthana-Dharma waren in der Lage, sich dem Mantra des Bodhisattva Avalokiteshvara anzuvertrauen – OM MANI PADME HÛM – einem Mantra der Bauddha-Tradition. Sie hatten jedoch die symbolische Kernbotschaft des Mantras zu begreifen, die Maitrenanda vermittelte. Er erläuterte, dass im Lotus des eigenen Herzens (in der »Mitte des Menschen«) die Möglichkeit der Erleuchtung und Befreiung potentiell enthalten sei.

Die Mittagsmahlzeit wurde aus Rücksicht auf die Bhikshus und Bhikshunîs vor dem Sonnenhöchststand eingenommen. Ein Essen nach dem Sonnenhöchststand um 12 Uhr ist nach den Ordensregeln des Buddhas für die Mönchs- und Nonnengemeinde unerwünscht. Alle schlossen sich für die Übungswochen dieser Regel an und fasteten jeweils bis zum nächsten Morgen; Wassertrinken hingegen war in der zeitweiligen Tageshitze durchaus erwünscht. Nach dem Essen folgte eine kurze Ruhepause.

Der Nachmittag war der eigenen Form der Meditation gewidmet; notwendige Anleitungen hierzu erfolgten in den Gruppen der jeweiligen

Gemeinschaften. Wert wurde auf individuelle Einführung in Meditationsmethoden gelegt, entsprechend dem Erfahrungshorizont des Einzelnen.

Am frühen Abend gab es Vorträge über die Lehren der einzelnen Traditionen. Dabei wurden gerade von den Laien oft wichtige Fragen aufgeworfen und führten zu interessanten Ergebnissen. Anantânanda meinte, Laien hätten oft einen weniger verstellten Blick auf die Dinge als diejenigen, die innerhalb spiritueller Orden abgehoben von der Welt lebten. Für Laien unwichtige Detailfragen diskutierten die Ordensgemeinschaften dann manchmal noch unter sich. Gegen Ende der Übungswochen wurde das Gehörte noch einmal zusammengefasst. Daraus ergaben sich oft übergeordnete Fragen, mit denen man sich dann bis zum nächsten Jahr beschäftigen konnte.

Die Nachtstunden waren wieder der individuellen Meditation gewidmet. Die Fortgeschrittenen verblieben über viele Stunden in ihrer Meditation, kamen mit wenig Schlaf aus. Die Anfänger hingegen gingen gewöhnlich früher schlafen. Wert wurde aber darauf gelegt, dass in allen Stunden der Nacht einige weiter meditierten (sich dabei abwechselnd). So entstand eine Atmosphäre immerwährender Meditation und spirituellen Austauschs.

Das Leben des Sena und dessen Fragen

Sena war ein Mann mittleren Alters. Er gehörte zur niedrigsten Kaste der Shudras. Menschen dieser Kaste oder Kastenlosen traute man oft nicht zu, dass sie ein Verständnis für spirituelle Dinge entwickeln könnten. Ja, Brahmanen schlossen sie meistens von ihren Zeremonien aus. Selbst wenn sie Anhänger des Bauddha-Dharmas oder der Jainas wurden, verloren sie zwar ihren niedrigen Status als Shudras, wurden aber dennoch oft nicht als Mitglieder der »höheren« Gesellschaft angesehen.

Sena hatte eine außergewöhnliche Biografie. Als junger Mann war er von den Sahyadri-Bergen bis an die Spitze des Subkontinents gewandert, sich dabei als Tagelöhner hier und dort verdingend. Manchmal war der aufgeschlossene junge Mann von Sâdhus und Bhikshus angesprochen worden, ob er Mönch werden wolle, dann könne er sein Wanderleben gesicherter fortführen. Doch Sena hatte abgelehnt: »Ich will nicht Mönch werden und will frei sein.« Der Drang nach persönlicher Freiheit war unbändig in ihm; hatte er doch in seiner Kindheit die Demütigungen seines Vaters und seiner Verwandtschaft durch die sogenannte höhere Gesellschaft miterleben müssen. Und eine Ordensgemeinschaft hätte er als neuen Zwang empfunden, bei all den Riten und Regeln. Auch fühlte er sich nicht berufen, dauerhaft zölibatär zu leben.

In die Heimat nach Jahren zurückgekommen, hatte er nicht geheiratet, um keine Verpflichtung für Frau und Kinder zu haben. So konnte er es sich leisten, nicht jede schmutzige Arbeit anzunehmen, notfalls fastete er tagelang. Seine Geschicklichkeit sprach sich bald herum, sodass er öfter Aufträge erhielt, die andere seiner Kaste nicht bekommen hätten.

Er war ein zutiefst spiritueller Mensch, der die Götter ehrte. Ein Vorfall hierzu sei aus seiner Wanderzeit berichtet. Eines Tages war ihm der Zutritt zu einem Shiva-Heiligtum verwehrt worden. Daraufhin schlich er sich in der Nacht zum Heiligtum; niemand schien dort zu sein. Schluchzend warf er sich vor dem Lingam auf den Boden: « Oh Shiva! Auch wenn mich die Menschen verachten – ich bin dennoch dein Kind und verehre dich«. Neben dem Heiligtum war aber ein alter Brahmane eingeschlafen, der nun durch die Worte Senas geweckt wurde. Entsetzt stellte er im Mondlicht fest, dass sich da offenbar ein Shudra dem Heiligtum genähert hatte. War nun der Lingam verunreinigt, fragte er sich, doch dann sah er, wie aus dem Lingam ein Lichtstrahl hervorbrach und das Haupt von Sena traf. Daraufhin hatte der alte Brahmane die Größe, sich vor Sena zu verneigen: « Auch in dir lebt Shiva. Ich verneige mich vor dir, auch wenn du die Gestalt eines Shudra angenommen hast.«

Es war ganz nach Senas Empfinden, dass es da spirituelle Übungswochen gab, bei denen man vieles über die verschiedenen Dharmas lernen konnte, ohne sich an eine Richtung zu binden. Noch mehr imponierte es ihn, dass alle eingeladen waren, auch die Shudras und die Kastenlosen. Unter dem Banyan-Baum gab es keine sozialen Unterschiede zwischen den Menschen.

Es stellte sich bald heraus, dass er einer von den Laien war, der die klügsten und weiterführendsten Fragen zu stellen wusste. Ein Brahmane seines Dorfes war beschämt, dass er Sena jahrelang so unterschätzt hatte. Am Ende des dritten Jahres der Übungswochen stellte Sena Fragen, die er in Erlebnisse aus seiner Wanderzeit einbettete. Diese

Fragen sollten in den kommenden Jahren für heftige und anregende Diskussionen sorgen; daher sollen hier Senas Gedanken wörtlich wiedergeben werden:

»Ich war«, sagte Sena, « einst in Muziris, einer Hafenstadt im Süden unseres geliebten Jambudvipa. Dort begegnete ich Menschen, die ein Dharma aus dem fernen Römischen Reich angenommen hatten. Sie nannten sich Christen und behaupteten, sie seien auserwählt vom Schöpfergott, einstmals ins ewige Paradies zu gelangen, da sie seinen einzigen Sohn – Jesus Christus – als ihre Zuflucht angenommen hätten. Jesus sei für seine Lehren unbedingter Liebe jenseits aller gesellschaftlichen Gepflogenheiten grausam hingerichtet worden. Sein Vater – eben jener Schöpfergott Jahve – habe die Welt erst vor etwa viertausend Jahren einmalig geschaffen und werde in absehbarer Zeit die Welt wieder vernichten. Dann würden nur die Christen und vielleicht auch noch außerordentlich gute Menschen das Ewige Leben geschenkt bekommen, alle anderen wären entweder ausgelöscht oder kämen vielleicht sogar ewig in eine Art Hölle. Jeder Mensch habe nur eine einzige Chance, nur ein einziges Leben auf Erden ...

Das alles kam mir doch etwas befremdlich vor, nach allem was ich auf meiner Wanderschaft von den bei uns üblichen Dharmas lernen konnte. Ich könnte eine solche Lehre nicht annehmen. Denn trotz der Liebe ihres Begründers schloss sie doch die meisten Menschen von einer Befreiung und Erlösung aus. Das ist schrecklich. Grade als Shudra wehre ich mich gegen jede Art von Ausgeschlossen-sein, auch wenn es mich nicht selbst betreffen würde. Auch eine Chance, im nächsten Leben etwas besser zu machen, wird wohl von vornherein im Christen-Dharma verneint.

Da stehen mir die Lehren unserer Rishis, die Lehren eines Mahâvîra, eines Buddha, eines Krishna doch deutlich näher. Für mich stellt sich aber die Frage, gibt es gemeinsame Grundlagen für alle – oder fast alle – Dharmas in unserem gesegneten Jambudvipa? Was sind aber auch die Unterschiede zwischen den einzelnen Dharmas – die ja nur Teile eines letztlich Nicht-Sagbaren sein können? Geben unsere Dharmas Hinweise auf den Sinn unseres Lebens?

Anantânanda entgegnete: « Auch ich habe die Lehre der Christen kennengelernt. Wenn sie ihre Religion der Liebe wirklich leben, wird sie segensreich sein, verhängnisvoll jedoch bei dogmatischer Enge. Die

Annahme, es gäbe nur ein Leben, könnte auch ein Kunstgriff von Jesus gewesen sein. Vielleicht bemühen sich manche Menschen dann mehr um ein anständiges und spirituelles Leben, als wenn sie wüssten, dass viele weitere Leben vor ihnen liegen könnten. Deine drei Fragen werden uns über die nächsten Jahre beschäftigen. Ich danke dir.«

Die langen Gespräche zu diesen Themen in den darauffolgenden Jahren können hier nicht im Einzelnen wiedergegeben werden. Jedoch soll nun versucht werden, wenigstens die Ergebnisse dieser Diskussionen zusammenzufassen.

GEMEINSAMKEITEN INDISCHER RELIGIONEN (DHARMAS)

Welten entstehen in periodischen Abläufen, so wie sich Tag und Nacht und die Jahreszeiten abwechseln. Auf Perioden der Entstehung und Bestand von Welten und Universen folgt nach Ablauf langer Zeiten deren Auflösung in der Weltennacht, aus der dann wieder neue Welten hervorgehen.

Der Anfang dieses periodischen, kosmischen Geschehens ist nicht zu erkennen. Es besteht unendlich. Daher verlieren sich Fragen nach einer »ersten Ursache« oder einem »endgültigen Aufhören« für menschliches Begreifen in der Unendlichkeit von Raum und Zeit, sind nicht zu beantworten. Jedoch meint die Mehrheit der Anhänger des Sanâthana-Dharma, dass eine schöpferische Kraft oder ein oberster Gott die Entstehung von Welten nach der Weltennacht auslöst.

Auch die einzelnen Wesen entstehen und vergehen in ähnlichen periodischen Abläufen. Auf Geburt und Leben folgen Tod und Wiedergeburt.

Die Art von Geburt, Leben, Tod und Wiedergeburt ist nicht zufällig. Sie folgt einer Gesetzmäßigkeit, die auf dem Prinzip des Erhalts ethischer Werte beruht. Diese Gesetzmäßigkeit wird Karma genannt. Wesen entstehen, leben und vergehen aufgrund vergangener Taten, Gedanken und Empfindungen. Dabei ist die häufigste Ansicht nicht die, dass ein Gott uns straft, oder Belohnungen für vergangene Leben zuteilt, sondern dass durch vergangene Taten und Gedanken karmische Bildekräfte (Samskâras) entstehen. Diese können als erlernte Reaktionsweisen sowohl im jetzigen Leben als auch in einer zukünftigen Existenz zur Verwirklichung drängen. Daraus entwickelt sich eine entsprechende Umgebung und Schicksal. In jedem Augenblick des gegenwärtigen Lebens lässt sich daher durch Veränderung des Denkens, Empfindens und Verhaltens die Zukunft beeinflussen. Und zwar sowohl für uns selbst wie auch für die Welt als Ganzes – die wir ja durch unsere Handlungen mit gestalten. Alles was wir empfinden, denken und tun ist daher nicht vergeblich oder unerheblich, sondern zukunftsweisend auch wenn ein unmittelbarer »Erfolg« oder eine negative Tendenz nicht immer gleich sichtbar werden.

Alles Leben – und damit auch die Menschen – haben ein gemeinsames Schicksal. Dieses Schicksal besteht aus Leben Tod, Wiedergeburt, Freuden und Leiden. Dabei beinhaltet das Wort »Leiden« (Duhkha) so viel wie »Begrenzt-sein« als auch »Mühsal«. Das gewöhnliche individuelle Leben in seiner Begrenztheit ist in gewisser Weise auf Dauer und in ewiger Wiederholung durch Wiedergeburten letztlich ungenügend. Erst wenn wir unserem individuellen Leben einen übergeordneten Sinn zu geben vermögen, wird es langfristig befriedigender sein. Es ist realistisch, vom Leben nicht unbegrenztes Glück zu erwarten. Das Aufgeben unrealistischer, überzogener und unstillbarer Wünsche an das Leben und die Einsicht in die Begrenztheit in unserer Welt der Relativität kann die Basis für eine neue realistischere Zufriedenheit schaffen. Und vielleicht kann daraus ein Gefühl der Solidarität mit allem Leben erwachsen, aus dem Liebe und Mitgefühl entstehen.

Viele Darshanas (keinesfalls alle) sehen die gemeinsame Basis allen Seins in einem göttlichen Urgrund, dem sie entsprungen ist und entwickeln daraus eine Empfindung der Verbundenheit mit allem Sein.

Neben diesen letztlich als unvollkommen empfundenen Gegebenheiten des Lebens individueller Existenz gibt es jedoch mehr – Befreiung (Moksha) und Erleuchtung (Bodhi) hin zu einem Zustand des Nicht-mehr-gebunden-seins (Kaivalya) an die Welt der Begrenzungen. Es ist die Freiheit von Gier, Hass und Illusionen, es ist der Vorstoß in den Bereich des Todlosen, Nicht-ich-bezogenen, Nicht-begrenzten, Zeitlosen, Unermesslichen. Moksha ist mit Worten nicht zu beschreiben, jedoch erfahrbar und die höchste Stufe des Lebens.

Das höchste Ziel transzendenter Erfahrung – Befreiung und Erleuchtung – erscheint für den Nicht-befreiten je nach Ausgangspunkt verschieden. Und auch die spirituellen Wege zu diesem Ziel sind daher unterschiedlich.

Es könnte hilfreich sein, zwischen zwei Arten von Wahrheit zu unterscheiden, der relativen Wahrheit, die in der Welt der Erscheinungen Gültigkeit hat (samvriti satya) und der höheren Wahrheit (paramârtha satya), die nicht in Worten ausgedrückt werden kann. (Dabei sollte man sich bewusst bleiben, dass ein Begriff, wie »höhere Wahrheit«, letztlich auch dem Bereich der »relativen Wahrheit« zuzuordnen ist).

Aus einer solchen Haltung heraus erwächst Toleranz gegenüber dem Glauben und der Praxis anderer. Auch wenn man die eigene Auffassung für die richtigste ansieht, so bleibt man sich bewusst, dass jede sprachliche Aussage über die tiefste Natur aller Dinge und allen Geschehens unvollkommen bleiben muss. Der Finger, der auf den Mond weist, ist eben nicht der Mond selbst. Es wäre daher begrüßenswert, auch von den Lehren der Anderen zu hören. Vielleicht ergänzt sich dadurch sogar die eigene Sichtweise (Drishti), ohne dass die eigene Anschauung aufgegeben werden müsste. Um beim Bild des Mondes und des Fingers zu bleiben, möglicherweise sehen wir den Mond etwas umfassender, wenn ein anderer Finger uns auf eine bisher nicht gesehene Stelle des Mondes aufmerksam macht.

Erleuchtung und Befreiung ist erfahrbar, wenn auch nicht in Worten auszudrücken. Es gibt viele Wege zu diesem Ziel; viele sind in den Methoden des Yoga enthalten. »Yoga« kann verstanden werden als die Gesamtheit aller Methoden, die zu Erleuchtung und Befreiung führen wollen. Eine Fülle solcher Methoden findet sich in allen Dharmas von Jambudvipa.

Aus dem Wissen um das gemeinsame Schicksal allen Lebens (und/oder aus dem Glauben an einen gemeinsamen göttlichen Urgrund) ergibt es sich, dass erleuchtete Menschen zur Befreiung aller Wesen beitragen – ohne von den Ergebnissen ihres Wirkens abhängig zu sein. Denn solche Menschen sind frei von ich-bezogenen Wünschen und Wollen.

Auf der Ebene von in der Welt stehenden Menschen wäre es hilfreich, wenn sie ihre Erfahrungen und Erkenntnisse im Sinne eines Dienstes am Weltganzen einbringen.

Niemand wird glücklich durch dauernde Befriedigung von ins Unendliche wachsenden Wünschen. Freiheit und Zufriedenheit entsteht durch Wunschreduzierung bzw. (im Falle von Nonnen und Mönchen) weitgehende Wunschlosigkeit. Für den in der Welt lebenden Menschen ist es nicht falsch, Dinge zu benutzen und sich einen bescheidenen Luxus zu gönnen. Doch wäre es gut, davon nicht abhängig zu sein und Reichtum mit weniger Begüterten zu teilen.

ÜBER EINIGE UNTERSCHIEDE IN INDISCHEN RELIGIONEN (DHARMAS):

Bei aller Gemeinsamkeit von Grundanschauungen und bei allem gemeinsamen Üben wurden im Laufe der Jahre auch die Unterschiede der einzelnen Dharmas deutlich. Das führte jedoch nicht dazu, dass man sich um die »Wahrheit« stritt, sondern alle empfanden es inspirierend, Dinge auch von anderer Warte sehen zu lernen.

Hilfreich in diesem Prozess des gemeinsamen Verstehens war die »Theorie der Relativität« der Jainas, deren Mönche und Nonnen darlegten – jegliche Aussage ist eingebettet in unendlich viele Zusammenhänge, die wir nie alle erfassen können. Daher ist jede Aussage und jede »Wahrheit« nur in einem engen Kontext als relativ (syâd) »wahr« anzusehen.

Daraus folgt ein System der Logik, das sich nicht einengt auf »ja« und »nein« (wie unsere binär funktionierenden Computer). Es kennt sieben Möglichkeiten, eine Wahrnehmung, ein Geschehen oder eine Aussage zu bewerten. – Doch selbst bei jeder der sieben Bewertungsformen müsse korrekterweise »syâd« hinzugefügt werden – »in gewisser Weise ...« Die sieben Arten »eingeschränkter Bewertung« sind am Beispiel des Verhältnisses einer Aussage A zu einer Aussage B:

In gewisser Weise (syât):
A ist B
A ist nicht B
A ist B und auch wieder nicht B
A ist nicht beschreibbar
A ist B und auch nicht beschreibbar
A ist nicht B und auch nicht beschreibbar
A ist B und auch nicht B und auch nicht beschreibbar

Es versteht sich, dass ein solches logisches System einer großherzigen Toleranz Tür und Tor öffnet, trotzdem eine subjektive (begrenzt wahre) Beurteilung zulässt, ohne dabei in Beliebigkeit oder gar Gleichgültigkeit zu verfallen. Diese Lehre von der Begrenztheit jeglicher Aussage (syât-vâda) ist das geistige Gegenstück und Ergänzung zum Ideal der Gewaltlosigkeit, zu dem sich jeder Jaina in besonderer Weise verpflichtet fühlt.

Im jenem Geist einer engagierten, liebevollen, den anderen achtenden Toleranz wurden die (»in gewisser Weise bestehenden«) Unterschiede der indischen Religionen den Teilnehmern der Gespräche beim Banyan-Baum deutlich. Einiges davon soll hier zusammengefasst werden.

Der Sanâtana-Dharma (= »ewige Religion«) vereint jene indischen Religionen unter einem Dach, die in der einen oder anderen Weise an die heilige Überlieferung der Veden glauben. (Diese Religionen bezeichnet man heute in ihrer Gesamtheit als »Hinduismus«). Das Ausmaß der Verehrung reicht dabei von dem Glauben, sie seien eine grundlegende, uralte verehrungswürdige Tradition der heiligen Seher (Rishis) der Vorzeit bis zu der Überzeugung, sie seien direkt aus dem Göttlichen hervorgegangen, seien die Offenbarung Brahmans, des Urgrundes. Im letzteren Falle wird allerdings davon ausgegangen, dass die in sprachlicher Form überlieferten Veden beschränkt sind von einer zeitbedingten Ausdrucksform (die allerdings als heilig anzusehen ist). Dahinter aber stehen die ewigen Veden, ja Brahman selbst in seiner sich offenbarenden Form. Die höchste Stufe, das Ende der Veden, bilden die Upanischaden.

Die Bauddhas und die Jainas lehnen die unbedingte Autorität der Veden und ihren göttlichen Ursprung ab. Sie sind daher die beiden großen indischen Religionen, die außerhalb des Sanâtana Dharma stehen. Dennoch achten indische Bauddhas und Jainas die vedische Tradition, auch wenn sie in manchem im Gegensatz zu den eigenen Lehren steht.

Der Sanâthana -Dharma hat vier Hauptrichtungen, die sich beim Gläubigen allerdings in der Praxis meistens mischen. Es sind die upanischadisch-vedische Tradition, die Religionen der liebenden Hingabe an einen persönlichen Gott, die Yogawege vertiefter Meditation und das Handeln in der Welt – dabei zum Welterhalt beitragend, ohne von den Ergebnissen des Handelns abhängig zu sein.

Upanischadische Tradition: Welten und Wesen entspringen in jeder Weltperiode dem Urgrund, dem Brahman. Die Welten und Wesen sind wie durch einen Zauber (mâyâ) aus dem Urgrund hervorgegangen, sind aber in Wahrheit ein Teil des Brahman, der sich in Einzelseelen (âtman) manifestiert. Die Einzelseele wird entweder als letztlich völlig identisch, oder doch wenigstens wesensgleich (wenn auch begrenzt) mit Brahman verstanden. Einige upanischadische Traditionen sehen auch die Materie (Prakriti) als eine Eigenschaft und Teil des Brahman; sie ist in diesem

Fall nicht nur ein Zaubertrug. – In der vedischen Tradition spielen Meditationen über das göttliche Licht – z. B. verbunden mit dem Gayatrî-Mantra – sowie das Mantra OM eine entscheidende Rolle in der Praxis.

Liebende Hingabe an einen persönlichen Gott: Ein persönlicher Gott oder Göttin wird vom Gläubigen als höchste Form des Göttlichen erlebt. Mit Mantras der Göttin oder des Gottes sowie durch Andacht und Gesang nähert man sich liebend der Gottheit, überwindet seine Ichbezogenheit, stellt sich in den Dienst des Gottes. Aber auch Alltagsnöte werden dem persönlichen Gott vorgetragen und seine Hilfe angerufen. Daneben können jedoch auch andere Götter und eventuell erleuchtete Yogis angerufen werden; sie sind zwar der persönlichen Gottheit untergeordnet, aber hilfreich in bestimmten Lebenssituationen. So wurde zum Beispiel berichtet, wie Ganesha am Anfang der Ausbildung von Anuvasha angerufen wurde. Und in der Biografie von Anantânanda erfuhr der Leser, wie liebende Hingabe an eine Gottheit und upanischadische Tradition ineinander übergingen.

Die Bhakti-Religionen gehen davon aus, dass ein persönlicher Gott die Welt geschaffen und die Wesen ins Dasein gerufen hat.[1]

Vertiefte Yogawege: Die vertieften Yogawege finden ihre Darstellung insbesondere in dem Yoga – Sûtra des Patanjali (PYS). Hier wird versucht, in der knappen Form von Aphorismen die wesentlichsten Yogawege und -Praktiken fast aller indischen Traditionen darzustellen. Philosophisch basiert das Patanjala-Yoga-Sûtra teilweise auf der Samkhya-Philosophie. Diese beruht auf der Annahme einer Dualität von Materie einerseits und einer unendlichen Anzahl von Einzelseelen (purushas) andererseits. Die Purushas sind unvergänglich und unwandelbar, verstricken sich aber in den Banden der Materie durch Karma – selbst wenn nach einer Weltennacht ein neues Weltall entsteht,« begleitet« altes Karma die Purushas. Die Entfaltung der Materie (prakriti) aus einer Urmaterie wird im Samkhya ausführlich beschrieben.

Als praktische Konsequenz daraus versucht das PYS Wege aufzuzeigen, wie mit Hilfe verschiedenster Yogawege sich die Purushas aus den Banden der Materie befreien können, um in einen Zustand der Loslösung (Kaivalya) zu gelangen. Notwendig ist nach Patanjali ein zur Ruhe-kommen der gewöhnlichen Geistestätigkeit, sodass im Spiegel eines stillgewordenen Geistes (citta) der Purusha sich selbst erkennen kann. Ein Schöpfergott findet sich in diesem System nicht. Der Samkhya findet sogar philosophische Argumente gegen die Annahme eines Schöpfergottes. Das PYS geht nicht ganz so weit wie der klassische Samkhya. Das PYS meint, es gibt einen einzigen Purusha, der nie in den Banden der Materie verstrickt gewesen ist. Er ist der höchste Herr, Îshvara, und dient allen als Vorbild auf dem spirituellen Weg zur Freiheit. Aber auch er hat die Welt nicht erschaffen; diese entsteht und vergeht nach ewigen Gesetzmäßigkeiten.

Wenn auch der befreite Yogi in den Zustand der Ablösung, des Kaivalya, gelangt, so ist seine Präsenz in der verbleibenden Zeit in seiner letzten irdischen Existenz von großer Bedeutung. Sich dauernd in dem Zustand des Dharma-megha-Samadhis befindend, sendet er Segen in die Welt, wie eine Regenwolke im Monsun nach langer Trockenheit.

Der Karma – Yoga findet sich bereits in den Upanischaden, hat aber seinen klarste Ausprägung in den Bhakti-Religionen, wie etwa in der Bhagavad Gîtâ, gefunden. Es geht dabei um ein Handeln in der Welt, zum Welterhalt (loka-samgraha) beitragend, ohne sich an die Ergebnisse des Handelns zu binden, innerlich freibleibend von Erfolg oder Misserfolg. Die Bhakti-Religionen verstehen ein solches Handeln als einen Dienst an der Gottheit, ein Handeln jenseits des Ichs und persönlichen Wollens. Während Ichbezogenes Handeln an die Welt bindet, entsteht hier kein neues Karma oder Samskâras. Ein solches Wirken verbindet die Welt mit den Wegen des Yoga; spirituelles Leben ist mit einem Leben in der Welt der Erscheinungen vereinbar. Diese uns so unvollkommen erscheinende Welt wird hier als Erscheinungsform der liebenden Gottheit begriffen.

Viele Anhänger des Sanâthana-Dharma glauben an die Bedeutung der Kasten. Denn die Geburt innerhalb einer Kaste lege in gewisser Weise fest, welche Aufgabe ein Mensch in der Welt habe. Ein Austritt aus der Kaste sei eigentlich nur möglich durch den Übertritt in einen anderen Dharma oder durch Eintritt in den Stand einer Nonne oder eines Mönches.[2] Jainas und Bauddhas sehen hingegen keine Bedeutung in einer Kastenzugehörigkeit.

Auch die Jainas glauben – ähnlich wie im Samkhya und Yoga – an den Gegensatz von Materie (Prakriti) und der unendlichen Zahl von Einzelseelen (Jihvas), die karmisch in der Materie verstrickt sind und sich aus dieser Verstrickung befreien sollten und können. Ihre Vorbilder sind die Tîrthankaras – Meister der Vergangenheit, die zeigten, dass der Weg zur

Freiheit der Seele möglich ist. Der letzte von ihnen war Mahâvîra, der etwa 800 Jahre vor den Gesprächen unter dem Banyan-Baum lebte und ein Zeitgenosse des Buddhas war. Jainas haben Mitgefühl und Respekt vor jedem Leben, denn in jedem Lebewesen ist eine Seele enthalten. Frei macht man sich von den Verstrickungen in der Materie durch Bedürf- nislosigkeit, Askese, Meditation und vor allem durch Gewaltlosigkeit in jeder Form. Manche Jaina-Mönche (Munis) gehen sogar soweit, jeg- liche Kleidung abzulegen um ein Leben äußerster Bedürfnislosigkeit zu führen. Auch extrem langes Fasten ist hier eine wichtige Praxis, neben Hingabe an die Tîrthankaras und Meditation. – Auch für die Jainas ist die Annahme eines Schöpfergottes unrealistisch.

Wie die Anhänger des Samkhya und die Jainas glauben auch die Bauddhas nicht an die Existenz eines Schöpfergottes. Aber es gibt hö- here Wesen. Diese seinen einerseits die Götter, die lange, jedoch nicht ewig leben, und andererseits große Wesen der Erleuchtung. Letztere haben sich über viele Weltperioden spirituell entwickelt, sodass sie an- deren hilfreich zur Seite stehen können. Sie sind über das Persönliche hinausgewachsen, sind sozusagen Kräfte des Lichts, Bodhisattvas – Er- leuchtungswesen. Über allen Menschen und Göttern aber stehen die großen Weltenlehrer, die Buddhas der Vergangenheit, Gegenwart und Zukunft. Sie zeigen mit ihren den jeweiligen Verhältnissen angepassten Lehren die Wege zur Erleuchtung auf.

Eine Lehre unterscheidet den Bauddha-Dharma deutlich von den anderen indischen Religionen. Die Annahme einer unveränderlichen, ewigen Seele wird verneint. Gerade weil die Wesen in ständiger Ver- änderung begriffen sind, können sie Erleuchtung und Nirvâna errei- chen. Einer unveränderlichen Seele – die ja auch nichts Neues begreifen könnte – wäre das nicht möglich. – Der Buddha lehrte somit die Dyna- mik des Seins als Voraussetzung für Erleuchtung. Der höchste Zustand der Erleuchtung und das Eingehen ins Nirvâna werden bewusst nicht näher geschildert, da es das »Ganz-andere« im Vergleich zu gewöhn- licher Existenz und damit nicht beschreibbar ist.

Einige Richtungen des Buddhismus, die einige Zeit vor den Gesprächen unter dem Banyan-Baum entstanden waren, beschreiben die hinter- gründige Natur allen Seins mit Shûnyatâ, Leerheit oder Tathatâ. So-heit. Diese hintergründige Natur sollte jedoch nicht verstanden werden als eine »erste Ursache« für die Entstehung der Welten und Wesen im anfanglosen Kreislauf des Samsâra. – Einige Aspekte des Bauddha-Dharmas wurden bereits in der Lebensgeschichte des Maitrenanda etwas beschrieben. Daher soll an dieser Stelle lediglich auf den Unterschied zu anderen indischen Dharmas hingewiesen werden.

GOTT, DIE GÖTTER, DER URGRUND UND DAS NICHT-SAGBARE

Wie bereits dargestellt, gehen nicht alle indischen Religionen von der Annahme eines Schöpfergottes aus, während für manche diese Idee von großer Bedeutung ist. Und so entwickelten sich bei den Gesprächen unter dem Banyan-Baum lebhafte Diskussionen zu dieser Frage. Auch davon soll hier zusammenfassend berichtet werden.

Alle stimmten darin überein, dass möglicherweise dem Menschen nicht sichtbare Wesen existieren – Götter (Devas), kriegerische Götter (Asuras), Bewohner von Himmels-, Geisterund Höllenwelten. Ferner gibt es noch das Tierreich. Sie alle sind nach den Gesetzen der Auswirkung früheren Karmas in diese Welten hineingeboren worden. Doch alle sind sterblich, würden einstmals in anderen Bereichen, wie die der Menschen, wiedergeboren werden.

Doch einige Anhänger des Sanâthana-Dharma vertraten die Ansicht, dass zumindest die höchsten Götter unsterblich sind, auch wenn sich ihre Namen im Laufe der Zeiten wandelten. Denn sie sind unmittelbare Erscheinungsformen des namen- und eigenschaftslosen Urgrundes. Wenn fast alle Wesen lediglich unbewusst Teil des Urgrundes sind, würden die höchsten Götter sich dieser Verbindung unmittelbar bewusst sein. Und so ist der Urgrund (Brahman; – für die Anhänger anderer Götter jeweils diese) sowohl immanent in der Welt der Erscheinungen und zugleich transzendent, jenseits des Samsâra.

Über die Frage eines Gottes, der die Welten und Wesen ins Dasein ruft, wurde erwartungsgemäß keine Einigkeit erzielt. Bauddhas, Jainas und die Anhänger des Samkhya sowie des Patanjala Yoga Sûtras vertraten die Ansicht, dass die universellen Gesetzmäßigkeiten, wie zum Beispiel Karma und Wiedergeburt, hinreichend für die Entstehung von Welten und Universen ist. Es bedarf nicht des Anstoßes durch einen Gott. Es ist sinnlos, einem anfanglosen, ewigen Geschehen eine »erste Ursache« zugrunde zu legen.

Nachdem die Diskussionen lange hin- und hergegangen waren, sagte Maitrenanda:

»Etwas Anfangsloses – wie das Entstehen und Vergehen der Welten – ist dem menschlichen Begreifen nicht zugänglich. In der Erfahrung von Erleuchtung und Befreiung erleben wir hingegen, wie diese Frage sich auflöst, sie letztlich unsinnig ist. Denn das Geheimnis des Unendlichen, Nicht-Sagbaren liegt jenseits von Schöpfung und Auflösung, jenseits von Raum und Zeit. Dieses Geheimnis versuchen wir Bauddhas anzudeuten mit dem Worten »Shûnyatâ«, Leerheit und »Tathatâ«, So-heit.«

Die Worte waren mit der Autorität eines Menschen gesprochen, der erlebt hatte, was er zu vermitteln suchte. Anantânanda erwiderte: »Wunderbar, wie du es sagst. Ich als Anhänger des Sanâthana-Dharma hätte es nicht besser ausdrücken können. Weise war es vom erhabenen Buddha, das höchste Geheimnis nicht mit Worten zu benennen, sondern es mit in scheinbar negativen Begriffen, wie »ungeboren, ungeschaffen, ungestaltet«, anzudeuten. Auf der Ebene der *Erfahrung* des Unendlichen, Grenzenlosen, Unermesslichen, Zeitlosen möchte ich deinen Worten lediglich hinzufügen: Wir erleben dabei Sein, Bewusstsein und Glückseligkeit (sat – cit – ânanda) in seiner reinsten und höchsten Form.«

Auch Anantânanda hatte aus der Tiefe der eigenen Erfahrung gesprochen, hatte deutlich gemacht, was jenseits aller Worte und Theorien liegt – das direkte Erleben. Beide Meister setzten sich nebeneinander, gelangten in den Zustand des Samâdhi. Bei den Anwesenden verstummten die Worte. Inspiriert durch die Kraft, die von Sâdhu, Bhikshu und den Jaina-Munis ausging, gelangten viele in ein Schweigen des Denkens, in ein Fühlen unendlicher Liebe, zu einer ersten Ahnung vom Geheimnis des Unermesslichen. Und dieses Geheimnis lebte in ihnen selbst. Und wie der Duft eines Räucherstäbchens einen Raum durchdringt, erfüllte dieses Nicht-Sagbare hintergründig und zart den Umkreis des Banyan-Baumes und die Welt.

ÜBER DIE GESTALTUNG DES LEBENS

Über Jahre waren die Menschen unter dem Banyan-Baum zum gemeinsamen Üben zusammengekommen. Sie waren auf der Suche nach Sinn und Tiefe in ihrem Leben. Sie ersehnten sich ein Leben, das über bloße tägliche ermüdende Routine, bestehend aus Arbeit, Erschöpfung, begrenzten Freuden, Sorgen und Konflikte, hinausging.

Selbst einige Mönche und Nonnen empfanden ihr Dasein als ermüdende Routine, geprägt von der Pflicht zu meditieren ohne davon immer inspiriert zu sein, und geplagt von Sorgen, ob sie genügend Essen bei ihren Bettelgängen und Schutz vor Unwettern erhielten.

Die meisten Laienteilnehmer respektierten die Traditionen ihres jeweiligen Dharma, ihrer Kaste und ihrer Familien. Doch war es vielleicht manchmal erforderlich, die dadurch verursachten Grenzen zu überschreiten? Der Austausch mit Menschen jenseits der eigenen Kaste, jenseits der eigenen Dharma, hatte sie zu Suchenden gemacht, die begannen, ihre Traditionen im Licht neuer Erfahrungen zu erweitern. Und so wurde manches aus der Tradition anderer zum Bestandteil der eigenen Praxis und Anschauung.

Einige Anhänger des Sanâthana-Dharma übten Meditation nach den Traditionen der Bauddhas.

Jainas milderten etwas ihre strenge Askese. Sie fanden, die wahre Askese des NichtAnhaftens beginne im Geist und nicht nur allein im äußeren Verhalten.

Die Bauddhas begannen, die Götter wieder mehr zu verehren. Die Götter schienen zwar nicht für den eigenen spirituellen Weg zu Erleuchtung und Befreiung zuständig zu sein (nach Auffassung der Bauddhas), aber sie mochten einen hilfreichen Einfluss ausüben, wenn man sie verehrte und um Segen und Hilfe in den Problemen und Gefahren des Lebens bat.

Und alle wurden inspiriert durch die Haltung der Gewaltlosigkeit und Ehrfurcht gegenüber allen Lebewesen, die von den Jaina-Mönchen und Nonnen ausging. Jene, die noch Fleisch und Fisch gegessen hatten, wurden zu Vegetariern. Lediglich einige aßen weiterhin beides, wenn es ihnen von Gastgebern angeboten wurde. (Dies legte auch eine Regel den Bhikshus bei ihren Bettelgängen nahe; Gastgeber sollten nicht unnötig verletzt werden).

Als unter dem Banyan-Baum wieder einmal die Frage nach einer sinnerfüllten Lebensführung aufkam, meldete sich ein Brahmane zu Wort. Es war der Brahmane, der Jahre zuvor den Shudra Sena gering geschätzt hatte, inzwischen aber oft mit ihm in fruchtbare Zwiegespräche eintrat. Für Anhänger einer brahmanischen Orthodoxie gingen seine Ausführungen ziemlich weit.

Die Rede des Brahmanen Sâla

»Leben ist Pflichterfüllung. Nicht umsonst sind wir aufgrund alten Karmas in bestimmte Lebenssituationen und Kasten hineingeboren worden. Diese Ausgangssituation im Leben ergibt in manchem den Sva-Dharma, die eigene Pflicht. Daneben aber gibt es noch einen anderen und oft tieferen Sva-Dharma – dem Ruf des eigenen Herzens und Geistes zu folgen. So mag in bestimmten Fällen sogar eine Heirat außerhalb der eigenen Kaste dem tieferen Sva-Dharma entsprechen. (Hier stieß er auf teilweises Unverständnis bei seinen eigenen Kastenbrüdern und -schwestern.) Auch der Gang in die Hauslosigkeit, um Mönch oder Nonne zu werden, mag einem solchen tieferen SvaDharma entsprechen. Und im Verlauf des Lebens mit seinen vielfältigen Erfahrungen verändert sich vielleicht wieder unser Sva-Dharma bis zu einem gewissen Grade.

Wer jedoch nicht den Weg eines Mönches oder einer Nonne beschreitet, hat im allgemeinen vier Lebensziele vor sich, die alle erstrebenswert sind und sich gegenseitig ergänzen. Ich glaube, diese vier Lebensziele sind nicht nur eine Leitlinie für uns Anhänger des Sanâthana-Dharma, sondern für alle Menschen, so auch für unsere Brüder und Schwestern der Jaina- und Bauddha-Traditionen.

Das erste und grundlegende Ziel ist Dharma. Es ist nicht nur das Vertrautsein mit der eigenen Religion und Tradition, einschließlich der Sitten und Umgangsformen der Gesellschaft oder Kaste. Es ist ein Leben, das in zunehmender Verantwortlichkeit geführt wird und insbesondere sittliches Verhalten einschließt, aber auch Andacht und Meditation. Schon unseren kleinen Kindern sollten wir durch unser Beispiel den Dharma schrittweise näher bringen. So erinnere ich mich noch mit Dankbarkeit und Ergriffenheit an die feierlichen Morgenpûjâs mit Mutter und Vater im Alter von 3 Jahren. Es hat mein Leben geprägt. Der

Dharma sollte in allen Wechselfällen des Lebens in unseren Herzen sein und die Richtschnur unseres Handelns bilden. So werden wir in allen Lebenssituationen Trost und Stärkung erfahren und mit unserem Gewissen im Reinen sein.

Das zweite Ziel hat seine Grundlage in einer Ausbildung, die uns ein hinreichendes Einkommen sichert – Artha. Jede gute Ausbildung führt zu einer Kunst in dem gelernten Beruf. »Artha« bedeutet aber auch Reichtum, der sich eben aus einem solchen sorgfältig ausgeübten Beruf ergibt.

Übrigens sollten auch Mönche und Nonnen »Artha« im Sinne einer Kunstfertigkeit erwerben – die Kunst der Meditation und die Kunst, tiefere Aspekte des Dharma entsprechend dem Verständnis anderer zu vermitteln. Das Entwickeln von solchen »hilfreichen Mitteln« (upâya) halte ich für wichtig. Was für ein Verlust für die Welt wäre es, wenn die Erkenntnisse der Yogis, Mönche und Nonnen der Welt verlorengingen! Daher bin ich auch glücklich, dass in unseren gemeinsamen Übungswochen unsere Erfahrungen erweitert werden. Ich selbst habe das Empfinden, dass ich mich – Brahmane bleibend – doch sehr in den letzten Jahren verändert und damit an »Artha« hinzugewonnen habe. Bedenkt immer, dass Lernen lebenslang erforderlich ist, auf allen Gebieten.

Doch bei aller Pflichterfüllung und Mühen im Leben darf auch die Freude nicht zu kurz kommen. Kâma ist das dritte der Lebensziele eines Menschen (wenn er nicht Mönch oder Nonne ist) – die Leidenschaft, der Genuss. Neben der Sexualität und Erotik zählen im erweiterten Sinne hier auch die Freude am Essen, an Kust und Musik mit hinzu. Nachdem berufliche Fähigkeiten erworben wurden, kann eine Familie gegründet werden, sodass man sich am Reichtum, der Sexualität und den Kindern erfreut. Allerdings sollte man sich nicht übermäßig an Reichtum und Leidenschaft verlieren. Sonst wird man in seiner Gier wie ein vom Alkohol Abhängiger, der immer mehr trinken will.

Das letzte Ziel gegen Ende eines gelungenen Lebens ist Moksha, die Befreiung in mehr oder minder großem Maß. Es ist das Loslassen der Verhaftung an die Welt der Erscheinungen und an das verflossene Leben, es ist das Zugehen auf das Unendliche oder wenigstens auf eine glückverheißende Reinkarnation.

Ziel des Lebens ist nicht, dauernd »glücklich« zu sein, sondern in Übereinstimmung mit sich selbst und seinen Idealen und Überzeugungen zu leben. Aus einer solchen Lebensweise entwickeln sich Zufriedenheit und Gelassenheit, die auch die Stürme des Lebens weitgehend überstehen.

Die vier Lebensziele entsprechen teilweise auch den üblichen Lebensphasen (varnâshramas). In der Jugend erlernen wir die Grundlagen des Dharma, lernen Beruf und weitere Fähigkeiten. In der mittleren Phase des Lebens heiraten wir dann meistens und genießen soweit möglich die Freuden der Liebe und des Reichtums. Immer wieder müssen wir uns in dieser Phase des Lebens klarmachen, dass uns nicht alles gelingen wird und wir manche Enttäuschungen, Trauer und Verwundungen bewältigen müssen. Möge uns dies im Geist des Dharma gelingen!

In einem dritten Stadium – etwa wenn die Enkelkinder das Licht des Daseins erblicken beginnen wir, uns langsam aus der Welt der Erscheinungen zurückzuziehen. Idealerweise gehen Mann und Frau gemeinsam diesen Weg. Aufgrund der im Leben gewonnenen Erfahrungen können wir nun beratend tätig sein, ohne übermäßig in die Angelegenheiten der Welt hineingezogen zu werden. Man muss dazu nicht unbedingt in eine Waldhütte übersiedeln, wie einige meinen. Auch im Rahmen einer Großfamilie ist ein solcher innerer Rückzug möglich, erfordert jedoch ein gewisses Maß an Abgrenzungsfähigkeit.

Im vierten und letzten Lebensabschnitt ist es erforderlich, sich von dem nunmehr fast vergangenen Leben allmählich abzulösen, um entweder dem Unendlichen oder einer glückverheißenden Reinkarnation entgegenzugehen.«

»Wohl hast du gesprochen«, sagte Anântananda. »Für die Ausrichtung des Lebens der meisten Menschen. Es gibt aber einige, die den Ruf des Unermesslichen schon in jungen Jahren erfahren haben. Sie führen dann ein Leben, das stärker der Meditation und dem Gebet gewidmet ist, als es sonst üblich ist, oder sie verstehen alle ihre Handlungen als Dienst am Leben oder der Gottheit, hängen nicht an den Früchten ihres Tuns. Viele von Euch Laienanhängern, die ihr hier versammelt seid, führen ein solches Leben.

In seltenen Fällen ist der Ruf des Unendlichen aber so übermächtig, dass Menschen schon in jungen Jahren Mönch oder Nonne werden. Mir ist es so geschehen; ich konnte mich dem nicht entziehen.

Übrigens sollte man nie allein wegen einer Enttäuschung im Leben Nonne oder Mönch werden. Es muss eine Sehnsucht und Ahnung von einem Göttlichen oder Unendlichen hinzukommen.«

Nun ergänzte Maitrenanda: »Und doch entstand mein Wunsch, mich aus der Welt zurückzuziehen zunächst aus einer tiefen Verletzung – meine Frau und mein Kind waren ermordet worden. Ich hatte zunächst nicht vor, Mönch zu werden, wollte aber von der Welt nichts mehr wissen. Ich war drauf und dran, ein verbitterter, böser, zynischer Mensch zu werden. Aber dann vernahm mein blutendes Herz den Ruf des Unendlichen – zunächst durch einen namenlosen Sâdhu, dann sogar durch meinen ärgsten Feind, schließlich durch die Liebe meiner Gurus. Und so wurde ich jener Bhikshu, der sein geheiltes Herz allem Leben zuwenden kann.«

Die kurze Rede des Shudra Sena

Schließlich meldete sich Sena zu Wort: »Ich habe das Empfinden, dass ein Sinn im Leben gefunden werden kann, wenn man sich mit einer Aufgabe zutiefst identifiziert. Im einfachsten Fall mag dies der Erwerb eines Ackers sein.

Doch ein solches Ziel ist vergänglich, befriedigt nicht auf Dauer. Die Aufgabe muss größer sein, mit dem ureigenen Sva-dharma in Verbindung stehen – jenem tiefsten Sva-Dharma, der nach Sâlas Worten im eigenen Herzen beschlossen liegt. Ich selbst habe mir die Aufgabe gestellt, freundlich und liebevoll mit allen Menschen umzugehen, auch wenn sie mich immer wieder als Shudra beschimpfen und verachten. Ich lasse mich nicht mehr zum Shudra im Verhalten machen, indem ich dem Zorn und der Verzweiflung in meinem Herzen Raum gäbe! – In meinen Worten und Taten will ich edel wie ein wahrer Brahmane handeln. Und so überwinde ich für mich selbst allmählich den vermeintlichen Makel meiner Geburt. Der Schmerz darüber hat mich in meiner Jugend durch halb Jambudvipa getrieben. Mit meinem Leben möchte ich dazu beitragen, dass wir Shudras so geachtet werden, wie Menschen aller anderen Kasten.«[3]

Alle waren betroffen über die Rede des Sena. Viele schämten sich, wie sie Angehörige niederer Kasten behandelt hatten. Doch Sena ließ es nicht mit seiner Rede bewenden, sondern stellte darauf aufbauend eine kurze und doch entscheidende Frage, die alle ihr Leben lang beschäftigen sollte.

»Welchen Sinn, welche sinnerfüllende Aufgabe, könnt ihr euch für euer Leben geben?«

EPILOG

Mehr als 30 Jahre hatten Anantânanda und Maitrenanda zur spirituellen Entwicklung in den Sahyadri-Bergen beigetragen. Vieles hatte sich verändert. Die drei BauddhaSanghas in den Felsenklöstern pflegten wieder Umgang und Austausch miteinander. Die Anzahl der die Laienanhänger lehrenden und helfenden Sâdhus und Bhikshus war gestiegen. Die Gemeinschaften der verschiedenen Dharmas lebten in lebendigem Austausch. Es war friedlicher geworden in den Familien und zwischen den Kasten, nicht zuletzt wohl auch durch den Einfluss der Jaina-Mönche und -Nonnen. Die Götter wurden verehrt und geachtet. Und die letzten Jahre hatten reichliche Ernte gebracht, die zu einem gewissen Wohlstand aller führte.

Die gemeinsamen Übungswochen wurden allmählich von anderen geleitet. Maitrenanda und Anantânanda segneten die Zusammenkünfte vorwiegend wortlos durch ihre Meditation. Immer seltener waren die Beiden in der Gemeinschaft von Menschen zu sehen. Stets waren sie zusammen, wenn man ihnen begegnete. Sie deuteten an, dass ihre äußere Aufgabe in der Welt erfüllt sei. Sie würden sich allmählich zurückziehen, aber weiter im Verborgenen wirken. Schließlich sah man sie nicht mehr.

Aber den direkten Schülern erschienen die beiden Meister immer wieder im Traum – Trost, Ermunterung, Ansporn spendend. Wir wissen nicht, ob sie »tatsächlich« auf diese Weise Kontakt mit ihren Schülern aufnahmen, oder ob es deren eigene Träume waren, in Erinnerung an die Gurus ...

Die Inspiration und die Lehren der beiden Gurus wirkten sich über Generationen aus – von Schülern zu Schülern und deren Schülern. Und eines ist gewiss, die Lehren unzähliger erleuchteter Meisterinnen und Meister längst vergangener Tage wirken in Indien fort bis zum heutigen Tag.

Meine fiktive Geschichte ist zum Ende gekommen. Doch ich versichere, dass sie viel von dem enthält, was ich in Indien und Asien gehört, gelernt und erfahren habe.

Ein liebevolles, unverkrampftes, von Gleichmut und Geduld getragenes Streben um ein sinnerfüllendes Leben – gleich welcher Art – erscheint mir unerlässlich für unser Dasein. Die Worte Buddhas auf seinem Sterbebett sind mir richtungsweisend: »Bemüht euch ohne Unterlass«.

Doch wenn wir mit unserem eigenen Bemühen an Grenzen stoßen, scheitern und an den Widrigkeiten des Lebens zu verzweifeln drohen, geben uns die spirituellen Traditionen der Menschheit den Trost, dass wir Hilfe erhalten können von Etwas, dass größer ist, als wir selbst. – Ist dies nur eine Illusion, schäbiges »Opium für das Volk«?

Eine alte indische Tradition besagt, dass erleuchtete Yogis und Gurus nach dem Ende ihrer irdischen Existenz weiter im Nicht-Sichtbaren, Verborgenen bestehen. Sie seien dann Teil einer unendlichen Zahl erleuchteter Wesen, die zum Heil allen Lebens wirken. Sollte dies so sein, so wünsche und bitte ich, dass sie uns beistehen mögen an den Abgründen unseres Lebens.

ANMERKUNGEN

Einleitung

1) Nicht berücksichtigt werden konnten die späteren Entwicklungen der hinduistischen und buddhistischen Tantras, der Sikkhismus sowie die indische Variante des Sufismus. Sie sind erst in Zeiten nach diesem Roman entstanden.

Teil I

1) Aus diesen Schriftformen entwickelte sich zu späterer Zeit das heute noch weitverbreitete Devanâgari-Alphabet.

2) Indische Hochzeiten wurden – und werden teilweise bis heute – weitgehend von den Eltern arrangiert. Romantische Liebe spielt oft eine untergeordnete Rolle; die Brautleute haben jedoch im Allgemeinen ein Vetorecht. Bei den Hindus wird möglichst auf Kastengleichheit, sozialen Status, Vermögen, Bildungsgrad und Horoskop geachtet. Die Eltern sind darauf bedacht, dass die Brautleute gut zusammenpassen.

3) Fünfter Vers des »Dhammapâda«, einer bekannten Verssammlung des Theravâda-Buddhismus.

4) Noch heute leben dort Einsiedler und Yogis. Nicht wenige Inder sind davon überzeugt, dass von diesen Orten der Meditation segnende Kräfte in die Welt ausstrahlen.

5) In der neueren deutschsprachigen buddhistischen Literatur wird »Sangha« (= die Gemeinschaft) oft mit dem weiblichen Artikel versehen. Es sollte aber korrekt heißen »der Sangha«. Da das Wort im Deutschen noch nicht übermäßig verankert ist, wird hier die korrekte Form verwendet. Anders verfahre ich bei Worten, die inzwischen im deutschen Wortschatz »angekommen« sind, z. B. »Mantra«. Auch wenn es richtig »der Mantra« heißen müsste, wird in diesem Buch, wie in der deutschsprachigen Yoga-Literatur, der sächliche Artikel verwendet.

6) Shâkyamuni: Der uns bekannte »historische« Buddha.

7) Noch heute bestehen die Roben der Bhikshus oft aus zusammen-

genähten Stoffstücken. Damit soll angedeutet werden, dass Menschen, die das weltliche Leben hinter sich gelassen haben, in äußerer Armut und Einfachheit leben wollen und lediglich an den materiellen Abfällen der säkularen Gesellschaft teilhaben.

8) Bis in unsere Zeit ist dieser Pâli-Kanon vollständig erhalten geblieben und bildet die Basis für den »südlichen« Theravâda-Buddhismus in Ländern wie Shri Lanka, Myanmar und Thailand.

9) Zur Zeit unserer Geschichte – sowie davor und danach – entstand eine umfangreiche buddhistische Sanskrit – Literatur. Dieses Sanskrit ist gegenüber der klassischen Form etwas vereinfacht und wird von westlichen Indologen als »hybrides Sanskrit« bezeichnet. Ein Großteil der Sanskrit-Originalwerke ging verloren, als im 9. Jahrhundert fanatisierte islamische Armeen die Klosterbibliotheken vernichteten sowie Mönche und Nonnen ermordeten. So soll die Klosterbibliothek von Nâlanda mit ihren Millionen von Manuskripten wochenlang gebrannt haben. Glücklicherweise waren aber viele Werke außerhalb Indiens in Landessprachen wie chinesisch und tibetisch übersetzt worden. Sie bilden noch heute die Grundlage für den »nördlichen« Buddhismus, vorwiegend in der Form des Mahâyâna. Er fand seine Verbreitung in Ländern wie Tibet, China, Korea und Japan.

10) Hier sei auf den Gupta – König Samudragupta (Regentschaft ca. 340 – 380 unserer Zeitrechnung) hingewiesen. Dieser hatte nach blutigen Eroberungskriegen seine Expansionspolitik aufgegeben, besiegte Könige in ihre Reiche als Vasallen eingesetzt. Er wurde zu einem Herrscher, der seinem Großreich einen langen Frieden schenkte.

11) Im Rahmen der indischen Kultur haben die »kultivierten Materialisten« viel auf den Gebieten der Staatskunst, der Dichtkunst, Musik, Architektur, Malerei und Medizin beigetragen. Ferner bemühten sie sich um die Verfeinerung der Erotik und Sexualität, was sich zum Beispiel im bis heute bekannten Kâma-Sûtra niederschlug.

12) Dies ist – vereinfacht – die Theorie der buddhistischen philosophischen Schule der Yogacârins. In ihrer Praxis der Meditation sahen sie, wie sehr unsere Weltsicht durch die Art unseres Bewusstseins geprägt ist. Könnte daher die äußere Welt nicht auch – vielleicht partiell – ein Traum und Trugbild sein?

13) Ashoka der Große regierte von 268 – 232 vor Chr. Er schuf zunächst mit blutigen Eroberungen ein Großreich, das fast ganz den indischen Subkontinent erfasste. Nach dem Massaker an den Kalingas ergriff ihn Reue. Er konvertierte zum Buddhismus und regierte fortan mit Friedenspolitik. Seinen Untertanen empfahl er ein Zusammenleben auf der Grundlage buddhistischer Ethik.

TEIL II

1) Aus diesen Fragen sind in späterer Zeit drei philosophische Richtungen der Vedânta-Philosophie entstanden: a) Âtman und Brahman sind identisch. Die Welt ist nur ein Trugbild, denn alles ist letztlich Brahman: Advaita-Vedânta. b) Âtman und Brahman sind wesensgleich, doch etwas verschieden voneinander, das das Begrenzte nicht völlig mit dem Unendlichen identisch sein kann: Vishishata – Advaita Vedânta. c) Âtman ist aus Brahman hervorgegangen, hat Teil am Wesen des Brahman, ist jedoch verschieden davon: Dvaita – Vedânta.

2) Wörtlich: OM – ich verehre Shiva.

3) Wörtlich: OM – Frieden – Frieden – Frieden.

4) In späteren Jahrhunderten haben christliche Mystiker der westlichen Welt dieses Stadium spiritueller Entwicklung als »die dunkle Nacht der Seele« beschrieben.

5) Puri ist heute eine der bedeutendsten Pilgerstätten des Hinduismus. Hier wird insbesondere Jagannath, eine Manifestation Vishnus, als Herr des Weltalls verehrt. An diesem Ort lebe im 16. Jahrhundert Chaitanya, ein großer Heiliger der Bhakti-Bewegung. Er stellte die liebende Verehrung Krishnas und seiner Gefährtin Râdhâ in den Mittelpunkt der religiösen Praxis.

6) In den folgenden Jahren kam es zur »Indisierung« Ostasiens. Die indischen Impulse auf den Gebieten der Religion, der Staatskunst, Architektur, Kunst und Medizin wirkten belebend auf die dortigen Kulturen, sodass es zu bedeutenden eigenständigen Entwicklungen und Staatsbildungen kam. Auf dem Gebiet der Religion konnte sich der Buddhismus besser verbreiten als der Hinduismus, da er nicht den Beschränkungen des Kastenwesens unterworfen war. Übertritte zum Hinduismus waren schwierig, da man im Allgemeinen

als Hindu geboren wurde. Daher hat einer der bedeutendsten indischen Philosophen der Neuzeit – S. Radhakrishnan – den Buddhismus als die »Exportform des Hinduismus« bezeichnet (was allerdings dem Buddhismus nicht ganz gerecht wird).

7) So lebte z. B. einer der größten hinduistischen Heiligen der Neuzeit – Shri Ramana Maharshi – lange Zeit in der Virupaksha – Höhle auf dem Berg Arunâcala

8) Dîgha Nikâya 1

9) Udâna

10) Dîgha Nikâya 22

11) Majjhima Nikâya 118

12) Mahâthera (Pâli), Mahâsthavîra (Sanskrit): Ordensältester nach 20 Jahren der Ordination. Ein Thera bzw. Sthavîra ist seit mindestens 10 Jahren ordiniert.

13) Itivutaka

14) Der berühmte neuzeitliche Interpret des Hinduismus, Svami Vivekanânda, hat auf diesen Felsen meditiert, bevor er 1893 zum Weltkongress der Religionen nach Chicago aufbrach. Seine damalige Rede ist auch heute noch lesenswert.

15) Seine Lebensgeschichte wurde bereits im Teil I dargestellt.

Teil III

1) Die Religionen liebender Hingabe (bhakti) haben ihren bewegenden Ausdruck in der Bhagavad Gîtâ gefunden, einem Lehrgedicht innerhalb des großen Epos »Mahâbharata«. In ihrer heutigen Form entstand sie wahrscheinlich einige Jahrhunderte vor unserer Geschichte. Sie stellt die Verehrung Vishnus und seiner Erscheinungsform auf Erden als Avatâra Krishna in den Mittelpunkt. Ferner gibt sie Hinweise für verschiedene Arten des Yoga.

2) Einige hinduistische Reformbewegungen wie der Ârya Samaj lehnen eine starre Bedeutung der Kastenzugehörigkeit ab. Sie ermöglichen dadurch auch Menschen die Aufnahme in den Hinduismus, die keiner Kaste angehören.

3) Mahâtma Gandhi hat auf das traditionell schreckliche Los der kastenlosen hingewiesen. Gandhi nannte diese Menschen »Harijans« – Kinder Gottes (Hari = Vishnu). – Der bedeutende Jurist

Ambedkar – einer der Väter der modernen indischen Verfassung – wählte einen anderen Weg. 1956 rief er seine Anhänger auf, zum Buddhismus überzutreten und dadurch ihren gesellschaftlich ausgrenzenden Status abzulegen, während sie damit zugleich innerhalb der indischen Religiosität verblieben. Millionen folgten seinem Aufruf. Und so gibt es heute auch wieder einige Anhänger des Buddhismus in den Sahyadri-Bergen, nachdem der Bauddha – Dharma dort viele Jahrhunderte nur noch in manchen Traditionen des Hinduismus weiterlebte.

GLOSSAR

(b) = buddhistisch
(h) = hinduistisch
In diesem Buch verwende ich eine vereinfachte Umschrift für die Sanskrit- und Pâliworte. Sie weicht von der wissenschaftlichen Transkription etwas ab. Zur genauen Aussprache kann man sich an Yogalehrende wenden. Besonders Mantras sollten möglichst korrekt ausgesprochen werden und nicht ohne entsprechende Einführung und Anleitung geübt werden.
Zur ungefähren Aussprache:
Lange Vokale: â, î, e, o. – e und o sind immer lang, daher keine Längenzeichen (^). Kurze Vokale: a, i, u. »Ai« Aussprache wie »Ei«. »Au« wie im Deutschen. Konsonanten werden teilweise behaucht und dann mit nachfolgen »h« in der Transkription wiedergegeben (klingt z.B. wie »kh« im deutschen Wort »Backhaus«, wenn man das Wort rasch ausspricht). »S« scharf aussprechen (wie »dass«). c = »tsch«. J = »dj« (mit weichem »j«). Y= »j«. V = »w«. Die beiden »sch« des Sanskrits werden in diesem Buch einheitlich mit »sh« wiedergegeben, einer englischen Schreibweise folgend. Meine Mehrzahlbildung erfolgt nicht nach den klassischen Sanskrit – Regeln, sondrern durch angehängtes »s«, ebenfalls einem englischen Brauch in populärer Yoga-Literatur fogend (Beispiel: der Dharma, Plural die Dharmas). – Das deutsche Genitiv – »s« verwende ich vorwiegend bei Sanskritnamen oder Ehrentiteln (z.B. »die Worte des Buddhas«), bei anderen Sanskritworten zumeist nicht (z.B. »die Wege des Yoga«).

ADVAITA (h) wörtl. »keine Zwei«.Monistische Lehre, nach der die Welt der Erscheinungen nur ein Zaubertrug (mâyâ) ist. Alles ist göttliches Sein, Erscheinungsform Gottes bzw. des Urgrundes (brahman). – S. Anmerkung 1, Teil II, zu den philosophischen Richtungen des Vedânta.

ADVÂYA (b) wörtl. »Nicht Zwei«. Lehre des Mahâyâna-Buddhismus. Sie beschreibt das gegenseitige Durchdringen der Welt der Erscheinungen (samsâra) und der nicht in Worten beschreibbaren »Leerheit« (shûnyatâ). Sie sind nicht völlig identisch miteinander, aber auch nicht voneinander verschieden. (Diese Position entspricht in etwa der 7. Art einer Aussage nach dem jainistischen System der Logik; s. Kapitel »Unterschiede in den indischen Dharmas«).

AVATÂRA (h) körperliche Erscheinungsform des Göttlichen (z. B. Vishnus) auf Erden, um die Welt in Zeiten ethischen und spirituellen Niedergangs wieder auf heilsame Wege zu führen. Bedeutsame Avatâras sind der König Râma (Epos Ramâyana) und Krishna (Epos Mahâbharata) mit dem Lehrgedicht Bhagavad Gîtâ (= Gesang des Erhabenen).

ARAHANTA (b), Pâli: Arahata. Heiliger, der in der Nachfolge Buddhas Erleuchtung erlangt hat.

ÂTMAN(h) die ewige »Seele«. Sie steht in Beziehung bzw. ist identisch mit dem göttlichen Urgrund (brahman). Wird sie erkannt, erlangt der Mensch Befreiung (mukti, moksha) von der Notwendigkeit weiterer Wiedergeburten.

ANÂTMAN (b), Pâli anatta. Buddhistische Gegenthese zur hinduistischen âtmanLehre. Alles, was die empirische Persönlichkeit ausmacht, ist aus vielen sich dauernd neu miteinander verbindenden Komponenten (dharmas) zusammengesetzt. Es gibt daher kein ewiges, gleichbleibendes »Selbst«. Was aber über die empirische Persönlichkeit hinausgeht – darüber ist keine in Worten und Begriffen gebundene Aussage möglich.

AVALOKITESHVARA (b) einer der großen Erleuchtungswesen (Bodhisattvas), der – dem symbolischen Mythos zufolge – aus Mitleid tausend Arme und Köpfe entwickelte, um überall in der Welt hilfreich eingreifen zu können. Jede seiner Hände hat ein Auge, seine Hilfe ist »sehende« Hilfe, nicht bloße Caritas. Sein Kult entwickelte sich zwischen dem 3.- 6. Jahrhundert.

BHAKTI (h) liebende Hingabe an einen (persönlich gedachten) Gott, oder eine persönlich empfundene Erscheinungsform des Göttlichen.

BODHI (b) Erleuchtung.

BUDDHA (b) = wörtl.: der Wissende, der Erwachte. Im Theravâda-Buddhismus (s. dort) ein Mensch, der aus eigener Kraft, ohne eine ihm bekannte hilfreiche Lehre, zu höchster Erleuchtung gelangt ist und dann seine Lehre der ganzen Welt verkündet. In unserer Weltperiode soll es 5 Buddhas geben, der vierte war der »historische« Buddha. Mahâyâna-Buddhismus(s. dort) alle Wesen werden schließlich Buddhas. Die Stufe eines heiligen Arahata ist nur eine Vorstufe.

BAUDDHA (b) buddhistisch, Buddhist.

BAUDDHA – DHARMA (b) Buddhismus, buddhistische Lehre, buddhistische Religion. – Die Grundideen des Buddhismus findet der Leser vorwiegend im ersten Teil dieses Buches.

BODHI (b) Erleuchtung. Sie ist eine den Menschen zutiefst wandelnde Erfahrung, die mit Einsicht in die Natur aller Dinge und allen Geschehens verbunden ist. Sanskrit – Wortwurzel: buddh = wissen.

BODHISATTVA (b) ein Wesen, das sich über viele Leben hinweg der höchstmöglichen Erleuchtung angenähert hat und nun als überpersönliche Kraft in der Lage ist, zur Hilfe und Befreiung allen Lebens beizutragen.

BODHISATTVA – PRANIDÂNA (b) der Entschluss, zum Wohl allen Lebens beizutragen und nicht nur einen Zustand persönlicher Freiheit und Erleuchtung anzustreben.

BRAHMA (h) siehe deva, devî. In der brahmanistischen Form des Hinduismus oberster Gott (oder jener Teil des Göttlichen), der die Welt geschaffen hat. In manchen Formen des Buddhismus jener Gott (deva), der als erster aus der Weltennacht erwacht, wenn sich wieder ein neues Universum bildet. Brahma ist im Buddhismus nicht ein Schöpfergott, da das Universum gemäß karmischer Gesetzmäßigkeit aus sich selbst heraus wieder neu ersteht.

BRAHMAN (h) Urgrund allen Seins und was darüber hinausgeht. Brahman ist immanent und transzendent.

BHÛDEVÎ (h/b) Göttin der Erde, die Leben fördert und erhält. Im heutigen Hinduismus oft als Manifestation der Mahâdevî verstanden.

DHARMA (h/b), Pâli dhamma. Je nach Sinnzusammenhang: Gesetz, Gesetzmäßigkeit, Pflicht, religiöse Lehre, Religion. – Im Theravâda – Buddhismus sind die dhammas (Plural) die »Gegebenheiten«, aus deren großer Zahl sich unsere Welt und alles Geschehen in stetig wechselnder Kombination bildet.

DEVA, DEVÎ Gott; Göttin. Im Buddhismus: Wesen – von großer Lebensdauer, Menschen zumeist nicht sichtbar, letztlich sterblich wie alle Wesen. Sie können den Menschen helfen, oder auch nicht. Manche Buddhisten bezweifeln die Existenz von Göttern. Im Hinduismus: 1. Auffassung: wie im Buddhismus. 2. Auffassung: Sie helfen uns Menschen, wenn wir uns ihnen hingebungsvoll und mit Opfern nähern. 3. Auffassung: Sie sind Manifestationen des Göttlichen – sei es das brahman, sei es Vishnu, sei es Mahâdevî, je nachdem, was man als Höchstes verehrt. Mit ihrer Verehrung kann man nicht nur Hilfe in weltlichen Angelegenheiten erhalten, sondern mit ihnen eins werden, und damit eins mit dem Göttlichen. Bedeutende Götter im heutigen Hinduismus: Brahma – die schöpferische Seite des Göttlichen. Vishnu – die das Leben erhaltende Seite des Göttlichen. Shiva – die Seite des Göttlichen, die Erstarrtes und Vergehendes auflöst. Diese drei werden als Trimurti verehrt. Ihnen sind als Göttinnen zugeordnet: Sarasvatî – Göttin der Weisheit. Lakshmî – Göttin des Glücks und des Reichtums. Pârvatî – friedlicher Aspekt Schützerin der Welt und der Familie. Oder Kâlî als teils gütige, aber auch zornige, auflösende, vernichtende Göttin. Oberste und für die Gesamtheit der Göttinnen stehende Göttin: Durgâ oder Mahâdevî. Wichtig sind ferner in der heutigen hinduistischen Frömmigkeit der elefantenköpfige und dickbäuchige Ganesha, der Gott des Anfangs jeder Unternehmung. Ferner Hanumân, der die Gestalt eines Affen hat und über gewaltige Kräfte verfügt. Daneben gibt es eine Vielzahl – oft lokaler – Götter, wie die im Buch erwähnte Ekavîrâ, die Göttin der Fischer. Ferner u. a. Baumgötter (Yakshîs) und Schlangengötter (Nâgas). Bedeutsam in buddhistischen Schriften ist der vedische Gott Indra, der Gott des Donners, der manchmal als oberster der Götter angesehen wird.

DHYÂNA (Pâli: Jhâna) vertiefte Meditationsstufen.

DUHKHA (Pâli Dukkha) unvollkommen, begrenzt, Leiden beinhaltend. Hiermit wird die »Schwergängigkeit« des Lebens bezeichnet (wie ein Rad, das sich nur mühsam in einer nicht geölten Nabe bewegt). Zentraler Ausgangspunkt des buddhistischen spirituellen Weges: Das »Leiden«, das Erleben der Unvollkommenheit, erwächst aus unserer Gier, immer mehr zu wollen. Freiheit vom Leiden entsteht durch Überwindung (übermäßiger) Gier und durch Einsicht in die Gegebenheiten individueller Existenz.

DÛTA Bote.

ETHIK IN INDISCHEN RELIGIONEN 1) Buddhismus: ethisches Verhalten aus eigener Einsicht – und nicht weil ein Gott es vorschriebe. Das Ziel buddhistischer Ethik ist es, weder sich noch andere zu schaden und hilfreich für sich und andere zu denken, zu sprechen und zu handeln. 5 Grundregeln (Pancashîla, Pali: Pancasîla): nicht töten oder verletzen. Gewaltfreiheit. Nicht stehlen. Lügen und grobe Worte vermeiden. Kein sexuelles Verhalten, mit dem man sich oder andere schadet. Sich nicht zu berauschen (mit Alkohol oder Drogen) und so nicht die menschliche Würde zu verlieren. »Positive« buddhistische Ethik ist die Pflege der 4 brahmavihâras: Liebe, Mitleid, Mitfreude, Gleichmut allen Wesen gegenüber. Ferner, nicht nur für sich selbst, sondern auch für andere und das Weltganze da zu sein (s. Bodhisattva – Pranidâna). 2) Jainismus: Gewaltlosigkeit in körperlicher und geistiger Hinsicht. Toleranz im Wissen um die Begrenztheit jeglicher Aussage. Alles Leben – nicht nur das menschliche – achten und schützen. 3) Hinduismus: a) die Pflichten, die durch Geburt in eine Kaste bestehen, zu erfüllen. b) Ein den Lebensstadien gemäßes Leben zu führen. c) ethischen Regeln zu folgen, wie sie z. B. Patanjali in seinem Yoga-Sûtra formuliert hat: Gewaltlosigkeit, Wahrhaftigkeit, nicht stehlen, einen »göttlichen Lebenswandel« zu führen (u. a. kein sexuell ausschweifendes Leben, bzw. sexuelle Enthaltsamkeit von Sâdhus und Sâdhvîs), nicht anhaften. Reinheit (äußere und innere), Zufriedenheit, »Askese« (sich in seinen Bedürfnissen beschränken), Lernen, Hingabe an (einen) Gott bzw. an ein erhabenes Ideal.

GANESHA der Gott; der im Hinduismus am Beginn jeder wichtigen Unternehmung als Beistand angerufen wird.

GOTT, GÖTTIN, GÖTTER, GÖTTINNEN s. Devas; Devî

GURU spiritueller Lehrer. Er /sie sollte authentisch sein, nicht nur etwas predigen, sondern es selbst verwirklicht haben und durch das eigene Beispiel inspirieren.

HINAYÂNA – BUDDHISMUS das »kleine« Fahrzeug oder Weg zur Erleuchtung. Ursprünglich abschätziger Begriff von den Anhängern des Mahâyâna-Buddhismus (s. dort) für jene, die ausschließlich um eigene Erlösung bemüht sind, ohne sich um andere zu kümmern. Heute sind die Hinayâna-Schulen ausgestorben; es besteht jedoch eine gewisse Verwandtschaft zum Theravâda – Buddhismus (s. dort), der ältesten erhaltenen buddhistischen Tradition.

HINDUISMUS s. sanâthana dharma. Die Lehren des Hinduismus werden vorwiegend im zweiten Teil des Buches dargestellt.

JAINA Anhänger des Jainismus, jainistisch

JAINA – DHARMA Jainismus. Eine Religion, die etwas früher als der Buddhismus entstand. Nimmt eine Vielzahl von Einzelseelen an, die sich letztlich durch Entsagung, Askese und Meditation aus der Welt befreien müssen. Kennt keinen Schöpfergott. Besondere Betonung von Gewaltlosigkeit und Achtung jeden Lebens.

JAMBUDVIPA der »Rosenapfelbaum« – Kontinent. Wird nach einigen Traditionen (denen ich in diesem Buch folge) mit dem indischen Subkontinent gleichgesetzt.

KARMA Resultat eines Gedankens, einer Rede, einer Tat auf das Leben (oder ein späteres Leben) des Verursachers. Gedanken, Reden und Taten bewirken – neben ihrem Einfluss auf die Welt – beim Verursacher Tendenzen und Neigungen (samskâras), die in späterer Zeit zur Verwirklichung drängen. Sie sind eine Art von »Gewohnheitsenergie« (D.

Goddard). Jainismus: jede Tat – auch eine unbewusst begangene – hat karmische Auswirkungen auf den Verursacher. Buddhismus: Nur die absichtsvolle Tat (Rede) hat karmische Auswirkungen. Der Hinduismus betont darüber hinaus: Alles Handeln, das nicht ich-bezogenen, egoistischen Impulsen entspringt, hat keine karmischen Auswirkungen und macht uns frei von Verhaftungen (Karma-Yoga).

KÂLÎ s. Devî. Göttin, die Leben gibt und nimmt. Die »große Mutter«.

KARUNÂ. Mitleid. Karunâ ist mehr als bloßes Mitempfinden. Jedoch zerfließt der Karunâ-Empfindende nicht im Mitleid, sondern geht über zur helfenden Tat, zum helfenden Wort unter Anwendung »geschickter Mittel« (upâya). Dabei hat »Hilfe zur Selbsthilfe« Vorrang.

KASTEN IM HINDUISMUS die Zugehörigkeit zu einer Kaste ist durch Geburt festgelegt. Es gibt vier Hauptkasten. Nicht jeder übt die Berufe aus, die das Wesen einer Kaste ausmachen. Es gibt vier Hauptkasten: Brahmanen (Priester, Gelehrte), Kshatrias (Krieger, Beamte, Fürsten), Vaishyas (Bauern, Händler), Shudras (Diener). Die Kasten sind in Unterkasten aufgeteilt. Die »unterste« Bevölkerungsgruppe sind die Kastenlosen (Dalits). – Die moderne indische Gesetzgebung untersagt eine Diskriminierung aufgrund einer Kastenzugehörigkeit. Jedoch spielen die Kasten weiterhin eine große Rolle im sozialen Leben. Buddhisten, Jainas, Muslims und Christen gehören keiner Kaste an, gehören aber auch nicht zur Gruppe der Dalits. Interessanterweise finden sich in manchen indischen christlichen Gemeinschaften Ansätze eines Kastenwesens.

KRISHNA ein Avatâra (s. dort) Vishnus, auf dem die Lehren der Bhagavad Gîtâ beruhen.

LAKSHMÎ s: Devî. Göttin des Glücks und des Wohlstands.

MAHÂVÎRA Begründer des heutigen Jainismus.

MAHÂYÂNA-BUDDHISMUS jene Form des Buddhismus, in dem neben dem Streben nach eigener spiritueller Verwirklichung das Wohl der anderen Richtschnur des Empfindens und Handelns ist. – Heute besonders verbreitet in Tibet, China, Japan, Korea.

MANTRA Laut, Lautkombination von Sanskrit – Silben und/oder –Worten. Sie werden in Ritualen, vor allem aber in der Meditation, eingesetzt. Sie werden rhythmisch gedacht, gemurmelt, gesprochen oder gesungen. Sie werden nicht als »sinnlose Silben zur Konzentration« angesehen, sondern als spirituelle »Worte der Kraft«. Sie haben eine Wirkung auf der Ebene des Klangs und der traditionellen und individuellen Symbolik und wirken auf bewusster und unbewusster Ebene. – Man sollte mit Mantras nur nach sorgfältiger Einweisung durch erfahrene Yogalehrende üben.

MUNI = der »Schweigende« (»Weise«). Mönch, heute vor allem im Jainismus Bezeichnung für einen Mönch. – Frühe auch üblich in anderen Traditionen. Z. B. eine alte Bezeichnung für den Buddha: Shakyamuni = der Weise aus dem Geschlecht der Shakyas.

MAHÂDEVÎ = die »große Göttin«. Diesen Oberbegriff benutze ich im Buch, um die von Gläubigen als jeweils höchste weiblich verehrte Gottheit zu bezeichnen. S. deva /devî.

MAITRÎ universelle, nicht egoistische, grenzenlose Liebe.

MEDITATION (Sanskrit Dhyâna). S. mein Buch « Reise zum inneren Licht«.

MOKSHA (auch MUKTI) (h) Befreiung, Erlösung. Der Begriff ist vor allem im Hinduismus gebräuchlich und bezeichnet das höchste Ziel spirituellen Lebens.

MUDITÂ Mitfreude:

NÂGÂRJUNA (ca. 2. Jahrh. n. Chr) buddhistischer Philosoph und Heiliger, der philosophisch zeigte, dass wir uns in heillose Widersprüche verwickeln, wen wir versuchen, die »Wirklichkeit« zu beschreiben. Selbst Ursache und Wirkung sind in einem Bedingungsgefüge untrennbar miteinander verbunden. So ist z. B. ein Vater nicht nur die Ursache für den Sohn, sondern der Sohn ist die Ursache für die Vaterschaft. Sein und Nichtsein, Geburt und Tod, Samsâra und Nirvâna bestehen nicht für sich, sondern bedingen sich gegenseitig.die hintergründige Natur allen Seins und aller Dinge ist die nicht beschreibbare »Leerheit« (Shûnyatâ). Doch muss man sich auch vom Begriff der Shûnyatâ frei machen und zum Erleben der Wirklichkeit gelangen.

NIRGUNA »ohne benennbare Eigenschaft«, der numinose, transzendente Aspekt eines Göttlichen.

NIRVÂNA, Pâli: NIBBÂNA (b) das »Erlöschen« von Gier, Hass und Illusionen. Der Zustand nach Erlangen von Erleuchtung (bodhi). – Nach dem Tod gelangt der Mensch, der bodhi verwirklicht hat, ins Parinirvâna, einen Zustand jenseits von Sein und Nichtsein.

OM eines der wichtigsten Mantras. Im Hinduismus u. a. Symbol für das höchste Göttliche, den höchsten Gott oder den Urgrund, dem man sich durch das Mantra zu nähern versucht. – Im Mahâyâna-Buddhismus u. a. Symbol der Weisheit der universellen Gesetze des Lebens, ein Überschreiten eines eng-begrenzten ich-bezogenen Bewusstseins hin zu einem kosmischen Bewusstsein.

PACCEKABUDDHA (Pali: Pratyekabuddha) (b) ein Wesen, das aus sich selbst heraus – ohne einen äußeren Guru oder Lehre – vollkommene Erleuchtung erreicht hat, jedoch nicht hinreichend befähigt (oder willens) ist, diese Erfahrung anderen zugänglich zu machen.

PÂRVATÎ s. Devî. Gemahlin und inspirierende schöpferische Kraft des Shivas.

PATANJALA YOGA SÛTRA (h) ein »Leitfaden« der Yoga – Traditionen in 195 konzentrierten Aphorismen. Wird traditionell dem Weisen (und Grammatiker) Patanjali zugeschrieben (daher manchmal in der populären Literatur als Patanjali Yoga Sûtra bezeichnet). Entstehung wahrscheinlich im 1. – 2. Jahrhundert n. Chr. Zählt zu den 6 klassischen Lehrsystemen (darshanas) des Hinduismus, enthält aber auch viele Hinweise auf buddhistische Praktiken. – Das PYS steht philosophisch der klassischen Samkhya Philosophie nahe (s. dort), erkennt jedoch einen höchsten Herrn (Îsvara) an, der nie in den Banden der Materie (prakriti) verstrickt gewesen sei und als Vorbild für alle dient, die sich als Einzelseelen (purushas) von der Bindung an die Materie befreien wollen. Auch das PYS kennt keinen Schöpfergott. – Das PYS dient heute in Yogakreisen als Kompendium für spirituelle Praxis.

PURUSHA Einzelseele, s. Patanjala Yoga Sûtra und Samkhya

RISHI = der Weise. Ursprünglich Ehrentitel für die großen Weisen der vedisch – upanischadischen Tradition. Als ein Rishi der Neuzeit wird allgemein Ramana Mahârishi anerkannt. Der Titel wird heute manchmal vielleicht etwas inflationär benutzt. So z. B. für Mahârishi Mahesh Yogi, dem Begründer der sogenannten »Transzendentalen Meditation«, die auf Mantras basiert.

RÂMA (praehistorischer) König, der als eine der Avatâras Vishnus angesehen wird. Das Epos »Ramâyana« schildert sein Leben.

SÂDHU, SÂDHVÎ (h) hinduistischer Mönch bzw. Nonne.

SAMÂDHI die höchsten Stufen der Meditation. Auf dem Tiefenweg der Meditation (samapatti) wird das Bewusstsein des Meditierenden sozusagen eins mit dem Meditationsobjekt, erfasst und erkennt so dessen tiefste Natur und gelangt dadurch zu einer umfassenden Erkenntnis der hintergründigen Natur aller Dinge und allen Seins. – Im buddhistischen Yoga wird auf dieser Stufe das Bewusstsein auf die Erlangung von Einsicht ausgerichtet. Man solle nicht bloß in einen Zustand der Ruhe und Stille verweilen. Hinduistischer Yoga (im PYS) vertritt hingegen mehr die Auffassung, dass Einsicht in die Weltgesetze (ritambhara jnâna) sich im Zustand höchsten Samâdhis von selbst ereignen kann.

SAGUNA = »mit Eigenschaften«. Die Erscheinungsform des Göttlichen in der Welt. Nach weitverbreiteter hinduistischen Auffassung ist das Göttliche sowohl immanent, als auch transzendent (s. auch nirguna).

SAHYADRI – BERGE eines der ältesten Gebirge der Welt im Westen Indiens. Es steigt hinter der schmalen Küstenlinie am indischen (arabischen) Ozean auf.

SAMSÂRA die uns gewöhnlich bekannte Welt der Erscheinungen.

SAMKHYA (h) einer der sechs hinduistischen Lehrsysteme (darshanas). Dualistische Lehre von einer Vielzahl von Einzelseelen (purushas) einerseits und der Materie (prakriti) andererseits. Die Aufgabe der Seelen sei es, sich aus den Banden der Materie zu lösen. Dazu dienen Methoden des Yoga, aber auch die unterscheidende Erkenntnis zwischen purusha und prakriti.

SARASVATÎ Göttin der Weisheit. S. Deva.

SAMSKÂRA karmische Bildekräfte und Prägungen, die aus Gedanken, Worten und Handlungen entstehen. Es sind (meistens unbewusste) »Gewohnheitsenergien«, die immer wieder zur Verwirklichung im Leben drängen. (vgl. hierzu auch S. Freuds Idee des Wiederholungszwangs aufgrund unbewusster Prägungen in unserer Kindheit).

SANÂTANA DHARMA (h) die »Ewige Religion«, Hinduismus. – Der heutige Hinduismus versteht sich z. T. als die universellste aller Religionen (die in ihm im Keim enthalten sind), da er die vielfältigsten religiösen Lehren unter einem Dach in Toleranz zu vereinen vermag (weil ja jede Lehre nur ein Teilaspekt höchster göttlicher Wirklichkeit sein kann).

SHAIVA ein Verehrer Shivas.

SHIVA von vielen Hindus als höchste Gottheit angesehen.S. deva, devî.

SHÎLA (b), Pâli sîla. Ethische Regeln im Buddhismus. S. Ethik in den indischen Religionen.

SHUDRA Kaste der Diener (s. Kasten).

SHÛNYATÂ (b) = »Leerheit«. Zentraler Begriff der Mahâyâna-Philosophie. Deutet die nicht mit Worten beschreibbare transzendente Wirklichkeit an, die die Welt der Erscheinungen (samsâra, s. dort) durchdringt. Samsâra und shûnyatâ bedingen und durchdringen sich gegenseitig. Weder ist samsâra völlig verschieden von shûnyatâ, noch völlig identisch mit der Leerheit (und umgekehrt). Beide sind »Nicht-Zwei«, advâya (s. dort). Die advâya – Lehre sollte nicht als Monismus verstanden werden. So entsteht das charakteristische Lebensgefühl eines Mahâyâna-Buddhisten: Alles was wir tun, ist von großer Bedeutung und sollte mit Engagement betrieben werden. Zugleich, im shûnyatâ-Aspekt, ist es auch wieder nicht wichtig, jenseits von Zeit und Raum. Dieses Lebensgefühl ermöglicht ein engagiertes und zugleich gelassenes Handeln und Erleben.

STAVÎRA, STAVÎRÎ (b) (Pâli: Thera /Therî) älterer buddhistischer Mönch/Nonne nach mindestens 10-jähriger Ordenszugehörigkeit. Nach 20 Jahren: Mahâsthavîra, Mahâstavîrî.

STÛPA (b) buddhistisches Bauwerk, das ursprünglich Reliquien oder heilige Texte im Inneren enthielt. Wird heute häufig als religiöses Symbol errichtet. Vielfältige Formen in buddhistischen Ländern. Hat sich aus Grabhügeln entwickelt, die Asche heiliger Menschen (wie die des Buddhas oder seiner engsten Schüler) enthielten.

SÛTRA, Pâli sutta = »Faden«. 1.) stichwortartige Aphorismen (z. B. im Patanjala-Yoga Sûtra). 2.) Lehrreden des Buddhas im Theravâda – Buddhismus (s. dort), die zumindest im Kern dem historischen Buddha zugeordnet werden können.3.) Umfangreiche Lehrtexte des Mahâyâna-Buddhismus, die von vielen Gläubigen als »wirklich« so gehaltene Lehren und Begebenheiten angesehen werden. Diese Sûtras können aber auch als Texte verstanden werden, die aus tiefer Inspiration durch die Ideen des Mahâyâna entstanden sind.

THERA / THERÎ (b) s. Sthavîra/Stavirî

THERAVÂDA (b) = »Lehre der Älteren«. Vermutlich historisch älteste der heutigen buddhistischen Traditionen. Legt besonderen Wert auf das Erreichen der eigenen Erleuchtung, anerkennt jedoch auch den Weg des

Bodhisattvas der Mahâyâna-Traditionen. Hat einen umfassenden Kanon heiliger Schriften und Lehrreden des Buddhas, die vor mehr als 2000 Jahren schriftlich festgehalten wurden. Verbreitet besonders in Myanmar, Thailand, Sri Lanka.

TÎRTANKARA = »Furtbereiter«. Die großen spirituellen Führer im Jainismus, die aus eigener Kraft (ohne Guru) Befreiung erlangt haben und anderen den Weg zur Befreiung lehren. In jedem Weltzyklus gibt es 24 Tîrtankaras. – Das Konzept der Tîrtankaras entspricht der buddhistischen Idee von oft mehreren Buddhas in einem Weltzeitalter.

UPANISHADEN (h) Bestandteil der Veden (s. dort). Vorwiegend philosophisch – religiöse und mystische Texte, die auf die Beziehung zwischen âtman und brahman – Individuum und Urgrund – hinweisen. Ihre Lehren sind vielfältig, was zu verschiedenen Interpretationen in den aus ihnen hervorgegangenen philosophisch-religiösen Schulen des Vedânta (s. dort) führte. 108 Upanishaden sind kanonisch, 12 davon werden im Advaita-Vedânta (s. dort) als besonders bedeutsam erachtet.

VEDÂNTA (h) = »das Ende der Veden«, sozusagen ihr Höhepunkt. Philosophischreligiöse Lehren, die aus den Upanishaden abgeleitet werden. E gibt mehrere Schulrichtungen. S. Anmerkung Nr. 1 aus dem II. Teil des Buches.

VEDEN (VEDA) (h) = »Wissen«. Älteste Sammlung heiliger Überlieferungen im Hinduismus. Sie wurden Jahrhunderte mündlich überliefert und dürften z. T. älter als 3000 Jahre alt sein. Es gibt vier Veden. Ein Hindu empfindet die Veden als höchste spirituelle Autorität, in all der Vielfältigkeit ihrer religiösen Aussagen. Jene indischen Traditionen, die die Veden nicht als höchste Tradition verehren, gehören nicht zum Kreis des Hinduismus, auch wenn sie manche der Lehren mit dem Hinduismus teilen (z. B. Buddhismus, Jainismus).

VISHNU s. Deva. Einer der großen Götter. Von vielen Hindus als oberster der Götter und Schöpfer des Universums angesehen. In der hinduistischen Trinität Brahma – Vishnu – Shiva entspricht er dem welterhaltenden und bewahrenden Aspekt des Göttlichen.

YOGA (h/b) praktische Wege und Methoden, um jenseits eines bloß ich-bezogenen Bewusstseins zu gelangen – einem erweiterten, intensivierten spirituellen Bewusstseins, das den Menschen aus der Enge seiner alten begrenzten Sicht befreit. Alle indischen Religionen beinhalten Methoden des Yoga. Etwa im 1. – 2. Jahrhundert nach Chr. versuchte das Patanjala-Yoga-Sûtra (s. dort) die bis dahin bekannten Methoden des Yoga darzustellen. – Im PYS finden sich noch nicht die später entstandenen tantrischen Yogarichtungen, die den Körper und das »gewöhnliche« Leben mit in ihre spirituelle Praxis einbeziehen. Zu den tantrischen Yogarichtungen gehört übrigens der heute so bekannte Hatha-Yoga mit seinen körperbezogenen Übungen. – Letzterer ist im Tiefsten eine Meditation mit und über den Körper, der so zum »Tempel des Geistes« wird. Hatha-Yoga ist kein Sport in unserem westlichen Sinne!

YOGI, YOGINÎ ein intensiv Yoga Übender/Übende. Yogis sind oft – aber nicht immer – Mönche oder Nonnen.

DANK

Vor einigen Jahren begleitete ich psychologisch ein Seminar, in dem die Teilnehmer ihre Motivation erforschten, sich einer mehrjährigen berufsbegleitenden Ausbildung zum/ zur YogalehrerIn zu unterziehen. Dabei kam der Wunsch nach einer Einführung in indische Religiosität, Philosophie und Yoga auf, die nicht in den nüchternen Worten akademischer Indologie und Religionswissenschaft steckenbleiben sollte.

Kurz danach kam ich mit einigen buddhistischen Freunden ins Gespräch, die sich fragten, ob ein »moderner westlicher Buddhismus« nicht von seinen »indischen Wurzeln« (z.B. Ideen von Karma und Wiedergeburt) »befreit« werden müsse. Ich erwiderte damals, dass dazu wohl ein hohes Maß an Erleuchtung sowie ein Verständnis für die »indischen Wurzeln« notwendig sei.Sonst wäre der »moderne« Buddhismus in Gefahr, zu einer Lebensphilosophie oder zu einer (möglicherweise sehr begrenzten) Psychotherapie zu verkommen. Sie könnten sich vielleicht einmal näher mit den von ihnen nur teilweise verstandenen »indischen Wurzeln« beschäftigen.

Diese Begegnungen waren für mich Anlass, ein Buch zu schreiben, das in Form eines Romans eine Einführung in indo – asiatische Kultur, Religionen und Yoga geben möchte. Mein Gedanke dabei war, dass es – bei aller Verschiedenheit der indischen Traditionen – eine gemeinsame »indische Grudkultur« gibt. Den damaligen Yogaschülern und buddhistischen Freunden sei an dieser Stelle für ihre Anregung zum vorliegenden Buch gedankt.

Die Idee, einen indischen »historischen« Roman zu schreiben, kam mir als ich mich an die Forschungsarbeiten meines Idologieprofessors, Prof. Wilhelm Rau, über »Staat und Gesellschaft im alten Indien« erinnerte. Eine weitere Anregung in dieser Hinsicht gab mir das Buch von Hans Wolgang Schumann über den historischen Buddha. Auch ihnen möchte ich danken.

Mein besonderer Dank aber gilt meinen hinduistischen, buddhistischen und jainistischen Gurus: Svami Satya Deva, Hans Ulrich Rieker, Svami Kuvalayananda, Muni Chitrabhanu, Sangharakshita, Âcârya Buddharakkhita, Dr. Vinekar, Roshi Nagaya Kichi, Dr. M.L. Gharote und vor allem Lama Anagarika Givinda.

Danken möchte ich ferner meiner Frau sowie Dr. Manmath Gharote, die mir bei einigen indologischen Fragen, bzw. Fragen zum Hinduismus, zur Seite standen. Auch möchte ich Frau Bianca Schumann danken für ihre Korrekturen am Manuskript.

ÜBER DEN AUTOR

Dr.med. Armin Gottmann wurde schon in jungen Jahren durch einen mehrjährigen Indienaufenthalt mit östlichen spirituellen Traditionen vertraut. Damals durchlief er als erster westlicher Schüler eine zweijährige Yogalehrerausbildung am College von Svami Kuvalayananda in Lonavala. Er ist u.a. Schüler von Svami Kuvalayananda, Âcârya Buddharakkhita, Sangharakshita, Roshi Nagaya und direkter Schüler von Lama Anagarika Govinda.

Nach seinem Medizinstudium absolvierte er eine Ausbildung zum Psychiater und Psychoanalytiker (nach C.G. Jung) und war danach zunächst in Kliniken, später in eigener psychotherapeutischer Praxis tätig. Er promovierte mit einer experimentellen Arbeit, die die Auswirkungen auf die Vigilanz von einer Yoga-Atemübung einerseits und von Autogenem Training anderseits erforschte.

In den Anfängen des »Berufsverbandes Deutscher Yogalehrer« war er in der Komission tätig, die Ausbildungsstandards für YogalehrerInnen erarbeitete.1974 – 1979 gab er die Zeitschrift »Yoga und unsere Welt« heraus.1999 – 2015 leitete er die von Lama Anagarika Govinda gegründete buddhistische Gemeinschaft Arya Maitreya Mandala. Diese Leitung gab er 2015 aus Altersgründen ab.

Seit vielen Jahren gibt Armin Gottman Medidtationskurse, u.a. im Haus der Stille, Roseburg. Des Weiteren ist er in der Ausbildung von YogalehrerInnen an verschiedenen deutschen Yogaschulen engagiert.

Wichtiger Hinweis: *Fast jede Form der Meditation erfordert eine gewisse psychische Stabilität. Die in diesem Buch angedeuteten Meditationsformen sollten daher nicht auf eigene Faust, sondern unter Anleitung von erfahrenen Meditations-. bzw. YogalehrerInnen geübt werden. Im Zweifelsfall ist zusätzlich eine professionelle psychologische Beratung sinnvoll.*